法界出

禪觀修持與人間關懷

釋性廣

自序

本書收集筆者近年來的論文集，分成兩大主題，其一是禪觀修持，其二是人間關懷。

上篇「禪觀修持」，是在拙著《人間佛教禪法及其當代實踐──印順導師禪學思想研究》的基礎之上，作延續性的禪學論述。第一單元是著眼於學人禪修的實際需要，從筆者個人自修與領眾共修的經驗中，提出「人間佛教禪法」的具體修行內容。此中，先分別「結期精進」與「日常禪觀」的禪修所緣的不同，並針對結期共修之學員，教授三項共聲聞的修行技巧，並且依於禪觀教學，用以長養學員利益眾生之「堪能性」與「空性慧」。又以現代語文編寫「三皈五戒」與「慈悲觀」一文，以便利學人日常持誦憶念與長養慈心之用。此篇觀文曾單冊流通，索贈者眾，流傳甚廣，今編入文集，以呈現佛教傳統義理與修行法門之現代詮釋的嘗試之作。

佛教中人時常質疑：人間關懷會荒廢禪修本務。然而依經論內容與筆者的實務經驗看來，雖然聲聞行人傾向靜修自利，大乘菩薩傾向入世利他，但聲聞三增上學有定、慧二學，大乘六波羅蜜有禪、慧二度。兩者的最大差異在於發心，而非修持與不修持；由於發心不同，因此修持的內容與目的也就有所不同。前者透過禪定開發智慧，用以解脫生死眾苦，後者則是依於禪定助成三昧力，依三昧力以成就種種利生功德。故本書依於教證與理證，從比較聲聞禪法與大乘禪法的不同，闡發大乘菩薩「禪修不廢利生事業」的修行特色。

第二單元為「禪學研究」，有三項要點：

一、在聲聞禪法部份，以《阿含經》、《瑜伽師地論》「聲聞地」與《清淨道論》等重要禪修典籍為主，分析南、北傳聲聞禪法對於禪修所緣的不同風格，與對於定、慧二學的不同偏向。於此有助於對大乘禪法之發展源流的理解。

二、在大乘禪法部分，則探討印度佛教到中國佛教的繼承與轉化。從印度禪到中國禪，此中可以討論的內容極多，但筆者特別以天臺智者與印順導師的禪學思想作一對照，因為他們同樣是知識與實修兼顧，吸收印度佛教思想的精華，並且開創了中國佛教思想的新局，卻有著迥然不同的思想典型。

三、在禪修的推廣教育方面，收錄一篇針對大學院校學生所設計的禪修教材。此中重視跨越宗教藩籬，提倡佛法的普遍性精神，以具有此種特色的禪修法門編入教材，教導學生培養專注力、意志力與調理情緒的能力。

「人間佛教禪法」既以大乘菩薩道為圭臬，所有的禪觀修行，都須符應入世利生的思想。故本書下篇以「人間關懷」為主題，從筆者本人透過「動物關懷」來落實菩薩行履的因緣為主，收集筆者擔任關懷生命協會兩任六年的理事長任內，與「護生」有關的社論與協會出版的護生書序。

此中另有三篇，是筆者就讀中央大學哲學研究所時，依於佛教「護生」哲學的觀點，對西方環境倫理的討論或動物實驗的爭議，所作的回應。研讀西方哲學中道德哲學與動物倫理的相關著作，開拓了筆者思維方法的更多面向與倫理論述的寬廣視野；世間一切善法皆為利生的增益法門，「菩薩於五明中求」的觀點，在此中得到了良好的印證。

「禪觀修持」與「人間關懷」，這兩者一靜一動，風格迥異；前者是向內作觀，後者是向外行動，看似南轅北轍，甚至常被視作完全無法相容的兩條路線，然而這正是「人間佛教」

的修行特色所在。在本書之中，筆者從各個面向的所有論證，皆旨在說明：禪觀修持與人間關懷，其實可以作很好的統整，讓二者之間不但不會相互牴觸，反倒能夠和諧互補。就筆者個人而言，這兩者不祇是一套拾掇文獻而加以闡論的學問，而是自己以經教證諸生活的切實體驗；而印順導師的「人間佛教」思想，則是筆者從事禪觀修持與人間關懷的活水源頭。

去年六月四日，印順導師示寂；九月二十六日，筆者的母親慧英師父往生。理智上雖知諸行無常，有爲諸法無不趨向敗壞，然而短短三個月間，長養慧命的導師與生育色身的慈母連續辭世，悲傷與不捨之情自是難免。

時屆導師圓寂周年，即將舉行第六屆「印順導師思想之理論與實踐」學術會議以資紀念。爰結集舊作並增添新章以成冊，並將於大會之中發表新書，提倡禪觀修持與人間關懷兼備的「人間佛教禪法」，用表個人對導師與慈母的無盡感恩與無限孝思！

——九十五年四月三十日弘誓學院浴佛日，於法印樓

目　次

自　序……一－四
目　次……一－八
【上篇　禪觀修持】
第一單元　人間佛教禪法……一－一五七
壹、引言：禪觀路上，幸遇明師……一－八
貳、理論：「人間佛教禪法」要義……九－三四
一、引言／九
二、「人間佛教禪法」的提出／十二
三、「人間佛教禪法」的定慧知見／十六
四、「人間佛教禪法」要旨／二〇
五、結論／三一

參、行門之一：結期精進之禪觀所緣……三五—七三
——安般念、四界分別與無量三昧
一、禪修之類型與目的／三六
二、禪觀所緣之抉擇／四〇
三、依真實觀趨向勝義——「安般念」與「四界分別觀」／五二
四、共貫五乘而勸發菩提心——「無量三昧」／六一
五、結論／六七
肆、行門之二：人間佛教之禪觀所緣……七五—一三六
——依菩薩淨行入甚深法界
一、抉擇菩薩禪觀所緣的原則／七六
二、菩薩「不修禪定，不斷煩惱」之部派共義／八三
三、菩薩「禪波羅蜜」與「智慧波羅蜜」之特色／九四
四、菩薩禪觀之所緣正境／一一〇
五、結論：人間佛教禪法之特色／一二四
伍、行門之三：日常修持法要……一三七—一四九

——禪修出堂開示

前言／一三七

一、功課：一四一

二、提示／一四五

陸、行門之四：三皈五戒暨慈悲觀文……一五一—一五七

三皈五戒文／一五二

慈悲觀觀文／一五四

第二單元　禪學研究……一五九—三六九

壹、阿含定慧二學之「綜合說」與「分別論」……一五九—一八九

一、四部阿含的結集特色／一六〇

二、「雜阿含」立本於顯揚勝義的禪修宗旨／一六五

三、「中阿含」偏重在止觀分別與煩惱對治／一八三

四、結語／一八八

貳、「止觀綜合」與「定慧分別」……一九一—二三二

——《瑜伽師地論》「聲聞地」與《清淨道論》
「定、慧」二品處理定慧二學之比較
一、引論／一九二
二、止觀綜合：北傳聲聞禪法之特色／一九七
——以《瑜伽師地論》「聲聞地」為代表
三、定慧分別：南傳聲聞禪法之特色／二〇六
——以《清淨道論》「定、慧」二品為代表
四、結論／二一四
參、《次第禪門》與《清淨道論》禪學觀點釋疑……二一三—二四六
——答閩南佛學院悟尊法師
肆、大乘禪波羅蜜「止觀法要」之抉擇……二四七—三一八
——以智者大師與印順導師禪觀思想為主軸之比較研究
一、前言／二四七
二、研究概念的提出／二五一

三、對於印度禪學典籍的取材與抉擇／二六三
（一）天台教下的止觀實修教材／二六三
（二）人間佛教的止觀實修原則／二六七
四、大乘禪波羅蜜涵攝聲聞禪法的觀點／二七三
五、大乘修觀所緣與次第的抉擇／二八三
六、菩薩初學三要門的取向／二九六
七、結論／三一一
（一）融貫且創新超越的天台止觀／三一二
（二）精嚴而「新義如舊」的人間佛教／三一三
（三）離精嚴無貫攝，離貫攝無精嚴／三一五
伍、大學院校禪修教學之理念與方法……三一九—三四六
一、佛教的禪修鍛鍊能補生命教育之不足／三二〇
二、培養專注力之重要性／三二二
三、佛教傳統禪法之抉擇與特色／三二八

四、「安般念」之修行方法與特色／三二九
五、「慈心念」之修行方法與特色／三三四
六、結語／三三四
附錄：學生學習心得與迴響摘錄　／三三六
陸、冥契經驗的宗教對話……三四七—三五一
柒、靈修：一條美麗而險惡的幽徑……三五三—三五六
——掀開錢、權、性糾結不清的神聖帷幕
捌、「慈心禪」爲何不以亡者爲所緣……三五七—三五九

【下篇　人間關懷】

壹、西方「動物解放」理論評介……三六一—三七九
——以 Peter Singer 的《動物解放》為主
一、前言／三六一
二、《動物解放》理論訴求重點／三六二
三、建構理論，回應質疑／三六九

四、Holmes Rolston III的質疑／三七四
五、結論／三七八
貳、Rolston 論大自然中的價值……三八一—四一〇
——一個整全生態系統的環境倫理觀點
一、引言／三八一
二、內容述介／三八五
三、內容評議：由科學而入於神學／四〇七
參、《孩子！ㄋㄧˇ也可以解救ㄊㄚ》出版序……四一一—四一四
肆、是百科全書，也是教戰手冊……四一五—四一八
——《深層素食主義》中文版出版前言
伍、生命的存活，是何等艱難的事！……四一九—四二二
——《台灣動物之聲》季刊第二十一期社論
陸、「實驗動物」倫理爭議評述……四二三—四五三
——兼論東方儒佛二家之動物倫理與折衷的「新福利論」

一、引言／四二三
二、「實驗動物」之定義／四二五
三、從「道德地位」的判定，談「動物權利」的有無／四二六
四、從「效益內容」的評估，論「動物福利」的質量／四三二
五、儒、佛二家之動物倫理觀／四三八
六、**3R**原則與「新福利論」／四四四
七、結論／四四七
柒、動物保護的本土問題……**四五五—四七二**
一、台灣動物現況簡述／四五五
二、兩個信念與兩項立法／四六三
三、實務工作的瓶頸／四六五
四、意識形態的瓶頸／四六七
五、結語／四七〇

上篇　禪觀修持

第一單元　人間佛教禪法

壹　引言

禪觀路上，幸遇明師

——「印順導師示寂紀念專輯」文

感時悲教，救亡圖存

筆者有幸，在青壯之年，已恭逢並見證了台灣佛教之教運由弱轉強的時代。仔細思維，佛教在台灣的復興，應與鼓勵佛弟子關懷苦難，積極入世的「人間佛教」思想，有著密切的關係。

民國七十一年，筆者出家於供奉慈航菩薩肉身舍利的道場。初出家時，常聽人引用慈航菩薩的名言：「慈善、教育、文化是佛教的三大救命圈。」而慈航法師與印順導師，同爲太虛大師的學生，也服膺並提倡入世關懷的大乘菩薩精神。一般人引用此句，強調的是入世利生的內容，但筆者解讀到的，是當時佛教需要以此而爲「救命」依憑的無奈與悲哀。

原來，長久以來，世人對於佛教已形成「愚妄迷信，經懺交易」的印象，所以評價很差；而流傳在民間戲曲與口耳譏諷中的，對僧人的輕藐蔑視，更到了無以復加的地步：多視僧人爲因家貧而從小被送養於寺院的社會底層人。

所以，無論是太虛大師提倡的「人生佛教」，或印順導師提倡的「人間佛教」，觀其思想凝成的時代背景與心路歷程，不但源於大乘佛子「不忍眾生苦」的悲憫情懷，也更有感時悲教，救亡圖存的危機感。

可以說，過往的山林佛教以逃塵避世而貽世輕藐，過往的聚落佛教以腐化墮落而貽世譏嫌，如何捨此二邊而行中道？這正是導師窮畢生心力，深入三藏，學貫印、中（佛學），而提出「契理契機的人間佛教」之意趣所在！

當仁不讓的普賢行願

導師深知，人間佛教不能徒託空言，必須身體力行，並以實際成果來證明其效力，這才能激發起追隨者的信心。例如：寺院經濟的既有陋習，導致僧伽失格，社會詬病。他深刻體會：必須先端正僧品，方能轉變佛教的體質。但他並未採取像太虛大師那樣「大鬧金山寺」的激烈作法，而是擘畫寺院經濟的理想藍圖，並證明其可行性。

民國四十九年，導師在臺北創建慧日講堂，他說：「我當時有一構想，佛教難道非應付經懺，賣素齋，供祿（蓮）位不可！不如創建一講堂，以講經弘法爲目的，看看是否可以維持下去！我從不空言改革，但希望以事實來證明。」（【妙雲集】下編第十冊，《平凡的一生》，頁一〇七）有了前人成功的事例，於是有心人逐漸出現「寺院、道場要辦『道』不要辦『桌』」（臺語「道」與「桌」同韻母）的反省。

殊堪安慰的是，如今在台灣，不祇是「寺院辦道」的觀念深植人心，連帶的，慈善、教育、文化，這些利人益世的事業，已從過去「不得不然」的佛教救命圈，成爲今時菩薩學人「當仁不讓」的普賢行願。相信這正是印順導師提倡「人間佛教」的初衷，因爲本位主義的消極自保，絕非人菩薩行的目的。

親炙大德，喜獲法益

忝爲「人間佛教」的追隨者，如上所述，筆者見證了一個佛教由弱轉強的時代。其次談談個人的學法心得。

出家以後的好長一段時間，思想苦無出路，尚幸拜讀導師的著作，終於尋得學佛道上的指路明燈。最難得的是，無論是弘法還是禪修，筆者都因親炙導師而得大法益。

民國七十五年底，筆者開始向信眾弘法，所依教本，即是導師所著《成佛之道》。以後因追隨昭慧法師以問學、護教，而得以時常陪同法師拜見導師，親聆法音。

民國七十九年，弘誓學佛班在善導寺開課，由昭慧法師與筆者將《成佛之道》偈頌編成科判，經導師親自修訂定版之後，製成講義，向四百多位第一期學員講授。令筆者感動的是，他老人家不但將此科判細讀細改，而且還致函昭慧法師，提撕重點。

民國八十年初，筆者開始接觸並習學各種禪修法門。在修學過程中，雖也多次體會到禪修的知覺明達與輕安樂住，然而因有從導師教導中所得到的「正見增上」力，故爾一直提醒自己：不要只是沉湎於身心的特殊經驗，而忘記止觀的真義與菩薩禪法的究極目的。禪修過程中，最常領受到的，就是身心的變化與特殊的覺受，然而在佛法中修學禪法，重要的不是尋求感受，而是對經驗的確當詮釋與正法抉擇力的培養。禪修者如果一味強調自心體驗，而不依於經教與正理以作檢證，很難不墮入昧定、邪定之中，因此導師名之爲「美麗而險惡的歧途」。

三學增上，擇法依歸

記憶深刻的一次，是民國八十四年底，筆者在一次的禪修營中，體會到一些超常的經驗。禪修結束後，身心久久沉浸於難以言喻的歡喜踴躍中。由於每隔月餘，都會隨同昭慧法師去向導師請安問法，在那次禪修後去見導師，就向老人家報告：「最近學到一種特別強調不修禪定，而直接入於觀慧的方法。」導師聽了，當即問道：「那戒、定、慧三學，又要怎麼說？」

一句問話宛如棒喝，筆者當場有一種恍然醒覺的震撼！慚愧的是，「法次法向」，「三學增上」的義理並非初次聽聞，但只不過是身心得到一點超常的覺受，自己竟然把佛法正見拋在腦後了。自此筆者更是戒慎乎始，依八正道而以正見爲基，將一切禪觀體驗，都置於正見之下而作檢驗。

爲何修行時身心的超常覺受，更需要正見指引？筆者曾引喻說明：把一根直筷斜置於一杯水中，由於水中光線的折射作用，我們將看到筷子與水面的交接處，是折斷而不連接的。認知中的直筷有如「擇法的正見」，而視覺經驗的斷箸，則宛若「境相的錯覺」，縱然是親眼所見，但還是不可信的。

由於導師思想的提撕，使自己的禪觀修學之路穩定踏實。筆者常自我警惕：切莫陷入「不以勝義印證，只重自心體驗」的泥淖。面對修持過程中身心的諸多變化，過往誦讀的導師法語，更成爲彼時擇法的靈感與依歸，解決了許多禪修觀念上的困惑與瓶頸。每從禪修營隊回來，筆者總是就著個人修持的進境，與昭慧法師討論如何與法義相互印契；偶或謁見導師，也會向老人家報告修持的心得，以求能不偏離於正道。

暢佛本懷，菩薩願行

印公導師著作等身，世人多注意他在義理方面的研究成果，而忽略他在修持方面的卓越見地。甚至有一種錯誤的傳言，指稱導師「不重修行」；由此衍生一種錯誤心態，認爲他的著作是不討論修行問題的，他對於修行問題，是沒有發言權的。這種浮面感覺，其實有待商榷。筆者曾撰《人間佛教禪法及其當代實踐》一書（台北：法界出版社，二〇〇一年。以下簡稱《人間佛教禪法》），分析並綜論導師在禪修方面的卓越見地與研究成果。以下簡略說明大要：

第一、在治學目標方面：導師以顯揚佛陀本懷，建立契理契機的教法爲治學理念，故不可能忽略佛法「依禪觀以入於空慧」的究極理想；也絕不可能對變質異化的修持方法，模稜兩可而不置可否。所以導師在探尋本質佛法，消化傳統遺產之後，必然會依於「人間佛教」思想主軸，而凝成其禪觀思想的結晶；而又因其治學長於「辨異」，故對漢傳、藏傳、南傳佛教中那些不修行的人，修行錯誤的人，還有把修行定義得太狹隘的人，必然會提出一番反思與批判。

第二、在研究成果方面：印順導師著作之中，論究禪法內容、辨析修行知見的篇章，不但數量頗多，而且時有孤明獨發的卓越見地。最為學界所著稱的，是探究禪宗初期從印度（如來）禪演變到中華（祖師）禪的《中國禪宗史》。其它諸如《修定——修心．唯心與秘密乘》等著作；對於宗見思想之所從出，方便適應之必然轉折，宗門設教之隱微與歧途等等，都一一加以剖析，明確指出修持應有的正途與宗派歧出的關鍵。

論著蒙師題字、修訂

民國八十九年，佛教弘誓學院舉辦第二屆「人間佛教，薪火相傳」研討會，昭慧法師、悟殷法師與筆者，三人相約「以法供養」，用「各寫一本新書並予以發表」的方式，來為導師祝壽。當時筆者深受江燦騰教授之鼓勵，乃決定以自己的碩士論文《印順法師禪觀思想研究》為底稿，進一步明確提出：「人間佛教禪法」，是導師的禪學思想中心。筆者希望能於該書之中，完整闡發導師精采卓絕的禪學思想與止觀正見。

記得筆者在撰完碩士論文初稿後，曾帶到華雨精舍，敬請導師指正。承蒙導師逐句看過，整份文稿留下了導師珍貴的親筆校訂字跡。

《人間佛教禪法》第二章，略述「人間佛教」思想倡導者——印順導師的生平年歷。筆者特從幾個面向，敬述導師一生勤懇治學，光風霽月的「聖之清者」的人格特質，並呈給導師過目。第二天早上，導師看完後，微笑向筆者說：「我沒有你寫得這麼好。」昭慧法師與筆者都不約而同地回答：「導師，您太謙虛了！」

書成付梓之前，又蒙導師慈允題字，於是在華雨精舍明聖、慧琛、慧璨諸法師從旁協助之下，眼力退化而手肘無力的導師，竟然扶著老花眼鏡，以微抖而持筆不穩的手，一筆一筆緩慢地寫下了該書書名：「人間佛教禪法」。筆者如獲至寶，將此珍貴墨寶置於該書首頁，以為紀念。

至今無論是禪學寫作還是禪觀教學，筆者還是掌握大乘三昧的要領，暢導普賢行願的精神。這一切，固然來自個人體驗的自信，其源頭活水，還是印順導師的人間佛教禪觀思想。

禪觀路上，幸遇明師，如優曇花，甚難希有。追思情切，無以言念，因茲略述二、三往事，與諸讀者分享自己親炙導師所獲致的無量法喜。

九十四年七月四日　於法印樓

——刊於《弘誓雙月刊》第七十五期，九十四年七月

貳　理論

「人間佛教禪法」要義

一、引言

臺灣佛教盛行的「人間佛教」思想，在幾大教團的提倡和推廣之下，數十年來已蔚爲教界思想的主流。此中，儘管在各提倡者之間，仍存有「承襲太虛大師」與「承襲印順導師」的佛教思想之別，但就彼等在當代臺灣社會的理念弘揚與事業成果來說，其入世參與，關懷苦難的貢獻良多；不但爲佛教注入了新的弘法生機，在台灣社會也獲得了許多正面的肯定。

筆者個人在台灣諸多響應或推行「人間佛教」理念的團體中，師承自印順導師的思想系統。此因個人從長期的研究與教學中發現：印順導師之所以能對於「人間佛教」之提倡，建立其卓越的理論建構，並產生如此深遠的影響，是因爲他能以深厚的學養和知識理性爲判準，來綜觀全體佛教的變革，並辨明各階段佛教發展的損益得失，然後提倡兼顧時代需要和人間關懷的主張。

在此需要特別注意的是，印順導師在提倡「走入人間，關懷苦難」的同時，也注意到了：人間佛教固須契應時代，乃至能引領思潮，然而終不能爲了順應時代，而讓佛教趨向媚俗與變質，亦即不能因此而導致佛教的墮落和腐敗，否則終將自誤誤人，貽世譏嘲。所以他認爲更重要的，是能依循佛法的本質，隨時檢驗教法的施設是否正確，並據以糾正任何偏鋒、變質的發展。[1]

然而，從實踐的現實面來說，只要「佛教」走入「人間」，便立刻會面臨許多課題。例

1 此即為其所主張的「契理」而「契機」的「人間佛教」：即把握「佛法特質」以辨明並揚棄一切的「變質方便」——「契」應佛「理」；如此方能施設佛法「應化時代」的新方便——「契」應時代與衆生的根「機」。此中「應機」的內容，或將與時俱逝；而「契理」的努力，則將使佛教淳淨如法，保持切應時潮的無限生機。

如，當出世的「佛教」走入「人間」時，它與當初所一意要捨離的，「親里眷屬」或「五欲之樂」的戀世舊習，將要如何區隔？亦即，彼等將如何培養出雖「入世」卻不「戀世」的能耐？這顯然要有從修持而得的身心淨化與堪忍力道，以為入世利人的基礎。

在傳統佛教修行者的觀念中，有不少人認為「要修持，就得遠避人群」，否則一旦走入人群，則時間會被雜事切割，導致無法專意禪思，道業精進不易。此種看法，雖不能說是完全錯誤的；但是，就「人間佛教」的實踐者來說，依於大悲心所發的菩提願，當然不能遠離俗務和人群地只顧自修自利，而應該將莊嚴的誓願，付諸於實際行動，以實踐菩薩利生的志業；也不能只是沉湎於「空口白話」，「光說不練」的言詞巧飾中。可是在此同時，彼等又如何可能從事自淨其意的修持，而特別是禪觀修持呢？這是「人間佛教」的提倡者首先必須思考的問題。

佛陀所教導的戒、定、慧「三增上學」中，除了外部的行為規範——戒學之外，其餘的心意鍛練——定學，和智慧觀照——慧學，都須仰仗禪觀修持。不祇根本佛教的教法是如此，即使是大乘佛教的菩薩六度法門，其中的「禪波羅蜜」與「般若波羅蜜」，仍是大乘的「定學」和「慧學」。所以除非不修學佛法，乃至不行菩薩道，否則絕對會觸及禪修的課題。定、慧道品是為三乘共學，修學佛法絕不能忽略「禪修」，因此，以入世利生的菩薩思想為志業的「人間佛教」的實踐者，亦必須重視且兼顧止觀的修持。[2]

連一生投注於義學研究的印順導師，也肯定這種由「從禪出教」的精神，「才能發揮宗教的真正偉大的力量，所建立起來的理論，也才具有生生不息的真實性。」[3]因此以下筆者試就「人間佛教」之菩薩行者所應修學的禪法，提出一些管見，以就於教高明！

二、「人間佛教禪法」的提出

有關「人間佛教禪法」這一名詞的提出，在佛教界尚屬首次。此一用法，是筆者在撰寫《人間佛教禪法及其當代實踐》一書時，才正式用為書名的。其原因有二：一方面認為印順

2 從佛教的宗教性特質而言，佛陀的教法是依他的修證體悟而出，其後佛教中的諸多宗門，也建基於修持體悟的基礎上。以中國佛教為例：不但是禪宗、淨土這些強調修行的宗派，就是天臺、賢首等注重教理開展的大德，也都是從修證而建立起宗門理論，這就是所謂「從禪出教」的特質。

3 印順導師：〈中國佛教的由興到衰及未來的展望〉，臺北：正聞，【華雨集】第五冊，頁一四七。

導師的禪學思想，確有其卓越的特見，[4]應可將其體系化，並進一步做禪修學理上的闡發。另一方面，則是出自臺灣佛教史學者江燦騰博士的建議。江博士閱讀筆者的碩士論文：《印順法師禪觀思想研究》文稿時，在第四章「人間佛教的禪觀思想」中看到此一用法，於是建議筆者將全書大幅度改寫，並採用該詞以爲新的書名，題作《人間佛教禪法及其當代實踐》，並爲之作序。

必須說明的是，筆者本身是一個長期從事禪觀修持與禪觀教學的宗教師，在理論上雖受學於印順導師的禪學見解，卻也實地修學過多種禪法，並試圖揉和禪學理論與禪法實踐的心得，建構一個較具系統性和時代新意的大乘禪法。故有關本文的見地與內容，若有不足之處，過在筆者，而不在印順導師。

具體而言，筆者有關「人間佛教禪法」的理論建構與實踐要領，主要是來自以下幾點思維：

一、若要提出所謂的「人間佛教禪法」，便須先問其行門實踐內容爲何？例如：它會只

4 呂勝強曾蒐羅印順導師著作中，關於禪修的內容，集成《妙雲法雨的禪思——印順導師止觀開示集錄》一書（臺北：佛青基金會，一九九八年）。

是一套強於說理，而弱於行踐的抽象性學說嗎？或者，它是否會只是醉心於理論的精心建構，卻忽略了以實際行持來印證理論的可行性？

二、若要提出所謂的「人間佛教禪法」，便須先問其行門中，「定、慧」二學的內容為何？乃至於實際投入護法利生行的人菩薩行者，彼等又如何能兼顧利他事行與自己的禪觀功課？

三、「人間佛教禪法」，真能具有「從禪出教」的佛教精神嗎？「人間佛教」的精義，是印順導師深刻智慧所洞見的法要，吾人是否能以此用於禪觀體會，並驗證它的正確性呢？這其間顯然涉及了：「人間佛教行者」，究竟能否「不棄人事、不廢禪觀」以實踐「人菩薩行」？所以「人間佛教禪法」的理論為何，並不祇是「建立理論」的純思維問題，必須持久實踐以檢驗之。

四、若要提出所謂的「人間佛教禪法」，則「非破他論，已義便成」，[5]重要的是要能真俗無礙——兼顧勝義與世俗，亦即：避免在多措心於人間事務後，反導致行者本身的宗教情

---

5 有關「破他義」，亦即對傳統禪法之批判與討論，詳見拙著：《人間佛教禪法》，第四章「人間佛教禪學思想（之二）——傳統之批判」（臺北：法界，二〇〇一年三月，頁三一三至三五二）。

操或宗教經驗稀薄。更進一步說，即是「人間佛教禪法」的提出，是否能有建設性和具體性的禪觀實效？

作為一位「人間佛教禪法」的實踐者，他雖走入了世間，加入了弘法利生的行列，卻仍須督促自己不背離佛法的本質，不流於庸俗，故須留心理論與實踐之間的密合度。亦即：求其「入世利生」與「禪觀自省」的均衡發展，作為理論與實踐互相印證的依據。此一禪法的精髓，即在於「依人身而向於佛道」的凡夫菩薩行，修學者能不懼生死，又不耽溺於禪定之樂，既不戀著世間，又能不退悲心，不急求一己之解脫。

「人間佛教禪法」的提出，緣自「人間佛教」行者一員的筆者，發為「從禪出教」的自我反省與行門要求；想進一步在禪修的體會中驗證「人間佛教」理論的正確性。儘管如此，要嘗試建構一套禪學理論：「人間佛教禪法」，仍不能自由心證，不能別出心裁地擬想出一套前所未聞的禪修法門，必須依於佛法的教證，而且兼顧「契理」與「契機」的原則。

總而言之，「人間佛教禪法」的提出，除了「回歸佛法本質」的契理性之外，亦須有強烈「回應時代因緣」的契機性。故無論其在禪學思想的體系脈絡方面，或在禪觀技巧的實際操作——包括禪觀所涉及的選擇因緣等方面，都要能直探佛法根源，以承佛陀法脈；並轉化傳統遺緒，讓「人間佛教」的禪學思想，辯證性地綻放著古德遺芳。

經典中雖有所記述，饒富意涵，卻已久被遺忘的禪觀法門，在此可以重新抉發，進而將其安立於新的時空座標中：（一）在時間上，要能貫穿「傳統」到「當代」的禪學思維；（二）在空間上，要能關顧現實的環境條件，並照顧到每個當事人的人格特質與所從事的不同利生環境。所以「人間佛教禪法」的內容，不是一種與傳統毫無關聯的激進新主張，而是從正確地「回顧傳統」出發，並時時不忘「當代實踐」的一種探索過程，是揉和經教、學理、傳統與現代而重新建構的豐富內容。

三、「人間佛教禪法」的定慧知見

在進入本節的說明之前，擬先討論有關「創造傳統」的概念。因「人間佛教禪法」的提出，與佛教的傳統禪法最爲密切。

人類的活動，在時間的延續中開展；也只有在歷史的回顧中展望未來，在傳統的延續中開創新局，其所創擘的格局，才能既饒富新意，而又蘊含古典。所有先人的努力，只有在後生晚輩的珍惜與承繼中，才能得到新的歷史生命的延續。特別是在佛教的「傳統」中，它的偉大宗教精神或任務，代代相沿，其中雖不免有因異化而產生流弊等諸多問題，但此一「傳統」若經過新的權量和興革，則依然有其時代的適應性。所以，在批判與繼承之中，「傳統」可以經過提煉淳淨、權衡機宜而後形成新的文化創造。「傳統」是能「體現」的，而不只是「凝結」般的存在。簡言之，凡不能統貫歷史，不能適應當代，不能傳之後世者，就不是佛教禪法真正的「傳統」。

佛教有二千多年的傳播歷史，分佈的地域亦頗廣闊。但遺憾的是，固守偏執者，一直試圖盤據「傳統」以為壁壘：或劃地自限，以地域疆界為「傳統」的分野；或斬裂時序長流，以過往糟粕為「傳統」的凝結；或產生群黨意識，以宗派家風為「傳統」的門牆。[6]

然而，當吾人提昇視野到縱橫千古、廣袤萬里的鳥瞰高度，當能分辨其中一部分不過是地域傳統、朝代傳統與宗派傳統。余秋雨的一句話饒富深義：「正是那些不斷呼喊著傳統的

---

6 例如：在戒律上，如南傳或藏傳佛教，執意比丘尼傳承已斷，不能恢復，以此推搪「恢復比丘尼制度」之議；在禪法上，如沉醉於「原始佛教」或「中國禪宗」等之自性見，而執意恢復「原貌」的意圖，這豈不都是以「小傳統」葬送「大傳統」的行徑？

人，葬送了傳統。」[7]

人間佛教禪法的視野，應嘗試跨越二千餘年的佛教歷史，思能有所擷取，有所揚棄，使得淳淨的傳統禪法，擁有蘊涵古義，適應時宜，又能指點當代的生命活力。

基於以上考量，筆者所提出的「人間佛教禪法」，對於佛教「傳統修持法」的繼承，計有以下三個重要著眼點：

其一、掃除部分所謂「傳統」禪修知見的迷障。「傳統」禪法已歷經千百年的演變，致許多後人對「傳統」禪修的意義任意附會，對其內容妄作添加，將「傳統」佛法「定、慧二學」的原初真義，弄得面目全非。所以在當代若建構「人間佛教禪法」，就要將精純「傳統」的禪觀古學重光。

其二、重提「傳統」禪觀所緣的正境。有關「傳統」禪修所緣境的選取，印順導師認爲龍樹菩薩「先修觀身」的主張，較契合佛法觀慧的真義。[8]相較於千百年來，「傳統」禪法已

---

7 余秋雨：《藝術創造工程》，臺北：允晨，一九八〇年，頁三〇八。

8 龍樹菩薩，二、三世紀頃之南印度人，為印度大乘佛教中觀學派創始人。曾為大乘經典廣造論釋，建構大乘佛教體系，確立以般若性空為主的大乘思想，並將之廣傳流布於全印度。師之著作極豐，其中又以

趨向「觀心」——修心、唯心與祕密的歧途，所以「人間佛教禪法」修持的優先次序，筆者認爲應先重新接續《阿含經》中佛陀早年的教導：即從觀身以至觀受、心、法——「四念處」，從諸法的「真實作意」中洞見無常、無我、緣起性空。亦即在「觀照內容」方面，強調修行者唯有從「勝義觀」契入，方能入於真實。至於「假想觀」的方便，因易流入唯心修定的偏差方向，修行者不應過度依賴或濫用之；即使用之，也應揀擇有對治煩惱之利益的法門（如慈悲觀等），而更應依於經教深義，由「勝解作意」（假想觀）而轉向「真實作意」（勝義觀）的般若深觀。

其三、建構「傳統」禪法系統的分類。從依機設教的需要，先對「傳統」禪法作綱舉目張的系統歸類，再進而分辨各類「傳統」禪法，「因目標不同，則所行有異」的取向。而人天、聲聞與菩薩三個禪法系統的分類，又皆統合匯歸於佛陀護生本教的一大乘理想——「成佛之道」。

總結三者來說，其步驟就是「先學觀身」，使修行者既能上溯根本佛教禪法的淳樸踏實，

《中論》、《十二門論》、《大智度論》、《十住毘婆沙論》等最為著稱。後世本諸「中論」而宣揚中觀者，稱為中觀學派，並尊龍樹為中觀學派鼻祖。

又能承繼「廣觀一切法空」的大乘禪法，然後藉此得以矯正中後期大乘「傳統」禪法中，從修心、唯心而流於神秘欲樂的偏差。

此一觀法，不但可使「無量三昧」[9]的大乘禪法得以顯揚，修學者又能由此一大乘禪法的所緣正境，緣眾生苦而發菩提心，再進而透過利益眾生的實際行動，以及禪定觀慧的修持實踐，使固執偏私的「我見」，一天比一天薄弱；「無我空慧」一天比一天增長，慈悲普覆的心行，亦能因此而擴展至無量無邊——全球人類與動物，乃至於諸趣眾生。

四、「人間佛教禪法」要旨

「人間佛教禪法」的精髓，就是大乘菩薩道。其要領有二：一、發菩提心：修行者須效法佛陀而發心修學。二、長養慈悲心：修行者須悲憫眾生苦難而走入人間。[10]

---

9 即緣苦眾生而起慈、悲、喜、捨之心，在修持中，運用禪觀力將慈等四心擴大遍滿，充塞諸方的禪法，故曰「（四）無量三昧」。其中實以「慈心觀」為主，故「無量三昧」可曰「慈心三昧」、「慈三昧」。

10 吾人可從《華嚴經》「入法界品」諸善知識的啟發，見到般若入世無礙的妙用，從而把握大乘的真諦：以出世之心廣行利生之事，從世間事業中直入解脫。「入法界品」中，善財童子所參訪的善知識，各修考諸印度佛教史的發展與大乘經典中的菩薩典範，大乘佛教的興起，應有來自佛教內部的自省力量，以及佛陀濟世度人之精神的楷模，給世人帶來的願景。這宛如生命力旺盛的青年，帶來「積極奮發」的意象。此處所謂「青年」，是取其如青年般的真誠純潔、慈悲柔和，而不是以生理年齡來作區隔。是「把冷靜究理的智慧，與熱誠濟世的悲心，在一往無前的雄健上統一起來，（所以）他是情智綜合的。」[11]

要提倡「人間佛教禪法」，須掌握大乘菩薩道的意涵，故其宗教實踐，倡導的不是遠離人間的阿蘭若行，而是以「但願眾生得離苦，不為自己求安樂」的大慈悲心為主要精神，重視「所有利生事業皆是三昧所緣」的大乘禪那波羅蜜，與「無智亦無得」的大乘般若波羅蜜觀門。此一意境，在「青年的佛教」的代表——善財童子五十三參的行誼上，有著圓

一種解脫門，並且善巧入世；一方面「即俗而真」以入深法界；另一方面則「即真而俗」以入世利生。這是直接以度脫眾生為解脫三昧的真大乘行門。

11 佛滅百年，耆年上座與青年大眾分途。大乘之興起，與大眾部的開明風格應有密切關聯。而許多大乘菩薩都現童子或青年相——以《華嚴經》「入法界品」為例：文殊師利是青年，四處參訪善知識的善財是童子，受訪的善知識個個神采飛揚，充滿自信，沒有一個是衰老的。「青年佛教」的用法，始自印順導師，見〈雜華雜記〉，《華雨香雲》，【妙雲集】下編之十，頁一五八。

滿的表述。

弘揚「人間佛教」，當然不能略去定慧二學──禪觀的修持，否則實踐的德目和功夫皆無法臻於圓滿。然則如何依於「人間佛教」的見地與願行，修習「人間佛教禪法」？此須掌握前述兩項要點，即：發菩提心與長養慈悲心。行者的禪觀修行，動機不在於厭離世間或求取世樂，亦即：不發厭離心或增上生心。修定不是爲了自利，而是爲了培養行利他事的大堪能性，以有助於從事種種利他事業。

以此基本認知，進一步可作如下兩個重點的確認：

一、「人間佛教禪法」的精神，是「行在人間」，實際從事入世利生之業，故其修行的道場，是在廣大人間，而不專在禪堂，是在通衢大街，而不專在水邊林下。

二、「人間佛教禪法」的修持，就是「菩薩禪法」的修持。由於其緣念眾生悲苦，願助眾生獲得安樂，故其修持禪法，亦非爲自身的福樂與解脫。

甲、「人間佛教」的禪觀功課

以上「人間佛教禪法」的行門要旨，如何落實爲一套可以實際操作的功課？

筆者近年主持多次結期專精禪修課程（大都是禪七），正是依據前述「人間佛教」的修行意旨，擬具十項基礎禪修的功課提要與注意事項。在整個課程設計與法義解說上，儘量照顧到「直接與間接」、「靜中與動中」、「利他與自利」等情況的需要，來施設「人間佛教禪法」的基本架構。[12]該項團體共修的學程設計，從參與學員的心得分享來看，功效相當良好。整套課程所提示的重點有五：

一、禪修功課與利生事行不可偏廢：結期專精禪修的學員，在禪堂中的禪觀鍛練，都是屬於鍛練「堪能性」的自利修法；即使是修慈心禪，也都還只是「勝解作意」性質的間接利他，重點在於培養慈憫眾生的生命慣性。在禪堂中長養出了堪能性與慈悲心的基礎之後，還是要專注投入直接利他的菩薩事行，禪修功課與利生事行之二者不可偏廢。

二、由靜中起修到動靜一如：靜坐中所獲得的定慧能力，須進一步在尋常日用中，練就出動靜一如的「菩薩三昧」，[13]即是以靜中修學「止、觀別行」為基礎，進而達到在動態中

[12] 詳細內容，見本書上篇第一單元之伍：〈行門之三：日常修持法要〉。

[13] 菩薩三昧的特色，不偏在靜坐，而是在行、住、坐、臥中皆可修習。這可以溯源到《阿含經》所說的：「龍行止俱定，坐定臥亦定；龍一切時定，是謂龍常法。」（東晉・瞿曇僧伽提婆譯：《中阿含經》「龍

「定、慧等持」的目標。

三、觀身起修以入於勝義：禪觀所緣（即專念的對象）主要是身與息：依「持息念」來調心修定，依觀身四大（即以觀慧力覺照地、水、火、風等身體質素的無常變化）來啓發智慧。持息念的「息」亦發自於身，從「觀身」起修，依四念處而達於「無自性空」的勝義觀照，這是共聲聞的禪觀途徑。不宜忽略次第而逕從「觀心」入門，這樣可減少觀心所常見的自我膨脹與「我見」日深之病；也不宜側重假想的勝解作意，以免引入唯心、秘密之途。[14]

四、行利生事以長養慈心：獨處靜坐，則修慈心禪（最高可至第三禪之禪境）；處眾歷境，則依緣歷境以修無量三昧。禪者須以直接的利生行動爲主，不能只停留或僅滿足於勝解作意的慈心觀，否則即背離了「人間佛教禪法」的基本精神。

五、認真簡別錯誤心態：禪修要排除如下常見的錯誤心態：（一）貪靜怕吵，（二）能

象經」卷二九，【大正藏】第一册，頁六〇八下。）經中讚歎佛似大龍，行、住、坐、臥的一切時都在定中；而菩薩修行，是以佛為榜樣而學，一切行止威儀都與定相應的菩薩三昧，即從此一思想引生而出。（詳細內容，見拙著：《人間佛教禪法》，頁三〇六。）

14 詳細內容，見本書上篇第一單元之參：〈行門之一：結期精進之禪觀所緣——安般念、四界分別與無量三昧〉。

靜不能動，（三）耽戀禪境而忽略日常事行，（四）只重視自己的修行進度，而吝於花費時間幫助他人。只有在調整或矯正上述種種錯誤的修行心態之後，方能算是符合「人間佛教禪法」的中道修行原則。

乙、「人間佛教」的禪法精神

「人間佛教禪法」的禪修訓練，除了學習定慧的基本課程，鍛鍊遇事堪任的能力之外，更有培育三種菩薩精神的寓意存焉，此即印順導師所說的：「忘己爲人」、「盡其在我」與「任重致遠」。這有對治隱遁獨善的現實性批判意味。

茲就每一種菩薩精神的抽象意涵，標明兩句禪觀修持的具體作略：一、忘己爲人——修無緣慈，不入深定。二、盡其在我——如實觀照，不修假想。三、任重致遠——發長遠心，不求急證。此下再配合禪修功課的具體作略，來深入詮釋所謂「人間佛教禪法」的行門要訣。

其一，爲何要「忘己爲人——修無緣慈，不入深定」？

此因奉持大乘的禪觀行者，必須由深切的悲心出發，才能常懷「忘己爲人」的無限精進力。這類菩薩行者的典範就是：雖已能修定離欲，但不夾雜急切求脫的自利思想，也不耽溺禪悅之樂，而只是重於煩惱的調伏與心性的鍛鍊，爲利生助人的願行，奠下深厚的修行基礎。亦即，禪修場域即是實踐菩薩道的場域之一，大乘禪觀能達成「益生利他」的遠大目標；若僅停留在修行者的自受用境，縱能入深禪定，廣證神通，充其量也只是「小乘心行」之再現罷了。

所以嚴格而論，離境獨處而修無量三昧，用觀想來祝願眾生離苦得樂，其實只是長養慈悲和增上意樂的準備工夫而已。惟有實際面對眾生，走入人間，以從事「普緣有情而與樂拔苦」的大慈悲行——無緣大慈，才算是真正落實大乘利他的大慈悲行履。[15]

正如修行者的調心初階，固然以坐姿爲佳；然而，靜慮非獨於坐中得。同理，悲智相應的菩薩禪法，應從一切處實踐之：於靜坐中能得安止，在行動中則能深入種種利生行的「箇中三昧」。印順導師在其「人間佛教」的相關論著中，便是根據此一精神，提醒後學：當以彌勒菩薩的「不修禪定，不斷煩惱」爲初學者的修行模範。[16]這項初期大乘的教證，正顯其

15 詳細內容，見本書上篇第一單元之肆：〈行門之二：人間佛教之禪觀所緣——依菩薩淨行入甚深法界〉。

16 菩薩有深邃的智慧（住空三昧），卻更懷廣度衆生的悲願（故不證空）；所以學行菩薩，多為衆生發心，不貪求急證佛位。對崇高的佛果尚能忍而不證，更何況是深定或（不言不動而與木石無異的）呆定！印

「人間佛教禪法」的特質。

然而，印順導師所引上項教證，在佛教界曾引來諍議；或據此誤以爲印順導師是不主張修禪定的佛教學問僧，並質疑道：「不修禪定，如何離染？」筆者於二〇〇〇年十一月間，曾就此請教導師：「不修禪定，不斷煩惱」，其語義究何所指？他明確地說，這是指「不修深禪定，不斷盡煩惱」。

顯然他不是反對修學禪定，而是強調不修無益於「護生利他」的深定——「不深攝心，繫於緣中」；煩惱也不是不斷，而是因「今是學時，非是證時」，對於不障利他的微細無明，姑且留惑潤生。這不是印順導師別創一格的說法，而是本諸初期大乘之教證與菩薩精神之理證。

如《小品般若經》所云：「若菩薩具足觀空，本已生心，但觀空而不證空：我當學空，今是學時，非是證時。不深攝心，繫於緣中。……菩薩緣一切眾生，繫心慈三昧。……住空

順導師以此勉勵初心學人，要效法菩薩行誼，以免悲心、功德不足，急修禪定而落入外道味定或聲聞求滅的歧途。

三昧而不盡漏。」[17]

印順導師所勾勒出的菩薩圖像是：「爲法爲人，犧牲一切，忍受一切，這就是他的安慰，他的莊嚴了！他只知應該這樣行，不問他與己有何利益。那一種無限不已的大精進，在信智、悲願的大行中橫溢出來，這確是理想的人生。」[18]他並仿擬文殊菩薩勸勉善財童子的口吻，而作是說：「青年們！解脫生死是不錯的，但不能專爲自己的生死打算而厭倦了一切。把你們的心，移到利益眾生上去吧！」[19]這就是「不修深禪定，不斷盡煩惱」的菩薩作略。

其二，爲何要提倡「盡其在我——如實觀照，不修假想」？

大乘佛教是「雄健勇猛以利生」的青年佛教，這較諸「痛悵生死的耆年佛教」與「仰賴救度的他力佛教」，有如天壤之別。[20]故筆者提倡的「人間佛教禪法」，亦以培訓積極勇健

---

17 後秦・鳩摩羅什譯：《小品般若經》卷七，【大正藏】第八册，頁五六八下至五六九上。

18 印順導師：〈大乘是佛說論〉，《以佛法研究佛法》，【妙雲集】下編之三，頁一九七。

19 印順導師：〈青年佛教運動小史〉，《青年的佛教》，【妙雲集】下編之五，頁一七。

20 故印順導師云：「菩薩比聲聞更難，他是綜合了世間賢哲（為人類謀利益）與出世聖者（離煩惱而解脫）的精神。他不厭世，不戀世，儘他地覆天翻，我這裡八風不動；但不是跳出天地，卻要在地覆天翻中去施展身手。……菩薩是強者的佛教；是柔和的強，是濟弱的強，是活潑潑而善巧的強。」見印順導

的青年菩薩爲宗旨。其要訣有三點：

1、須如實觀照諸法空相，以增長般若智慧；須實際投入世間事業，以弘法化世，普利有情。因此不可以耽溺於唯心構作的假想淨觀，以致神佛不分，鬼影幢幢。換言之，「人間佛教禪法」所強調的是平實正常的人間性，也是逕依人身而直入佛道的。所以修行菩薩三昧解脫門的佛教實踐者，應避免陷入唯心幻想的禪修假想觀的流弊。

2、廣觀一切法空，但不躐等僥倖，須先近取諸身，以修無我慧觀。不過此中「觀身」之寓意，與聲聞乘人發厭離心而觀身，欲求解脫的動機不同，而是取菩薩破執而不證真的深義。更非如某些南傳禪法，特意擴大渲染不淨相：如緣念人體三十二種身分、死尸解剖、死尸腐敗等影像，以增加厭離世間，厭棄色身之心行等。

3、「人間佛教禪法的」實踐者，不但須有成佛是「自力不由他」的氣概，更要能爲孤弱眾生的保護者，施與眾生以無有恐懼的安慰，並能深信因果昭昭，故能平和面對自身的禍福、壽夭或窮通際遇，而不妄求鬼神他力的加持；縱使念佛，也不是爲了求佛保佑，而是於

師：〈大乘是佛說論〉，《以佛法研究佛法》，【妙雲集】下編之三，頁一九七。

念佛功德中深誌佛恩，念報佛恩而自期能代佛宣化。[21]

「人間佛教禪法」的修練，即希望從禪觀修行中，鍛鍊出這般青年菩薩雄邁進取的氣象與作略。因此與時下許多佛教道場但求急證的念佛參禪，是大異其趣的。

其三，爲何要提倡「任重致遠——發長遠心，不求急證」，以作爲「人間佛教禪法」的菩薩精神之一？

此因從諸法性空的觀照中，體證到繫縛與解脫的對立並不存在，這不但是理論上的善巧，更能表現於實際事行。故非但體悟諸法性空如幻的聖者，能觸處無礙地入世度眾；就是初學者，也不妨在世間利生事業的進修上，達到解脫。因此彼等用不著厭離世間或隱遁山林，來急求不受後有的涅槃。以性空慧豁破生死與涅槃的藩離，大乘菩薩任重致遠的精神，亦能由此而確立不移。[22]

---

21 印順導師曾描繪菩薩的身手是：「上得天（受樂，不被物欲所迷），下得地獄（經得起苦難），這是什麼能耐！什麼都不是他的，但他厭惡貧乏。他的生命是豐富的，尊貴的，光明的。他自己，他的同伴，他的國土，要求無限的富餘，尊嚴，壯美；但這一切，是平等的，自在的，聖潔的。」

22 發大心的大乘行人是任重致遠的，但知努力於菩薩行的進修，又何必問「何時方能成佛」？但是，正如印順導師所批評的：「佛教之遍十方界，盡未來際，度一切有情，心量廣大，非不善也。然不假以本末

見菩薩道難行而退心，或怖畏佛道長遠而急求速成，其癥結皆在專爲自己打算，而且急功近利；故大乘行利他事，饒益眾生而不務空談。

此所以正確修學的大乘行人——呼應「人間佛教禪法」的同道——不專在判地位、排果證上講究，更不專在自己的斷證上下工夫，而是以「我生有盡，弘願無窮，但願眾生得離苦，不爲自己求安樂」爲修持佛法的歸趣。[23]

五、結論

筆者以上關於「人間佛教禪法」的理論建構，實起於研究「人間佛教」的領航者印順導師的禪學思想，從其擅長辨異而對佛法的靈活詮解得到了啓發，最後達到「必須以正確方法來辨識禪觀體驗」的結論；因而筆者探索「人間佛教禪法」的意蘊，才能從強化與淨化個人

先後之辨，任重致遠之行，而競為『三生取辦』，『一生圓證』，『即身成佛』之談，事大而急功，無惑乎佛教（按：中國佛教末流）之言高而行卑也！」見印順導師《印度之佛教》，〈自序〉，頁一。

[23] 此中可參考昭慧法師所著〈我願將身化明月，照君車馬度關河〉一文，其中傳達了菩薩行者此一偉大行誼的感人意境。（《弘誓雙月刊》第四十五期，八十九年六月，頁二至七。）

身心的角度出發，而終於回歸到「不離世間覺」的人間參與。

總結「人間佛教禪法」的本色，即在於講求正確而踏實的禪觀知見，廓清「現觀洞見實相」與「唯心神秘想像」之分野；使隱微的禪修體驗，能透過學理的解析，分辨一切高低淺深，正邪真偽的個人私密經驗。換言之，修習禪觀時，應在深明義理——正見的基礎上，來談信心的培養與禪法的修持——淨行的實踐。反之，智性思辨的義學運思——正確的理論，也應是建立在信心與實證——切實行踐的基礎之上。故「人間佛教禪法」的理論與實踐，皆不依個人私好而做臆想附會，如此方能真正立足正法而心繫人間。[24]

就此而言，「人間佛教禪法」實無異於「（初期）大乘菩薩禪法」。故其重視「理事通暢」的原則，並從深體佛陀度生的悲懷出發，使利己的禪法修練，緊密契合於利他事行的無私奉獻，而不會產生所謂「說大乘行小乘」或「利人時發菩提心，禪修時生出離想」的矛盾扞格。[25]

---

24 此即之前所說的，對傳統與古典，作承前啟後之研究，依據研究所提煉的成果，在禪法施設的取捨上，務求詳明確實，契合「緣起中道」之正理，契應時代之機宜。

25 筆者常譬喻這種學行割裂的現象，是理論與實踐扞格，願心與事行相違的，「任督二脈不通」的矛盾現筆者提倡「人間佛教禪法」，意即等同於宣揚「青年佛教」的精神，直探善財童子參學的奧蘊，以使經典中善知識的身影鮮明躍動，進而鼓勵佛教青年，依於賢師良友的訓導，學習善知識所行的種種無礙三昧，[26]並據此以實踐其依凡夫身而直入佛道的「人間佛教禪法」。

回顧過往，前瞻未來，筆者所提倡的「人間佛教禪法」，希望透過上述解說，對佛教界的同道，能有些小助益，期望佛弟子能善觀因緣，與時俱進，各自開顯其種種利生的大乘三昧，成為當代佛教人間菩薩的新典範，俾使「人間佛教」的推廣，不會被誤以為與禪觀修行脫勾，而只是「慈善事業」而已。

進以言之，「人間佛教禪法」私毫不涉及自尊己宗的派系意識，只是緬懷佛陀本生的菩薩願行，而從經教中掌握菩薩定慧修行的要領。吾人期待人間佛教禪法的成就，能出現典範象。

26 經典中的善知識，皆是分證菩薩普賢行的有力者、成功者；他們善巧適應世間，而以不同的工作，來濟度苦難的衆生，弘布佛陀的正法。全體加總，則傳達了「依於無量利生行而開顯莊嚴佛果」的深義。更何況，廣大的普賢行，不是只用來說明的，而是必須加以實踐的，如此才能體驗並復原大乘的神髓；溯源久遠的「人間佛教」思想要能生生不息，不能單靠經典故事與理論建構，而是要召喚當代典範，讓人產生見賢思齊的悲智願樂。

人物，這並不囿於哪一宗哪一派，因爲盡虛空，遍法界，窮三世，都有捨己爲他的菩薩身影，他們有的在僧團或其他形式的團體中凝聚力量，有的則是個人獨行而厚積福慧資糧，在深廣的般若與無礙的三昧中，廣行利生的事業。

——九十四年三月二十六日　發表於現代佛教學會主辦：

「南傳、漢傳與藏傳佛教修持法門」講座

參　行門之一

結期精進之禪觀所緣

——安般念、四界分別與無量三昧

作爲大乘菩薩修持法要的「人間佛教禪法」，在技巧上兼容延續聲聞禪法，並揉和大乘經中的禪觀要領。然而禪修之目的，不祇是個人的身心解脫，更在於培養修行人用以「利益眾生」的身手與能耐，亦即：依於禪觀修學，用以長養菩薩行人利益眾生之「堪能性」與「空性慧」。目的既然有所差異，當然會呈現它與聲聞禪法的同中之異。

筆者爲教導學員所設計的「結期禪觀」課程，教授三項修行技巧，其中兩項爲：「安般念」與「四界分別觀」，這是《阿含經》中佛陀的兩大禪觀教學法，也是聲聞佛教主要的修持技巧。在這方面，筆者曾受過嚴謹的師承訓練，是即緬甸帕奧禪法。在教學的過程中，筆者儘量不採用各種假想觀（勝解作意），大都引領學員依於五蘊作真實觀，以此而趨向勝義。何以如此？本文之中，亦當解釋原委。

「人間佛教禪法」，以護生、利他爲立義之大本，因此，筆者於「結期禪觀」期間，除了上兩項禪觀內容之外，還會帶領學員修習共貫人天乘、二乘與菩薩乘的「四無量心」（以慈無量心爲主），並且積極讚歎大乘，勸請學員發菩提心，行菩薩道。

綜合而言，本文可說是在「人間佛教禪法」的學理基礎上，陳述筆者領眾修持的實務經驗，以及設計禪觀功課的理論依據與諸方考量。

一、禪修之類型與目的

（一）禪修類型：「結期精進」與「日常禪觀」

以禪修的型態而言，可略分爲「結期精進」與「日常禪觀」二種。前者重視規劃出一個固定時段，以息諸緣務，專心用功，一般最常見的是七天的集眾共修——禪七；後者則強調在日常生活中，注意隨時保持正念正知，攝心觀照，以清明應物。

從修學定慧二學的速度與效果來說，禪修者如果追求個人修行的進境與成就，那麼，「結期精進」的成果，當然比「日常禪觀」來得快速而明顯。而且爲了獲得超越凡常的感悟境界，除了強調萬緣放下、專精禪思之外，舉凡助益禪修的居住環境、食物飲水等，皆要他人盡力備辦；反之，妨礙禪修的居住環境、食物飲水等，則提醒自己儘量迴避，或要求他人儘量配合。以筆者幾次主持的禪觀共修爲例，秉持「佛法無價」的理念，主辦單位並沒有向學員收取學費，而參加的人數每次近百，其中提供膳宿，維持環境清潔與細心照護等事務，所需的志工人力，不下二十人之多，所以筆者常說，這是一種「高物質消費與高人力資源」的活動。

若以斷惑離染的四果聖證、究竟涅槃爲究竟目標，則時間就將不祇是七天、十天、四十九天，而是「不達目的，絕不終止」——結一期生死以爲修行之期。一些決志奔向解脫的聲聞行人，他們潔身自好，清淨自活，將對世間的干擾和與人群的接觸減到最低，在「少事少業少希望住」的生活方式中，終日沉浸在禪悅爲食的輕安法喜中，像出淤泥而不染的蓮花，綻放著無比的清芳。然而這一切自受用的「現法樂住」是相當「個人色彩」和「利己主義」

的，與在長夜苦難中顛倒沉淪的眾生，並無直接的關係。[1]

而「日常禪觀」的修行手法，則強調把修持融入生活，在尋常日用中，隨時培養明覺觀照的止觀力道，並在日月經年的積漸進步之中，增長無我的智慧。這條道路，由於沒有高度定力與禪悅法喜，也少有突飛猛進的洞察能力，倘若沒有菩薩的信解力與精進力，這將是難以跟隨的一條道路，因為行者可能會為了定力的增長緩慢，而感到沮喪或心萌退志。

但是這種修持方式，也有不受限於時空環境的強大優點：一方面能避免對定境產生貪著，另一方面也能避免在修道過程中，面對進境起伏多變的現象而心生瞋惱。既然始初的發心就是「但願眾生得離苦，不為自己求安樂」，復能維持如此穩定平和、貪瞋煩惱漸趨薄弱的心境，久而久之，自能厚植「無所得」的空性慧，以大精進力行入世利生的事業。這種歷境對緣而修的無我智慧一旦產生，將會強力而持久；而由於行者對自己的利益一無所求，無形中也就不會受到限量時空的自我局礙，自然無處而非道場，無時不得自在。

（二）禪修之目的：依住堪能性，能成利生事

1 進一步的闡述，見拙著：〈出離心與菩提心的對話〉，《人間佛教禪法》附錄二，頁三九一至三九四。

「人間佛教」所行，無非是大乘菩薩入世利生的事業，故其定慧二學——大乘止觀，強調的是為眾生而發心修學，這與前述「日常禪觀」的修行運用相當吻合。然而這對於初學者是困難的，因此，以六度為功課的大乘行人，若能「結期禪觀」，學習穩定身心的定學——禪波羅蜜，與去除我執的觀慧——般若波羅蜜，其效果將更佳。

結期修持定、慧之學，有較為強大的心力矯治功能，看似暫時擱置利生事行，長遠來看，卻是對利生事行更為有效。以定學為例：利生事行需有強大心力，方能持久不輟。心力脆弱者一遇到困難，往往變得退縮，行動也就無法持恆。因此，印順導師在《成佛之道》偈頌中說：「依住堪能性，能成所作事。」[2]亦即是以禪定來讓身心安住，產生大堪能性，使自己可以承載更多利生的責任，分擔更多眾生的憂苦，並且做得長久，不會退失初心。

開始結期修習禪觀之時，應該選擇一些有助於生定與發慧的禪修所緣，並作規律而定期的練習；最終熟稔之後，將不必再特別練習，而觸處逢緣，無一不是般若空慧的呈顯，一切所作悉是修行。因此，人間佛教的「結期禪觀」，不是利己主義，而是為「利生事行」的開展，作更好更妥當的準備工夫。「結期禪觀」與「利生事行」，在初學者而言，可以交替進

[2] 印順導師：《成佛之道》，【妙雲集】上編之五，頁三一五。本段標題，筆者即依導師之述義而立。

行，而不需偏廢一端。如此久而久之，即可直下在「日常禪觀」之中，鍛鍊弘法利生的勇猛心與堪能性。

以下略述筆者在領眾「結期禪修」時，依教法的完整性所抉擇的禪觀所緣，並說明此中的教學考量。

二、禪觀所緣之抉擇

筆者在施設「結期精進」的禪觀功課時，把握的是以下幾個重點：

（一）依循佛陀戒定慧三學之教法

戒、定、慧三學是佛陀的圓滿教法。此中，有外顯的行為規範——戒學，有內隱的心意鍛練——定學，更有超越自我幻執的般若觀照——慧學。此一理想之教學綱領，實屬三乘共學，非僅聲聞道品；如菩薩六度行門中的「禪波羅蜜」與「般若波羅蜜」，即是大乘的定慧二學。

筆者於「結七共修」中的禪觀教學，把握「解行並重」的原則。在解門方面，從身心的安頓到生命的超越，闡示佛法不共世間的禪觀正見。每日晨誦時，由筆者為學眾誦念並解說《阿含》根本教典與初期大乘經文；[3]晚間大堂開示，則闡明定慧之正確知見與止觀要領，並提醒學人簡別種種錯謬之修行觀念與心態。在行門方面，依「三增上學」為綱領，以嚴持淨戒為基礎，出家僧眾嚴持自身所受戒法，在家居士則受持八關齋戒。並依此進修三項止觀所緣：（一）以「安般念」攝意修心——學禪定。（二）以「四界分別觀」開發觀力——修觀慧。（三）以「無量三昧」為五乘共貫之津梁；而此中更有「勸發菩提心」之寓意存焉。

（二）學習三乘共貫之禪觀所緣境

對於傳統的聲聞定慧二學，筆者遵循印順導師所示，「依下啓上，依上攝下」的三乘共學觀點，主張彼等亦為菩薩行人所應修學的禪法。此一主張，符合初期大乘經義，如《般若經》中云：

> 菩薩摩訶薩常行……禪那波羅蜜，……以方便力斷眾生愛結，安立眾生於四禪、四無

---

[3] 所誦念與講解之經文，涵蓋三十七道品之《阿含經》根本教典，與《般若經》，《寶積經》與《華嚴經》等之初期大乘經典。

量心、四無色定、四念處，乃至八聖道分，空、無相、無作三昧。……自行禪那波羅蜜，教人行禪那波羅蜜，讚禪那波羅蜜法，亦歡喜讚歎行禪那波羅蜜者。……自入初禪，教人入初禪，讚初禪法，亦歡喜讚歎入初禪者。二禪、三禪、四禪亦如是。自入慈心（中），教人入慈心，讚慈心法，亦歡喜讚嘆入慈心者；悲、喜、捨心亦如是。自入無邊空處，……；無邊識處、無所有處、非有想非無想處亦如是。……自修空、無相、無作三昧，教人……。自入八背捨……。自入九次第定。……若菩薩摩訶薩行出世間……行禪那波羅蜜，禪那不可得……。[4]

經中指出：菩薩自修與授人之禪波羅蜜內容，如四禪、四無量、四空定等，皆是聲聞定法；在觀慧部份，如四念處、八正道、乃至三十七道品、三三昧等，皆同於聲聞道品。其中聲聞與大乘的區別只在於，菩薩雖依聲聞禪法，卻與薩婆若（一切種智）相應，展現了雖入禪而不為禪力所拘的方便力，這是不廢基礎而更深化的菩薩「禪那波羅蜜」。此即經中所說：

云何名禪那波羅蜜？須菩提！菩薩摩訶薩以應薩婆若心，自以方便入諸禪，不隨禪

---

4 後秦・鳩摩羅什譯：《摩訶般若波羅蜜經》卷八，【大正藏】第八冊，頁二八一上至二八三上。

生，亦教他令入諸禪，以無所得故，是名菩薩摩訶薩禪。[5]

故大乘佛法的本義，並不拒絕聲聞禪法，而更有誘導聲聞，使其來學大乘的寓意存焉。不障礙大乘的聲聞道品，可以貫通大乘的禪波羅蜜與般若波羅蜜，而聲聞行人亦可迴入大乘。故「人間佛教」禪法中「結期精進」的禪觀功課，希望能符應於初期大乘教法的修行宗要，此中自有涵攝人天、聲聞的寬廣格局。

（三）發揚佛教傳統之修行法門

筆者在多次的宗教學研討會中，常碰到一個討論主題，就是談論各個宗教的傳統修行內容。以佛教爲例，何謂佛教「傳統的修行內容」？漢傳、藏傳與南傳佛教，都有其各自的傳統，所以這「傳統」的時間要拉多長？空間要涵蓋到哪裡？筆者認爲問題的解答，還是應該回到佛陀所傳授的方法。亦即：佛陀所傳授的方法，在當時印度眾多的修行宗派與系統中，有何特殊之處？這也正是解答的重心所在。

5 同上，卷五，頁二五〇上。

1、聲聞、大乘共學之禪觀所緣

首先論禪修所緣。

佛陀教導初學者修定而入勝義觀慧的方便，曾說「不淨念」[6]與「安般念」[7]，古稱為入道的「二甘露門」；後來阿毗達磨論師再加上「界分別念」[8]，名為「三度門」。

其實，由於眾生的根機不一，煩惱各有偏重，在《雜阿含經》、《增一阿含經》等，即

---

6 「不淨念（asubhā-smṛti）」，其修法是取死屍的腐爛、臭穢之不淨相，如：青瘀、膿爛、變壞想、膨脹、食噉、血塗、分散、骨鎖、散壞等，做為禪觀的對象。從煩惱的降伏來說，這是對治貪欲——淫欲貪，對治愛著身體之煩惱，最好的修行法門。一般稱之為「不淨觀」，今依原文smṛti為「念」之意，稱「不淨念」；smṛti（念），指對於所緣境能明白專注之精神作用。

7 「安般念」：全稱「安那般那念（ānāpāna-smṛti）」，亦稱出入息念、持息念、數息觀。梵語 āna（安那）即入息（吸氣），apāna（阿般那）即出息（呼氣）。於禪修時，一心專念（鼻）息之入與出，可達到止息尋思散亂，置心一處之定境。

8 界分別念（dhātu-prabheda-smṛti），亦稱界分別觀、界差別念。其修法是念住、觀察造就有情之諸法，皆由地、水、火、風、空、識所和合，緣生而有，緣滅則無；依此觀無我，能破除愚癡無聞凡夫常於身心起我執之障，以消除憍慢之過惡。

說種種之對治法門。如：「有比丘修不淨觀，斷貪欲；修慈心斷瞋恚；修無常想斷我慢；修安那般那念，斷覺（尋思）想。」[9]又如：「當修行安般之法……所有愁憂之想皆當除盡；……當修行惡露不淨想，所有貪欲盡當除滅；……當修行慈心……所有瞋恚皆當除盡；……當行悲心，……所有害心悉當除盡；……當行喜心，……所有嫉心皆當除盡；……當行護心，……所有憍慢悉當除盡。」[10]

依聲聞禪法[11]的禪修所緣，《瑜伽師地論》曾將之整理爲「四種所緣境事」，其中的「淨行所緣」即是專爲對治麤重煩惱而修的禪修所緣，故名「淨行」。內容除了以不淨念、安般念與界分別念之外，再加上「慈心念」[12]與「緣起念」[13]。以上五門，因爲可以止息心意的

9 求那跋陀羅譯：《雜阿含經》卷二九，八一五經，【大正藏】第二冊，頁二〇九下。

10 東晉・瞿曇僧伽提婆譯：《增壹阿含經》「安般品」，【大正藏】第二冊，頁五八一下。

11 有關聲聞禪法之特色，及主要禪修典籍之分析，可參考本書上第二單元「禪學研究」之貳：〈「止觀綜合」與「定慧分別」——《瑜伽師地論》「聲聞地」與《清淨道論》「定、慧」二品處理定慧二學之比較〉。

12 「慈心念（maitrī-smṛti）」，又作慈心觀、慈悲觀。乃為多瞋恚者說：修慈心以祝願衆生離苦得樂，此乃對治瞋恚煩惱之禪修法門。

五種惑障，故名：「五停心觀」，為原始與部派佛教以來重要的禪修法門。

南傳佛教重要的修行典籍《清淨道論》，其中的「定品」，略分「四十業處」為「一切業處」與「應用業處」；前者內容為慈念、死念（或加上不淨念），後者則依於修行者之性行傾向而選擇業處，其用意在對治貪瞋癡性行中的深重煩惱，如說：貪行者修十不淨與身隨念業處，瞋行者以四梵住（即四無量心）與四色遍為適宜之業處，癡行者應修入出息念等。並引經說：「應數數修習四種法：為除於貪當修不淨，為除瞋恚當修於慈，為斷於尋當修入出息念，為絕滅於我慢當修無常想。」[14]此與前面所引《雜阿含經》「四法」之內容相同。《清淨道論》的「慧品」，其修慧業處（所緣）計有蘊、處、界、根、諦、緣起等種種法，[15]其中「緣起」是十二緣起。這是《雜阿含經》中常見的修觀所緣，為究竟斷除煩惱的勝義觀門。

13 緣起念（idampratyayatā-pratītyasamutpāda-smṛti），又作因緣觀、緣起觀。其修法之所緣有繁簡之分，簡要說明，乃順逆覺觀十二緣起相，以明依緣而起之生死流轉，空無我，而對治執著為有我的愚癡煩惱。

14 覺音著，葉均譯：《清淨道論》，臺北：華宇，一九八七，上冊，頁一七八。

15 同上，下冊頁十八。

就部派佛教而論，以說一切有部爲主的北傳聲聞禪法，曾於中國盛行一時，中國佛教早期許多重要的禪經譯本，多與此地禪法師資有關。[16]禪經內容有不淨念，安般念二甘露門，再加上諸界分別，這是說一切有部舊傳的禪法；不淨，安般念與界分別爲「三度門」，若再加上慈心念與因緣念，即成「五停心觀」。前後傳去中國的罽賓禪法，亦多說此五門禪。[17]

在中國，又如南山律宗道宣法師，曾作《淨心誡觀法》教示門人自修外化之道，其中即有「誡觀五停心觀法」。[18]又天臺智者大師，亦於《釋禪波羅蜜次第法門》[19]、《四教儀》[20]中明此五門之義。

爾後中國佛教雖從判教時期的兼涵聲聞，直至諸宗競立時期的專弘大乘，然而源自北傳

---

16 本書上篇第二單元「禪學研究」之貳：〈「止觀綜合」與「定慧分別」——《瑜伽師地論》「聲聞地」與《清淨道論》「定、慧」二品處理定慧二學之比較〉。

17 此段可進一步參考印順導師：《說一切有部為主的論書與論師之研究》，頁六一一至六三二。

18 唐・道宣：《淨心誡觀法》「誡觀五停心觀法」，【大正藏】第四十五冊，頁八二〇中至八二一下。

19 隋・智顗：《釋禪波羅蜜次第法門》卷三，【大正藏】第四十六冊，頁四九四中。

20 同上，《四教儀》卷四，【大正藏】第四十六冊，頁七三二中。

聲聞佛教中的「五停心觀」與「止觀綜合」等禪法技巧與禪修特色，已爲天台禪學所吸收。[21]再論禪宗，其接引初學攝心之方法，亦多以數息觀入門。

從原始、部派之聲聞禪法轉入大乘，西元五世紀初，鳩摩羅什（Kumārajīva，344-413或350-409）譯出的《坐禪三昧經》、《禪秘要法經》、《思惟要略法》；[22]以及曇摩蜜多（Dharma-mitra，356-442）譯出《五門禪經要用法》，[23]則以「念佛（色身）」代替「界分別」。由於「佛像」的流行，觀佛、念佛（色身）之相好光明，成爲當時一些佛教部派，以及大乘信仰者共修的禪修所緣。[24]

總結而言，佛陀所教授的禪修所緣，從二門、三門而至五門，其中，「不淨、慈心、持息與緣起」是佛教大小乘各學派與宗門普遍共學的禪觀所緣。

---

21 如《釋禪波羅密次第法門》中說二甘露門，又如《六妙門》中說安般念的十六勝行。（二書皆智顗著，收於【大正藏】第四十六册。）

22 皆出自【大正藏】第十五册。

23 佛陀蜜多撰，曇摩蜜多譯：《五門禪經要用法》，【大正藏】第十五册，頁三二五下。

24 其轉變過程之分析，見印順導師：《初期大乘佛教之起源與開展》，臺北：正聞，頁八六二。

2、禪觀所緣之抉擇

先就「傳統」而言，佛陀提出的教法切近自身，並沒有祈求的「他者」，而是觀照有情身心的實際情況，以此方法，即可以離苦得樂，究竟涅槃。修行方法一旦牽涉到明顯的宗教傳統或崇敬的對象，就會有隔絕與對立的不幸，也將導致「信者歡喜，不信者排斥」的後果。佛陀教導弟子們要：「自依止，法依止，莫異依止」，佛教當時能在宗教文明發達，修行派別林立的印度土壤中，風行草偃，追隨者眾，想必是因爲佛陀的教法內容，具有超越一切（宗派、崇敬對象）的特性。

以原始教法且貫通部派、大乘的「五停心觀」爲例：我人可以有任何形式的信仰，乃至沒有宗教信仰，但是我們每個人都有呼吸——安般念；都有身體、感知、情緒、欲念——六界分別；我人身心亦在時空遷流中變化，流轉——緣起念；再加上身體會變化、衰老、死亡，腐敗——不淨念；而且每一個人都應該心存善念地對待他人——慈心念。所以佛陀所教導的，是超越信仰、宗派對立的，普遍一切，人人可修的禪觀法門。

又如《阿含經》中的「四念處」——觀身，觀身之苦受與樂受——觀受，觀苦樂覺受所帶來的心念變化——觀心，乃至觀身心與外界變化之無常等法則——觀法，等四種念住法門，也都具備「超越一切」而不受限於特定宗教文化的特色。

至於筆者在禪修教學中，對於具體禪修所緣的抉擇，則不取「不淨念」與「緣起念」，主要的考量是：

一、經、律一致記載：釋尊教授不淨念，比丘們依之修行，竟有六十位比丘因厭惡自身，自願被殺而死。由此可見，世間一切的緣生法都有其相對與局限性，若不能適當的應用，將會導致不良的副作用。

況且不淨念之所緣對象，如青瘀爛壞等相，都須透過實象的取相而修；如泰國某些流傳的觀身不淨修法，就是藉各種放大的實際人體內臟的解剖照片來取相作觀。今若欲取死屍之各種腐壞實狀而修，其所緣相之取得實亦不易。若不取腐爛死屍的實物，而是於定中取（圖畫、影像等）相作假想觀而修，也須有較深之定力，定力若有未逮者亦不易為之。因如上之考量，故於初學禪修功課，不取「不淨念」為所緣。

二、關於「緣起念」。「緣起」，如世尊說：「諸比丘，何謂緣起？無明緣行，行緣識，識緣名色，名色緣六處，六處緣處，處緣受，受緣愛，愛緣取，取緣有，有緣生，由生之緣而發老、死、愁、悲、苦、憂，惱，如是純大苦聚集。」其次當知老死等為「緣生法」。「何謂緣生法？諸比丘，老死是無常、有爲、緣生、盡法、衰法、離貪法、滅法。諸比丘，生……乃至……有、取、愛、受、觸、六處、名色、識、行……。諸比丘，無明是無常、有爲、緣生、盡法、衰法、離貪法、滅法。」[25]

須知，經中對於緣起十二相，並非只是名言的標識或概念的說明，而是依彼等爲禪修所緣，順逆覺觀諸法的依緣而起，貫通於三世流轉，以破除無明我執。這需要較深的禪定力方能達成，故取十二緣起相而修，對於正念、正定力微薄的初學者而言，實不能勝任。

筆者嘗見有人不論學人之定力深淺，皆教以依緣起而觀無常，而使得定力羸弱者，只能淪於口唸「無常！無常！」之口頭禪。因如上之考量，緣起念之禪修所緣，可待學人定力增強後再進修之。

三、必須特別說明的是，大乘佛教中代「界分別念」而有的念佛（色身相好）法門，對於學人淨信心之長養，實有助益。[26]然而觀佛相好之禪修所緣，屬假想觀，以筆者教授禪修

---

25 巴利聖典協會編，巴利三藏：《相應部》第二冊，頁一，26。

26 某禪修團體，多以安般念與慈心念教人，在借用道場辦禪修時，為標榜教法之超越宗教性，輒以布幔遮蓋所有佛像與菩薩像。此舉或為尊重其他宗教或無信仰之學員，而以普遍之善法勸發、攝受有情之意；

之經驗，定力無基之學人，取為所緣者，若不能易得簡要，不能明了清晰，則學人之心念將多勞而力絀，且徒增幻想而疲勞。

綜合上述之考量，筆者依循佛陀教法的殊勝處，與個人實際之禪修和教學經驗，在「人間佛教禪法」的禪觀內容中，著重於「安般念」、「界分別念」與「慈心念」——三門禪觀所緣之修學，此乃著眼於佛陀超越宗教、宗派、文化、各種信仰傳統，而能普遍一切的修行教法；而此又可說是佛教經典所明載的，最傳統、最古老的修行法門。

三、依真實觀趨向勝義——「安般念」與「四界分別觀」

佛陀指出，真正的解脫是廓清無明的迷妄，解離染愛的戀著，所以重視心力的增強與智慧的發顯；而最究竟的是以觀慧破除無明，故云：「依定發慧」。依於此，筆者於禪七期間教授的三門禪觀所緣境，即「安般念」、「界分別念」與「無量三昧」，其主要特勝之處，依次說明如下：

然若會中皆是佛弟子，或雖非佛教徒然能隨喜者，則筆者認為遮蓋佛菩薩聖像之舉，未免矯枉過正，亦可能教出一群輕忽，乃至不敬信佛、菩薩之禪修者的副作用。

（一）以「安般念」為所緣，修學禪定

增強專注力的方法，在佛法中稱為「禪定」之學，意指心念專注於一個特定對象——所緣境，並停息所有的散動亂想，以達到專一安住、平和安穩的精神狀態。故云「心一境性」——心念專注於一個選定的對象而無散亂的特性。

關於靜心修定的對象，筆者以「觀察鼻息」——「安般念」教導學生，主要的考量是：

1、此一禪修所緣具普遍性

人類的「呼吸」現象，是超越所有宗教、人種與地域的、普遍的生理現象。世間有許多的宗教信仰，有各種不同的文化傳統，然而「呼吸」是人類普遍皆有的生命現象。人們可以選擇不同的宗教，信仰不同的神祇，有不同的膚色，使用不同的語言，但是都共同有呼吸的生理現象。以此為修行的對象，不涉及宗教信仰或意識型態的爭執，所以是一個很好而能普遍化的練習對象。

2、利於作情緒之覺察與調理

人類的呼吸現象，屬於自主神經系統，卻又能部份自我調控。以此為練習專注的對象，

一則能覺察情緒反應，再者也能藉著自我調控，如加深或加粗呼吸等動作，而達到緩和心緒的功效。

我們的呼吸與情緒有相互影響的關聯，當情緒起了變化，呼吸也會跟著加快。呼吸的生理現象，能少分自主控制；即使不談禪修，一般人也大都知道，當生氣或緊張時，如果做幾次深呼吸，對情緒的平穩就會有幫助。

「安般念」基本上就是依此原理所設計的功課。以「呼吸」做為專注的對象，可以覺察我人情緒反應呈現在呼吸時的狀態——平穩的情緒有平靜的呼吸，焦慮緊張的心情則會產生呼吸較為急促的反應。所以，長的、短的呼吸，急促的、平緩的呼吸，在在都反應了吾人的情緒狀態。觀察並覺知呼吸的狀態，有助於情緒的自我覺知與調整。

3、所緣境易於取得

人類只要生命機能尚存，呼吸現象就恆常伴隨，所以呼吸是一個隨身可得，而又簡易溫和的修定對象。不像其它的修定方法，需要特定的佛像、特別的咒語等複雜的修行配備或觀想程序。

4、其禪定力可達四禪

以「安般念」爲所緣，在《阿含經》中說，可分別用以修定或是修慧。若修禪定，則以念住於出入息所得的禪相爲所緣，依次進修，其頂點可以到達色界的四禪境界。[27]而四禪的定力，在《阿含經》中被佛陀稱許爲能順利依此以修慧的定力，故在禪七期間，筆者教導學員以「安般念」修學禪定。[28]

（二）以「（四）界分別觀」爲所緣，修學觀慧

佛法不共世間的修行特色，在於緣起無我空慧的觀照與證得，對於共世間的禪定之學，只取其定力之輔助，以引向「分別智」與「無漏慧」的證得，並提醒行人，應避免耽溺於禪定的「現法樂」，以及得輕安後產生的強固我執。

---

[27] 如《增一阿含經》「安般品」第十七之一經中說。（東晉・瞿曇僧伽提婆譯：《增一阿含經》卷七，【大正藏】第二冊，頁五八一下。）

[28] 「安般念」亦可轉為觀慧，即依於息的長短冷熱—自相，與無常、苦、空、無我—共相，而修十六勝行的無我觀門，則得臻於無漏解脫慧的證得。如《雜阿含經》「道品」，第八〇三經中說。（劉宋・求那跋陀羅譯：《雜阿含經》卷二十九，【大正藏】第二冊，頁二〇六上。）

在此略說佛法的觀慧修行。「觀」是「觀察」，佛陀所教導如實正觀的對象（所緣境），不是天馬行空，漫無目的的觀察，而是正視生死、迷惑的根源，尋求正確的解決之道。流轉五趣的生命（有情），不外乎是五蘊的組合，此中色蘊是以「地、水、火、風」四大爲根本質素，受、想、行、識蘊，則是種種覺受、想像與內心意念內容——心所法，這些都是「如實知見」的觀察所緣。[29]

再者，「正觀世間」，這並非廣泛觀察一切世間諸法，而是針對有情流轉不已、緣生緣滅的相狀——十二緣起以起觀照。能正觀其依因待緣而生，故不起無見、斷見；能正觀其依因待緣而滅，故不起有見、常見。有、無、斷、常之邊見若滅，則無常、無我的智慧現前，這乃是徹知因果的必然性——如實知緣起，而爲佛陀所教授的，「順向勝義」的觀察；依此觀察，即能證得涅槃寂靜。但對於初學者而言，不可能下手即洞觀勝義，因此修諸觀門，必須有由淺至深、從粗略至精微的次第。

在禪七中，筆者選擇教學的所緣境，是以「色身四大」——「界分別觀」中的前四項（地、

---

29 有關「四界分別觀」的修法，於《中阿含經》「念身經」、「念處經」中有詳細之說明。（東晉・瞿曇僧伽提婆譯：《中阿含經》，【大正藏】第二册，卷二十：頁五五六上，卷二八：頁五八二中。

水、火、風）教導學生。爲何不觀（善惡）心法——意識的內容？此乃著眼於「先學觀身」的「四念處」修道次第原理。原來，觀察身念處之一的四大相，有破除眾生對身體的執著的功能，而且剎那不住的心法——心識，比色法的運作速度快了很多，實非初學者粗糙的念知力所能把握，故可待到觀身四大——地、水、火、風四界分別觀，漸深漸細，再轉入心法內容的觀察較爲得力順遂。

以下更說明修學「（四）界分別觀」之殊勝處如下：

1、此禪修所緣具普遍性

四大，指構成一切物質的四種要素——地大、水大、火大、風大，又名四大種、四界。此四種要素，遍存於一切物質中，故稱爲「大」。然彼等非指一般所謂的（土）地、（流）水等，而是屬於「觸處所攝色」，是唯有我人身根能觸及的，「無見有對」的物質特性。與「安般念」相同，我人色身的「四大」相，也是超越所有宗教、人種與地域的、普遍的物質特性。以此爲禪觀所緣，同於前面的「安般念」，亦有泯除一切宗教、教派、人種隔礙對立之「普遍性」的優點。

2、利於作心念與情緒之覺察

我人之色身，由四大及其所造色組成，而且與心念交感。心中的所有善惡念頭與正負面的情緒，都會反應到色身的四大之中；最爲一般人所熟悉的是，心生瞋念時，隨之而起「火大」的增盛相，是爲「瞋火」熱惱。相應於惡與不善的心念，有粗劣的四大相起，相應於善的心念，則有輕安的四大相起。所以觀照、熟悉色身的四大相，有助於吾人覺察心念的內容。於此可進一步調理心境，使其能趨於平和。由於心境平和，復能產生輕安愉悅的四大相。與「安般念」相比較，四大之所緣相遍於全身，範圍擴大，更有利於覺知與觀察。

3、四大相爲實法，是利於開發觀慧的所緣境

緣起智慧，不是忽略真相而閉目擬想，也不祇是心住一境而穩固不動，它必須從如實知見中得來：正觀世間一切因緣相涉——「此有故彼有，此生故彼生；此無故彼無，此滅故彼滅」。「如實正觀世間集者，則不生世間無見」，「如實正觀世間滅，則不生世間有見」[30]，故能不惑於常見，不落於斷見，直下建立「無常相續，雖空幻有」的緣起中道深觀。其觀慧

---

[30] 以上所引經文，具見《雜阿含經》卷十，【大正藏】第二冊，頁六七上。

修持的所緣，正是生滅中的實法，而非虛擬出來的對象。

原來，專注力的培養，依於所緣境的不同，而區分為「勝解作意」與「真實作意」。[31]依虛擬出來的對象而作假想觀，是名「勝解作意」，其修學雖能增上定力，但倘若要讓它成為觀照覺察的有力基礎，則只有轉入「真實作意」，[32]方能成就佛法不共世間的功德。

「真實作意」是對於諸法真實相狀的觀照，亦即順向勝義（真實義）的觀察。然則其觀察內容為何？又當如何觀察？《瑜伽師地論》說：觀察內容即是法的「自相、共相、真如相」；[33]至於觀察的要領，則是「如理作意」，即：「真實作意者，謂以自相、共相及真如相如理

---

31 有關「真實作意」——勝義觀與「勝解作意」——假想觀之詳細分析，可參考拙著：《人間佛教禪法》，臺北：法界，頁二二六至二三七。

32 如論中云：「慧，謂於法能有抉擇，即是於攝、相應、成就、諸因、緣、果、自相、共相——八種法中，隨其所應，觀察為義。」（塞建陀羅阿羅漢造，玄奘譯：《入阿毘達磨論》卷上，【大正藏】第二十八冊，頁九八二上。）

33 「真如」，據大乘佛教義，即諸法空相，乃一切法最大之共相。「真如作意」在《阿含經》等早期教典中未見提及，故應是依聲聞空義進一步而產生的大乘空觀，於此先不論。

思惟諸法作意。」[34]

「自相」，為「共相」之對稱，指每一法獨有，而不與他法相同共通之質素或特質；例如：地大有「堅固相」，水大有「潤濕相」，火大有「溫熱相」，風大有「輕動相」，是為四大各自獨特的「自相」。「共相」，即諸法共通之質素或特質。佛陀於《阿含經》中明白開示的緣起、無常、空、無我，即是諸法共相，又稱諸法實相。

「真實作意」即是對於諸法自相、共相、真如等的如理思維。以「四大種」中的「地界」為例：觀察地界大的軟、硬、滑、粗等是對「地界」的自相觀察；觀察「地界」的無常、空、無我，是對「地界」的共相觀察；觀察「地界」依緣生滅而一切法空，不生不滅，則是對「地界」的真如觀察。

然則何不一下手就以「四大」為觀慧所緣，[35]觀照四大的「自相」與「共相」，作為開發觀慧力道的所緣境？又何必要有「安般念」作前階段的修習呢？原來，從教學的角度考量，

---

34 彌勒菩薩說，唐・玄奘譯：《瑜伽師地論》〈本地分〉，卷十一，【大正藏】第三十冊，頁三三二下。

35 像「安般念」一樣，「四大」之所緣亦有修定與修慧二途，若依之修定，可至欲界的未到地定；於此教學中，不依之入定門。

對於禪定力薄弱的初學而言，還是不妨先依安般念而修學攝心，加強定力。

此外，五蘊還包括了「受、想、行、識」，何以只教授觀察色蘊之「四界」（四大）？原來，精神活動的變異過於快速，倘無深厚定力，很難將它攝為所緣境來作觀察。因此必須等到定力增強，然後觀心。而這也較為符合四念處的修學次第——於身、受、心、法之四種念處，先以「四大」為所緣，而作「身念處」的修學。

四、共貫五乘而勸發菩提心——「無量三昧」

「四無量心」（梵語 catvāry apramāṇāni），或名「四（種）梵住」、「四無量定」，即依於慈、悲、喜、捨四種善心而修禪定，以達到色界定力的修持法。「慈心」是在定的修持中，觀想自己給予眾生快樂，使其得到安樂；「悲心」是在定中祝願有情遠離痛苦，並觀想眾生遠離憂惱；「喜心」是知眾生離苦得樂而心生喜悅，定中亦如是作觀；「捨心」是指冤親平等的觀照，可於喜、樂禪境之中再次超拔，而讓心保持平穩清淨。四無量心約要而言，曰：「慈心」。

為何名為「無量」？原來修習此定時，以親人、無親無憎者及怨懟者作為所緣境，從一人、少數人、多數人以至於無量眾生，從一方、四方以至於十方世界諸有情類；修持者漸次擴充心量，讓慈、悲、喜、捨充盈滿溢，願眾生離苦得樂。以其緣念十方無量眾生，能得無量福報，所以名爲「無量」。

有四禪以上之定力者，在修習四無量心時，慈心的定中影相將會顯現，以慈等四心緣眾生，能達到無量的境界；若定力薄弱，則至多只能作假想觀而已。又其中的喜無量心，因「喜心禪支」只達於二禪，所以修喜無量成就的頂點，只能到達二禪，唯捨無量心已超越樂受，故能達於第四禪。

在禪七中，筆者選擇教學的所緣境亦涵蓋「四無量心」——特別是「慈無量心」的修學，主要理由如下：

（一）慈等「四無量心」具普遍性

以慈心爲主的「無量三昧」，是以人類的善心作爲禪修的基本動力。善心是人人皆有的一種心念內容，所有文化、宗教與哲學的領域，亦皆讚揚之，並不局限於某一宗教。以此善心念，選取一個意欲祝福的對象，作爲禪修的所緣境而念住於斯，即是「無量三昧」禪修的所緣境。撇開禪定力的修持不談，這種方法，可以鼓勵我人，要於心中常懷「祝福他人離苦得樂」的善良心念，以此逐漸培養並增強關懷眾生的道德慣性。

而且，佛教所說之「慈」，又與「愛」有所不同，前者是依「自通之法」——同理心，故能普覆一切有情；而後者則是來自我、我所有之計度，故容易從人我之別，而演變成非我所屬之族類、社群、信仰等或非我所有之眷屬、財物等則不愛之「大我」藩籬。再者，「無量三昧」乃以禪修者自身為顯發慈心，護念眾生之根源，與強調源自奧秘有力之「他者」（如神、佛）的愛，有所不同。

故同於前述「安般念」與「四界分別觀」，「無量三昧」的禪修法，亦有泯除一切宗教、教派、人種隔礙對立之「普遍性」的優點。

（二）常懷慈心則身心輕安，生活愉悅

「安般念」與「四界分別念」，強調心念對所緣境保持平穩與專注，並且不加以控制和干預；但「無量三昧」則是訓練禪修者增強對他人的善意，更有勸發長養善心的，積極生善的意義。

修學「無量三昧」之人，能常生慈悲之善念，於日常之處事待人，無爭無怨，故能身心喜樂，眠寐安穩，亦爲眾人之所愛敬——夙植德本，故眾人愛敬。此如論中所云，修慈之功德有：顏色光彩，安於眠寤，不見惡夢，不爲火燒、中毒與刀傷，心念捷利不遲鈍，爲人與非人愛敬，諸天守護，臨終不昏迷等。[36]這些都是因爲該諸善念能引生福樂功德而有以致之。

（三）修「無量三昧」能證解脫

「無量三昧」之爲禪觀修學的所緣境，不但能增加定力，長養善德，亦能跨越依我、我所而設限的「量」，以此而破我、我所執。既能如此，當即不受「身」之限礙（不念有身），則必得涅槃而不復還此界中；

如《雜阿含經》中云：

> 若有比丘得無量三昧，身作證具足住，於有身滅、涅槃，心生信樂，不念有身。……

36 覺音著・葉均譯：《清淨道論》，台北：華宇，一九八七年，中册，頁一二六至一二九。以下逕標頁次。

> 現法隨順法教，乃至命終，不復來還生於此界。[37]

可見修學四無量三昧，同樣可以達到「證解脫」的效果，而非只是世間禪定而已。在這方面，印順導師曾抉發經義，提出了一向被聲聞佛教所忽略的見地，肯定了無量三昧的出世功能。[38]

（四）「無量三昧」共貫五乘

法界等流的「四無量心」，是眾生的喜樂與安慰，它不似厭離急證的不淨觀，僅屬聲聞禪法，而能共貫人乘、天乘、聲聞乘、緣覺乘與菩薩乘。故筆者依於印順導師之研究成果，教以「無量三昧」之修學。以下詳述修學無量三昧「共貫五乘」的義利：[39]

一、普勸眾修，則人際關係彼此和諧，學人所到之所，將處處洋溢平和溫馨的氣氛。

---

37 劉宋・求那跋陀羅譯：《雜阿含經》卷十八，【大正藏】第二冊，頁一二八中。

38 有關印順導師對於依「無量三昧」得入於涅槃經證與理證，以及其被聲聞佛教忽視之原因，筆者曾進一步加以分析，見《人間佛教禪法》，頁三一七至三一九。

39 援引處同上，頁三五七。

二、因多修「四無量心」故，較不會流於清寂冷酷，自私自利；且有利於迴小向大，效法佛陀行誼。

三、修「四無量心」，能得色界禪境，而色界四禪在《阿含經》中，為佛陀稱許，是修出世觀慧的根本定。

四、發出離心者，依普緣有情的無量慈悲，同樣能打破量之界限，契入法空而斷我、我所執。

五、依眾生苦而修慈悲喜捨「四無量心」，即能養成良好的道德慣性，習於善待眾生，從凡夫地直接長養大乘菩提道種，以進趨悲智圓滿的佛果。

由上觀之，修「無量三昧」有大利益，有大功德：人天乘依之以淨禪德，聲聞人依之而解脫出離，大乘更以之為菩提心髓。「四無量心」之妙蘊，實乃無量無邊。「人間佛教」既從「人間」出發以彰顯佛陀的「護生」悲願，故於慈悲普覆的「無量三昧」實應多所修習，並依此而順向勝義。

五、結論

（一）「結期精進」而指歸「入世利生」之禪修目的

「人間佛教」思想，把握初期大乘之要義，以悲心利他爲修行原則，故闡明般若空義與菩薩廣行，卻少說諸佛與大菩薩的神妙境界，這是「人間佛教」行者所應依循的，腳踏實地的修學要領。

所以，雖然「結期精進」能獲得定、慧境界之大利益，然筆者每於出堂日的開示中，勉勵學人應切記大乘法之精髓，莫忘菩薩行之願心；必須從深切的悲心中，常懷忘己爲人的無限精進力。菩薩修定離欲，不雜功利思想，不耽禪悅之樂，而是重於自身煩惱的調伏與心性的鍛鍊，以成就利生助人的願行。

說到禪修場域，菩薩的修行處，正在利生事業的現場；禪觀功用，應指向利生事業以見果效。因爲談大乘禪法，如果樂道禪修的身心受用，則墮人天希求；如一意勤修求脫，說通說證，則只是換湯不換藥的小乘心行之再現。

更嚴格而言，離眾生而獨處修學「無量三昧」，純用觀想祝願眾生離苦得樂，還只是長養慈悲，增上意樂的心理準備。惟有實際面對眾生，普緣有情而與樂拔苦的慈悲——無緣大慈、同體大悲，才是真正的大乘利他行。

具體而言，調心的初學階段，自以坐姿為佳，然而靜定非獨於坐中得；悲智相應的菩薩禪法，應從一切處去實踐，應做到靜坐中能得安止，行動中則深得箇中三昧的能耐。再者，印順導師常以彌勒菩薩的「不修禪定，不斷煩惱」，[40]以為初學菩薩行者的模範，此乃深體初期大乘經義的宣說。

菩薩有深邃的智慧（住空三昧），卻更懷廣度眾生的悲願（故不證空）；所以學行菩薩，多為眾生發心，不貪求急證聖果。聖證解脫尚且能忍而不證，更何況是攝心入於深定或（不言不動而與木石無異的）呆定。故印順導師勉勵初心學人效法菩薩行誼，以避免因為悲心、功德不足而急修禪定，則容易落入外道味定或聲聞急求證滅的歧途。

---

[40] 筆者於二〇〇〇年十一月間就此語義訪問印順導師，導師明確地說，這是指：「不修深禪定，不斷盡煩惱」。詳引經教之論述，參見本書上篇第一單元之貳：〈「人間佛教禪法」要義〉。

（二）「結期精進」之場域，亦為菩薩行者利生之場域

此中可再詳細區分的是，禪七期間的受用者是參加的學員，而主七的筆者與護七的志工並不能萬緣放下，專心禪思。

筆者曾說明護七志工的辛勞，以提醒參加禪修的學員，要對護持彼等道業的人，心生感恩：「為了要讓禪修學員享用新鮮的食物，志工不貪大量採購、長時冰存的方便，每天清晨兩點驅車外出買菜；為了要讓大家吃到熱騰騰的飯菜，典座打板十分鐘前才將菜下鍋熱炒，行堂唱供養偈時才分發湯食。又如禪堂熱時開窗，冷時閉戶，寢室、浴廁隨時打理清掃。義工們如此盡心調理，只為讓大眾適意歡喜，安心辦道。」[41]

再以筆者為例，每日從晨誦起，早晚說法，二時臨齋，傳授齋戒，六次小參，並於八支坐香中，時時入座共修，提示學員降伏五蓋，生起七覺支的修行法要，其間的「工作時間」很長，根本沒有一個鐘頭的安閒時間來修定與修慧。所以提及這些，並不在強調志工與筆者的辛勞，只是指出，且不說是利益眾生的菩薩事業，即使是要提供一個能讓人安心辦道的環

[41] 援引本書上篇第一單元之伍：〈日常修持法要〉前言。

境，處處都需要有忘己爲人的菩薩行者，方能成辦。那些藐視、攻擊人菩薩行，而標榜急證精神的人，不妨三思自己所受到的護持，多一分感恩，少一分譏嘲。

筆者不以主持禪七的辛勞爲苦，而是歡喜能用爲報三寶恩、報眾生恩的好因緣；並因夙性喜好禪修，在印順導師「人間佛教」思想的感召中，願以成就眾生的禪觀道業，做爲個人修學菩薩三昧的所緣境。

筆者依自己歷年「結期禪觀」中主持禪七的教學經驗，提出一個觀點，亦即：「人間佛教禪法」的修行者，不能一味「少事少業」，將利生事視作打閒岔，且必須將「結期禪觀」與「利生事行」，都視作同樣重要的學習功課。在不同時期或不同的人生階段，二種功課或可偏重，但是長期而言，兩者實不宜偏廢。

總結而言，「人間佛教禪法」中，結期精進的「安般念」與「四界分別觀」兩項禪觀功課，乃奠基於三乘共貫的，「先學觀身」的禪觀所緣，這是「立本於根本佛教之淳樸」的佛教傳統法門。並能依此基礎，開展出廣觀一切法空的大乘禪法；而「無量三昧」的習學，則讓菩薩行人於三昧力的增強過程中，時時懸念眾生，發菩提心。

亦即，禪定與觀慧的修持實踐，最終仍指向利益眾生的實際行動，因此，人間佛教的禪者，必須以禪觀所培養出來的堪能性與空性慧，將慈愍眾生之心，付諸於實際行動——「弘闡中期佛教之行解」。於此，則雖不急斷煩惱，以自我為中心的愛、見、慢、無明，自能一天天薄弱，無私而慈悲普覆的心行，將擴展至無量無邊。

——發表於九十四年八月三十一日北京中國社會科學院世界宗教研究所主辦之「人間佛教的思想與實踐」學術研討會

九十五年一月三十日，修訂完稿於法印樓

◎參考及徵引書目：

一、藏經

- 劉宋・求那跋陀羅譯：《雜阿含經》，【大正藏】第二冊。
- 東晉・罽賓三藏瞿曇僧伽提婆譯：《中阿含經》，【大正藏】第一冊。
- 東晉・瞿曇僧伽提婆譯：《增一阿含經》，【大正藏】第二冊。
- 塞建陀羅阿羅漢造，玄奘譯：《入阿毘達磨論》，【大正藏】第二十八冊。
- 彌勒菩薩說，唐・玄奘譯：《瑜伽師地論》，【大正藏】第三十冊。
- 後秦・鳩摩羅什譯：《摩訶般若波羅蜜經》，【大正藏】第八冊。

二、印順導師著作

- 《成佛之道》增注本，【妙雲集】中編之五。
- 《學佛三要》，【妙雲集】下編之二。
- 《青年的佛教》，【妙雲集】下編之五。
- 《我之宗教觀》，【妙雲集】下編之六。

● 《方便之道》，【華雨集】第四冊。
● 《契理契機之人間佛教》，【華雨集】第四冊。
● 《印度之佛教》

三、其它

● 覺音著，葉均譯：《清淨道論》，臺北：華宇，一九八七年。
● 性廣：《人間佛教禪法及其當代實踐》，台北：法界，二〇〇〇年，初版。

肆　行門之二

人間佛教之禪觀所緣

——依菩薩淨行入甚深法界

菩薩雖與聲聞一樣，也體悟到自身在三界中流轉，輪迴生死的苦難，然而「不爲自己求安樂，但願眾生得離苦」，是爲菩薩初發心，因爲不忍眾生苦而發慈悲心，所以修行以「利他」爲先。聲聞與菩薩的差別在於，前者重於解脫——自利，後者重於度生——依利他完成自利。聲聞行人在未得解脫以前，厭離心太急切，不重視修學利益眾生的法門；證悟以後，則「所作已辦，不受後有」，利他也不過隨緣行化而已。然而菩薩在解脫以前，即著重慈悲的利他行，以後隨三昧力與法空慧的漸學漸深，更能發揮般若利生的大用。

如拙著〈結期精進之禪觀所緣〉中說，以大乘菩薩道爲旨歸的「人間佛教禪法」，在禪修技巧上兼學聲聞。但此中須分辨的是，菩薩行人禪修的目的還是利他，因此著眼於培養「利益眾生」的身手與堪能力，若只修三乘共學之禪法，則不能顯出大乘禪觀——人間佛教禪法的精神與特色。

本文從揀擇禪修所緣境的角度，彰顯大乘禪觀的所緣正境，說明菩薩將利生正業與禪觀修行水乳交融，合二爲一的具體內容，以闡發人間佛教禪法的真義。

一、抉擇菩薩禪觀所緣的原則

「人間佛教」禪法的建立，不是自由心證，別出心裁地擬想出一套前所未聞的禪修法門，而是依循佛陀教法之特色，重新抉發經典中有所記述，饒富意涵但已久被遺忘的大乘禪觀法門；此中重於「大慈悲心」之發揚，與「利生願心」的實際行動。約要言之，即是依「人間佛教」思想，從經典文獻中提出「教證」，「理論」與「事行」契合，作爲抉擇禪觀所緣的指導原則。

（一）「大慈悲心」是菩薩禪法精髓

菩薩禪法的修學，必須顯發大乘佛法的精髓——「大慈悲心」，而這也是「人間佛教」思想的重心所在。

諸多大乘經典中，皆透露了菩薩發心爲眾生而修學的消息，故云：「菩提心但從大悲生，不從餘善生。」菩薩縱然修學自利色彩濃厚的禪修，但在修持過程中，仍然慈心充滿，念念不忘眾生。

如《大智度論》中云：

> 聲聞禪中慈悲薄，於諸法中，不以利智貫達諸法實相，獨善其身，斷諸佛種。菩薩禪中無此事，欲集一切諸佛法故，於諸禪中，不忘眾生；乃至昆虫，常加慈念。[1]

巴利聖典亦記載釋迦佛陀的本生，須彌陀（Sumedha）菩薩的發心內容。如《南傳菩薩道》中云：

---

1 龍樹菩薩造・鳩摩羅什譯：《大智度論》卷第十七，「釋初品中禪波羅蜜第二十八」，【大正藏】第二十五冊，釋經論部，頁一八一中。

自私地獨自脫離生死輪迴又有甚麼好處呢？我將致力於成就佛果，再解救一切眾生脫離生死輪迴的苦海。[2]

（菩薩）是一個具有大悲心的偉人，為了圓滿所有的波羅蜜，以便得以解救苦難的眾生脫離苦海，他願意在生死輪迴中多受苦長達四阿僧祇與十萬大劫的漫長時間。[3]

無論是大乘還是聲聞經典，都有相同的經證，即：菩薩行人緣苦眾生而發菩提心，從深徹的大悲心中，立下度生的誓願；菩薩的本願，涵蓋自利利他的一切善淨之法。

（二）秉持教法的「普遍性」特色

佛陀的禪觀教法切近自身，普及一切有情，超越所有宗教、教派；故無論是三乘共學的聲聞禪法，還是菩薩禪觀，筆者的修持、教學，乃至研究，都將依循此一特色而作抉擇。

印順導師指出：大乘佛教的發展，在「佛弟子對佛陀永恆的懷念」中，從初期大乘闡揚

---

2 原載於巴利藏《佛種性經》，於此轉引緬甸明昆長老作，敬法比丘中譯：《南傳菩薩道》上冊，香港佛教文化出版，一九九九年，頁四三。

3 前揭書，頁六三。

佛陀本生的偉大願行，效法菩薩捨己爲他的感人事蹟，演變到著重念佛的色身相好，至祈求佛、菩薩的威力加持等他力救贖的信仰方式。而且在「宗教意識之新適應」中，大乘的念佛法門，乃至他方淨土的信仰，日益發達。[4]

筆者認爲，念佛法門，無論是念佛五分功德法身，念佛色身相好，還是念佛慈悲護祐等，都有使人增長信心，強化學法意樂的功德。因此印順導師會勉勵學眾：「以念誦、懺悔等來培養宗教情操，安立於聞思經教的慧學中，不求速成，以待時節因緣。」[5]然而這樣的法門，多半只能使已是佛教徒，或者是對佛教有好感的人接受，至於不信佛者，乃至其他宗教信眾，則徒生反感與排斥。特別是一味強調求佛保祐，將有違佛陀教法普遍性與超越性的特質，也模糊佛法智覺無我與慈悲利他的特色，使其與神力救贖的信仰混同，而不能顯其自力超脫的特色。

故對於菩薩禪觀所緣的抉擇，筆者依印順導師之學說，特重「不忍聖教衰，不忍眾生苦，

4 詳見印順導師：《初期大乘佛教之起源與開展》，臺北：正聞，頁四六三至五三二。
5 印順導師：《教制教典與教學》，【妙雲集】下編之八，頁一五八。

緣起大悲心，趣入於大乘。」[6]的菩薩願行。

（三）重視利益眾生的實際行動

菩薩行以利益眾生為宗旨，故禪觀修持亦應貫徹此一目標，切忌實際事行不能符合理論內涵，貽人以「說一套，做一套」的質疑。故說慈悲濟眾，不能是遙遙無期的「未來式」，也不能只是停留在以心念祝願的假想觀，而必須付諸實際的行動。例如：在路旁遇見一隻被車撞傷，痛苦哀嚎的傷犬，此時若視如無睹，擦身而過，好似無關痛癢，或雖覺不忍，但因為嫌牠骯髒或怕費錢費事，而不肯救助，這是自私、冷漠無情的凡夫行徑；若雖有不忍之心，卻認為應待來日有更多的時間與錢財才能救狗，這是對於善法欠缺精進的怠惰心行；若是只在一旁祈願祝禱，則為修行者自我心念中，增上慈心的假想觀，對於傷犬的痛苦，當下並無實質的助益；若緣眾生苦，起慈悲心，而真能實際施以援手，送醫求藥，與樂拔苦，這才切實符合菩薩利生行的本意。

印順導師曾提醒：

---

6 印順導師：《成佛之道》，【妙雲集】中編之五，頁二四九至二五一。

佛法不只是「理論」，也不是「修證」就好了！理論與修證，都應以實際事行（對人對事）的表現來衡量。「說大乘教，修小乘行」；「索隱行怪」；正表示了理論與修證上的偏差。[7]

若是將禪修的目的，放在對於個人超常境界的提昇，則爲達此一目標，將要萬緣放下，專精禪思，且舉凡助益或妨礙禪修的居住環境、食物飲水等，都要盡力備辦或儘量排除。從「爲達目的，不擇手段」的角度而言，這是相當「個人色彩」和「利己主義」的修行作風。菩薩禪法若仍只是重視自身四雙八輩的證得，那與發厭離心、修解脫道的聲聞行人，有何差別？如何與聲聞行有所區分？如何彰顯大乘的偉大與殊勝？這樣如何成爲苦難眾生的依怙與安慰？故大乘禪觀，應揚棄山林佛教的隱遁舊習，避免停留在假想觀的慈心修習，而要強調人間參與，從入世利他的心行之中，達成無我的自在解脫境界。

龍樹菩薩著眼於大乘菩薩道難行能行的真精神，故闡揚「不惜身命，晝夜精進」的菩薩正常道；但亦說過：若有其性怯弱之眾生，仰讚佛德，卻畏懼菩薩道難行的「信行人」，則爲他們說憶念、禮敬、稱十方佛名，及懺悔、勸請、隨喜、迴向等「易行道」法門。而這爲

---

[7]《說一切有部為主的論書與論師之研究》〈序〉，頁三。

怯弱眾生所說的「易行道」，只是權宜之法，行菩薩道而貪求「易行」，實非本義。論云：

菩薩道……或有勤行精進，或有以信方便易行……。若人發願欲求阿耨多羅三藐三菩提，未得阿惟越致，於其中間，應不惜身命，晝夜精進，如救頭燃；若有易行道……是乃怯弱下劣之言。是儜弱怯劣無有大心，非是丈夫志幹之言。汝若必欲聞此方便，今當說之。……應當念是十方諸佛稱其名號，……非但憶念、稱名、禮敬而已，復應於諸佛所，懺悔、勸請、隨喜、迴向。[8]

強調人間關懷的悲願行的人間佛教禪法，自應秉持菩薩正常道的精髓，投入實際的利生事行，以符應從理論到實踐的一貫宗旨。

相對於解脫道而說菩薩行，筆者認為：應該從淨化個人的生命、思考教團的願景、回應社會的期待與引領時代的思潮等這幾方面來作反思與關懷，擘劃出實踐菩薩願行的具體藍圖。大乘菩薩思想的初現，並不全然像後來的發展一般，在個人修道層級和佛果位次上安次第、起玄思，而是更深刻地發揮和實踐佛陀應化世間的護生悲願，使佛法更主動積極地走入人間，

8 龍樹菩薩造，鳩摩羅什譯：《十住毘婆沙論》卷五，【大正藏】第二十六冊，頁四一上至四五上。

撫慰一切苦難眾生的心靈，給予黑暗冷酷的世間以光明和希望。

二、菩薩「不修禪定，不斷煩惱」之部派共義

（一）菩薩道與波羅蜜行

佛弟子追溯釋迦佛陀過去生的修行，充滿捨己爲人的慈悲情懷，有別於聲聞弟子，故稱之爲「菩薩」。釋迦菩薩的修行內容，根據九部、十二部中的「本生」（jātaka）與「譬喻」（avadāna）等而來，其中記載了釋尊無數過去生行菩薩道的偉大事蹟，經典中稱菩薩的修學道品爲「波羅蜜」。

波羅蜜（pāramitā），音譯全稱爲「波羅蜜多」，意爲「度」、「到彼岸」。《大智度論》釋云：「於事成辦，亦名到彼岸」，並注云：「天竺俗法，凡造事成辦，皆言到彼岸」，[9]在印度的習慣用語中，波羅蜜有「究竟」、「完成」的意義。將菩薩行人從凡夫直至成佛的修

9 龍樹菩薩造，鳩摩羅什譯：《大智度論》卷第十二，「釋初品中檀波羅蜜」，【大正藏】第二十五冊，釋經論部，頁一四五上。

道內容，稱之爲波羅蜜，則波羅蜜有「當到」與「已到」義，[10]此中，佛爲已到彼岸，菩薩爲當到彼岸。以波羅蜜稱菩薩行，意指因此種種波羅蜜行，必然「當到」究竟波羅蜜——佛位，故這是「因得果名」。[11]如《大智度論》中云：

> 佛所得智慧是實波羅蜜，因是波羅蜜故；菩薩所行亦名波羅蜜，因中說果故。是般若波羅蜜，在佛心中，變名為一切種智；菩薩行智慧，求度彼岸故，名波羅蜜。[12]

各部派整理釋尊過去生中的修行——「本生」與「譬喻」的內容，加以選擇分類，被稱爲菩薩波羅蜜的，或四、或六、或十，彼此的記載與分類並不一致。《阿毘達磨大毘婆沙論》中說：

> 菩薩經三劫阿僧祇耶，修四波羅蜜多而得圓滿，謂：施波羅蜜多，戒波羅蜜多，精進波羅蜜多，般若波羅蜜多。……外國師說：有六波羅蜜多，謂於前四加忍、靜慮。迦

---

10 後魏．菩提流志譯：《彌勒菩薩所問經》卷八，【大正藏】第二十六冊，頁二六六上。

11 在南傳佛教，波羅蜜道品通聲聞、緣覺，而為三乘聖者道品之共學。

12 龍樹菩薩造，鳩摩羅什譯：《大智度論》卷十七，【大正藏】第二十五冊，頁一九〇上。

濕彌羅國諸論師言：後二波羅蜜多即前四所攝，謂忍攝在戒中，靜慮攝在般若，戒、慧滿時即名彼滿故。復有別說：六波羅蜜多，謂於前四加聞及忍。……此二亦在前四中攝，忍如前說，聞攝在慧。雖諸功德皆可名為波羅蜜多，而依顯了增上義說，故唯有四。[13]

屬於說一切有部的迦濕彌羅（Kaśmīra）[14]論師主張：菩薩修行圓滿證得佛果，在經歷阿僧祇（asaṃkhya，無量數）極長遠的修行時間中，須修行布施、持戒、精進與般若等四波羅蜜。而「外國師」（即迦濕彌羅以外，東、西、南方等師資）[15]則立施、戒、忍、精進、禪那與般若六波羅蜜；另有一派的六波羅蜜多說，是：施、戒、聞、忍、精進、般若。迦濕彌羅論師認爲另二學派各所增加的禪那、般若，與忍、聞波羅蜜，皆可涵攝於其所立的四波羅蜜義中。

---

13 玄奘譯：《阿毘達磨大毘婆沙論》卷一七八，【大正藏】第二十七册「毘曇部」，頁八九二上。

14 位於西北印度，犍陀羅地方之東北、喜馬拉雅山山麓之古國，即我國漢朝時所稱之罽賓。

15 有關《大毘婆沙論》中所提的諸大論師，其所屬部派與所在地的詳細分析，可參考印順導師：《說一切有部為主的論書與論師之研究》第七章。

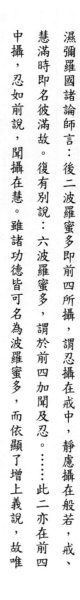

菩薩發心、修行以至於成佛，是大乘佛法的主要內容；而菩薩道的內容，是根據佛陀「本生」等傳說而來，釋尊過去生中的修行內容，經典中稱之爲「波羅蜜」。除前引《大毘婆沙論》中諸師所說之波羅蜜，另有法藏部、說出世部、根本說一切有部、大眾部，及不明部派的《修行本起經》等，都說到六波羅蜜。[16]六波羅蜜，是多數部派的通說，所以大乘佛法興起時，說菩薩道，也立六波羅蜜。

佛陀教導我人透過戒定慧三學的修持，以達到有漏生命的徹底淨化與解脫，其中的定學與慧學是最重要的兩類學門。定慧二學，在聲聞禪法中是九次第定與諸階解脫觀智，在大乘禪法，則是禪波羅蜜與般若波羅蜜。本文針對大乘禪觀之主題，討論菩薩波羅蜜行中「禪那」與「般若」波羅蜜的意涵，與所緣境內容等相關問題。

（二）禪那波羅蜜之意涵

攝心安住，令不散亂之精神狀態，名之爲「定」，經論中與「定」相關的名義，約有七

---

[16] 見印順導師之整理，《初期大乘佛教之起源與開展》，頁一一四〇至一一四一。

種[17]：一名三摩呬多（samāhita），譯爲等引；(二)三摩地、三昧（samādhi），譯爲等持、定；(三)三摩鉢底（samāpatti），譯爲等至；(四)馱那演那（dhyāna），譯爲靜慮，或音譯爲禪那、禪。；(五)質多翳迦阿羯羅多（cittaikāgratā），譯爲心一境性；(六)奢摩他（śamatha），譯爲止、正受；(七)現法樂住（dṛṣṭa-dharma-sukha-vihāra），謂修習禪定，離一切妄想，身心寂滅，現受法喜之樂而安住不動。

定學的名稱不同，與所緣境的不同、定境淺深的不同與共或不共世間等，從不同的角度對修定的法門加以分類有關。如三三昧（trayaḥ samādhayaḥ）、四禪（catvāri-dhyānāni）、四無量（catvāry apramāṇāni）、八勝處（aṣṭāvabhibhv-āyatanāni）等，其中，如「三三昧」之空三昧（śūnyatā-samādhi）、無相三昧（animitta-samādhi）、無願三昧（apraṇihita-samādhi）等，是因攝念專注的修定所緣不同而立名；其中，空、無相、無願是修觀的三種不同的所緣境，「三昧」是指依定而有的觀慧修持。又如「四禪」，初、二、三、四是定境的淺深境界，禪那（dhyāna）是指色界的定心。總之，因定學的法門與進境不同，論典中曾針對所緣之特色，定力之深淺，心念之粗細，覺受之多寡等特性，分別標以種種名稱。

17 惠沼撰：《成唯識論了義燈》卷五，【大正藏】第四十三冊，頁七五三中。

在這許多修定法門中，色界定力的（四）「禪那」（dhyāna）受到特別的重視，這是因爲佛陀與諸聖弟子，多以四禪力證入涅槃，故稱四禪爲「根本定」（dhyāna-maula），「四禪」因有此一特性，[18]向爲佛教重要的定學法門；在《阿含經》中多稱揚「四禪」，而稱其爲（證聖之）「根本禪」。初期大乘佛法興起，在總說種種菩薩波羅蜜行時，沿用聲聞佛教對於禪那之重視，亦以「禪」稱名菩薩行中的定學，但檢視初期大乘的諸多經論，多以「三昧」指稱菩薩修禪而不爲禪力所拘的諸多三昧功德，而且菩薩修定的所緣境亦與聲聞不同，而專重於種種的利生事業行門，相關細節，將於下一節詳述之。

有關於菩薩道的定學內容，如前引《大毘婆沙論》中提到「復有別說」，不立禪（靜慮）波羅蜜，此與迦溼彌羅論師相同，這是値得特別注意的資料。

筆者又另尋《南傳菩薩道》，[19]其中所說十波羅蜜是布施、持戒、出離、智慧、精進、

[18] 中文多以「禪定」為佛法修心之定學的總稱，其中「禪（那）」為梵文音譯，「定」為漢語，故「禪定」為梵漢、音義合譯之名相。

[19] 緬甸明昆長老作，敬法比丘中譯：《南傳菩薩道》上冊，香港佛教文化出版，一九九九年，頁五一至五七，以及下册。（本書為長老所著《大佛史》六集中之第一集，有上、下兩冊。主要以釋迦佛陀本生，須彌陀（Sumedha）於燃燈佛（Buddha Dīpaṃkara）所得受記為菩薩事，來說明如何行菩薩道的內容。其

忍辱、真實、決意、慈、捨；同樣也不立禪那波羅蜜。然須說明的是，此十波羅蜜雖無「禪波羅蜜」，然而在「出離婆羅蜜」中指出，「出家是出離波羅蜜的根基」，且應致力於禪修，獲得定樂；當證得從近行定（upacāra）到安止定（appanā）的禪那時，菩薩即成就了出離波羅蜜。[20]須要特別指出的是，本論將十波羅蜜視爲聲聞、緣覺與菩薩的共學道品，而非菩薩特德，其差別只在於時間的長短。智增上菩薩於受記後，須四阿僧祇劫與十萬大劫的修行時間，辟支佛須二阿僧祇劫與十萬大劫，又如舍利弗、目犍連般的二大上首聲聞弟子，須一阿僧祇劫與十萬大劫的修行時間。筆者認爲，因爲涵蓋了以出離心之聲緣聖者之修道道品，故立「出離波羅蜜」，並明確指出「證得禪那」就是成就「出離波羅蜜」，由此可見「出離」與「禪定」的密切關係；無論是「出離」還是「禪那」，其特性都是離群獨修，不涉世俗的，此與菩薩入世利生之精神有別。菩薩波羅蜜行中無禪那，應爲菩薩道品本意；然擴而爲三乘共學的道品——波羅蜜，則在「出離波羅蜜」中，就兼攝了獨善隱修之禪那。有關於巴利語

主要資料來源，出於《佛種姓經》、《行藏》、《本生經》及其註疏，並兼及《清淨道論》等論書。與覺音（Buddhaghoṣa）同屬上座赤銅鍱部，巴利語系佛教。）

[20] 同上，上冊，頁一三七。

系中，「波羅蜜多行」是三乘共學的內容及其間的互涉關係，已超出本文主題，將另文論述。

綜上所說可知，除了「外國師」的六波羅蜜多一系之外，當時的佛教界多數不立禪波羅蜜多，這是值得深思的。在釋尊的「本生」與「譬喻」中，當然也有修禪的經歷，但是禪定帶有獨善的隱遁風格，不能表現菩薩悲心利生，以求無上菩提的精神；所以不立「禪波羅蜜」，其實相當符合部派佛教所傳說的，以釋迦佛陀本生的菩薩行事蹟為典範的，不重禪定而重實際利生事行的菩薩道。

（三）般若波羅蜜之意涵

再說「般若波羅蜜」。

prajñā，音譯「般若」，義譯為「智慧」。《大毘婆沙論》中提「復有別說」一派的六波羅蜜多，在「般若」之外，增加「聞波羅蜜」，顯示「般若」與「聞」的內容有所差別。《南傳菩薩道》的十波羅蜜，與覺音論師引之於《佛種性誦》中十波羅蜜的內容相同，皆屬赤銅鍱部所說；然其與「小部」《佛譬喻》相當的六九至七二頌，似乎沒有說到智慧。以「般若」

爲波羅蜜之部派者，如說：「菩薩名瞿頻陀，精求菩提，聰慧第一，論難無敵，世共稱仰。」[21]這裡所說的「般若」，是世俗的辯才，而非體悟佛智聖道的般若。又龍樹菩薩批評瞿頻陀：只是世俗般若波羅蜜中之少分。[22]又如《論藏．分別論》中的「智分別」，提出聞、思、修三種智慧（prajñā，般若），《南傳菩薩道》說：「各種不同的智慧，無論是低劣的還是聖潔的，包括手藝與專業知識……與佛法。」並指出菩薩所學的智慧波羅蜜，「應將較低等的智慧也包括在內」，「向一切有學問的人請教，……何爲善、惡，對、錯等」。[23]

綜上所述，筆者認爲菩薩道中的「智慧波羅蜜」，不祇是從行捨智導向道智、一切智智而得究竟涅槃的佛果聖智，而是爲利益眾生而廣學一切，所以凡是能對眾生有益，能幫助眾生的世間學問，都是菩薩所應學習的內容。南傳佛教則更將般若波羅蜜，定義爲行捨智前的一切世間聰明智慧。如說：

在直到最後一世之前，菩薩所修的智慧波羅蜜只是到達觀智的行捨智的第一部

---

21 玄奘譯：《阿毘達磨大毘婆沙論》卷一七八，【大正藏】第二十七册「毘曇部」，頁八九二中欄。

22 【大正藏】第二十五册，頁九十二下至九十三上。此項資料感謝悟殷法師提供。

23 《南傳菩薩道》下册，頁一四七，頁一五三；上册，頁五四。

份，……並不會嘗試勸跨越第一部份，因為若它跨越了，他就會證悟道果而成為聖者，以及證入涅槃。這樣他就不能成佛。[24]

若「般若」涵蓋佛智，則還在利生階段的菩薩道品，當無「般若波羅蜜行」，因爲若菩薩已證入佛果的智慧，則將不再投生有情界。

然而根據玄奘大師的譯經理論「五不翻」，第五項「尊重故不翻」曾以「般若」爲例，認爲其義深遠，若意譯爲「智慧」，或將使人視爲世俗聰敏而等閒視之，爲使人於聖道法能生尊重之念，故音譯爲「般若」；可見玄奘已視「般若」爲聖道法之內容，而非一般世俗學問的智慧。筆者認爲，若求語意精確，則包含世俗學問的 **prajñā**，不妨依然意譯爲「智慧」，專指出世解脫之 **prajñā**，則可依「尊重故不翻」原則而音譯爲「般若」。有些部派所立的菩薩行，並不含「般若波羅蜜」，應該是將菩薩所修所學的 **prajñā**，視爲種種利生的世俗學問，故不納入波羅蜜之數。

上來從經論文獻中，解讀部派佛教所傳的菩薩道品波羅蜜行，或不重（涅槃智的）般若，或不重（隱修自利的）禪那；這顯示在聲聞學者看來，菩薩確實是「不修禪定，不斷煩惱」

---

24 《南傳菩薩道》下册，頁一四七。

的。到了大乘的《般若經》，則表達為：「不深攝心，繫於緣中」——菩薩正念正知於所緣，而不入於禪定；「菩薩……但觀空而不證空，今是學時，非是證時，……住空三昧而不盡漏。」[25]——菩薩為度眾生故，並不斷盡無礙利他的微細無明，姑且留惑潤生。所以，那個時代對於以釋尊本生為典範的菩薩道的認知，的確是從利生的實踐中修菩薩行的！

又如彌勒菩薩，經云：

（優波離問：……）「此阿逸多，具凡夫身，未斷諸漏。此人命終，當生何處？」「其人今者，雖復出家，不修禪定，不斷煩惱。佛記此人，成佛無疑。」[26]

釋迦牟尼佛記別彌勒菩薩，稱其「具凡夫身，不斷諸漏」，自出家以來「不修禪定，不斷煩惱」，重視利生的種種波羅蜜行。印順導師以彌勒菩薩的事行為例，說菩薩行的特德是「不修禪定，不斷煩惱」，而以實踐利生的布施、忍辱波羅蜜等為重。[27]這並不是他個人的一家之言，也不只是初期的大乘經義，而是從聲聞各部派的經論中，上溯早期佛教的「菩薩」

---

[25] 後秦・鳩摩羅什譯：《小品般若經》卷七，【大正藏】第八冊，頁五六八下至五六九上。
[26] 沮渠京聲譯：《佛說觀彌勒菩薩上生兜率天經》，【大正藏】第十四冊，頁四一八下。
[27] 印順導師：《佛在人間》，【妙雲集】下編之一，頁六〇。

共義。故印順導師於《印度之佛教》中主張的：「弘闡中期佛教之行解」，所重視的即是此一時期菩薩波羅蜜行的精髓。

三、菩薩「禪波羅蜜」與「智慧波羅蜜」之特色

初期大乘佛教在出離氣息濃厚的聲聞（部派）佛教環境中興起，自有其獨探佛陀大悲心源的價值取向，然而對於原始佛教的聲聞教法，則秉持三乘共學的態度而涵融之。許多初期大乘經典，都表達了如是的立場。例如《大般若波羅蜜多經》所說：

> 菩薩摩訶薩……既發心已，受諸勤苦，行菩薩行：修行布施波羅蜜多，修行淨戒，安忍，精進，靜慮，般若波羅蜜多。……修行四念住，修行四正斷，四神足，五根，五力，七等覺支，八聖道支。安住苦聖諦，安住集、滅、道聖諦。修行四靜慮，修行四無量，四無色定。修行八解脫，修行八勝處，九次第定，十遍處。修行一切三摩地門，修行一切陀羅尼門，修行空解脫門，修行無相，無願解脫門。修行五眼，修行六神通。

修行佛十力，修行四無所畏，四無礙解，大慈、大悲、大喜、大捨，十八佛不共法。[28]

這表示：菩薩應學的法門，除了十八佛不共法之外，舉凡三十七道品等聲聞觀慧學門，四禪八定等共世間學，皆所涵蓋。若說修禪定將傾向於隱遁、獨善，修四聖諦、三解脫門等出世觀智，易趨向寂滅，不成（佛果）菩提，則大乘法之涵攝三乘，菩薩之兼學（聲聞）禪那與般若，就不能不特別加以說明。

以下即專論菩薩行人所修學的禪波羅蜜與智慧波羅蜜，其根本意涵與所緣正境。

（一）禪波羅蜜——為利生故，證種種三昧功德

1、兼學：依於禪定助成三昧力

禪定之修學，既然帶有相當個人色彩的隱修獨善風格，然則何為菩薩「禪波羅蜜」正義就值得注意！龍樹先指出禪定的特性，再進一步說明菩薩修禪的意趣：

問曰：菩薩法以度一切眾生為事，何以故閑坐林澤，靜默山間，獨善其身，棄捨眾生？

---

[28] 唐．玄奘譯：《大般若波羅蜜多經》卷第三六三，【大正藏】第六冊，頁八六九中。

答曰：菩薩身雖遠離眾生，心常不捨，靜處求定，得實智慧，以度一切。譬如服藥將身權息家務；氣力平健，則修業如故。菩薩宴寂，亦復如是，以禪定力故，服智慧藥，得神通力，還在眾生。……但為眾生，欲令慈悲心淨，不捨眾生，菩薩禪中皆發大悲心。……聲聞禪中慈悲薄，於諸法中，不以利智貫達諸法實相，獨善其身，斷諸佛種。菩薩禪中無此事，欲集一切諸佛法故，於諸禪中，不忘眾生，乃至昆虫，常加慈念。[29]

原來，有人若三毒熾盛，身心煩亂，則多爲他人帶來困擾，自顧尚且不足，又何能侈言利他？故菩薩禪修就好像服藥醫病一樣，待氣力平健，則須恢復「修業」如故。由此可知菩薩以利生爲「正業」，離群隱居之禪修行爲，有如病中調養的非常時期。菩薩發大悲心，歷久劫度生之行而得成佛，證諸「本生」、「譬喻」，莫不作如是說。至於菩薩的定力，乃從一切時正念正知，漸行漸深而得，就如同病癒之後的日常復健時期一般。

2、正修：悲念一切，證種種三昧功德

初期大乘佛教興起，以「禪那波羅蜜」指稱菩薩修心之道品，龍樹菩薩溯源《阿含經》

---

[29] 龍樹菩薩造，鳩摩羅什譯：《大智度論》卷十七，【大正藏】第二十五册，頁一八五至一八八中。

意，指出這是因爲四禪中，智力與定力均等，適於開發觀慧之故：

問曰：八背捨、八勝處、十一切入、四無量心諸定三昧，如是等種種定，不名波羅蜜，何以但言禪波羅蜜？答曰：此諸定功德，都是思惟修。……禪波羅蜜，一切皆攝。復次，……四禪中，智定等而樂……。[30]

前面已說明「禪那」義，以下再論「三昧」義。

三昧（samādhi），又稱三摩地，意爲「等持」。「等」，是心念遠離掉舉、惛沈，而得平等安祥；「持」是將心念專注於一境之意。純粹從專注力的淺深來說，「三昧」是心念平等，持心趣向於所緣境的意思，但它的定心範圍很廣，涵蓋定、散[31]及善、惡、無記等三性。[32]故只要能心意不亂不散，集中專注力於所緣境的狀態，都可稱「等持」——「三昧」。

比較「禪那」與「三昧」二義，前者專指色界定。當心念從欲界散地入於色界以上的甚

---

30 龍樹菩薩造，鳩摩羅什譯：《大智度論》卷十七，【大正藏】第二十五冊，頁一八五中。

31 指欲界衆生心念之境界，欲界之果報無有定心，故欲界中之六欲天、四大洲、地獄等皆稱為散地；與之相對者，為色界與無色界並稱之定地。欲界衆生欲得入禪定者，須依後天之努力，修色界、無色界之定心。

32 唐・普光：《俱舍論記》卷二八，【大正藏】第四十一冊，頁四一七至四一九。

深定力時，是不與五俱意識[33]共起的「定中獨頭意識」；而「三昧」所說之專注力則通淺深，舉凡從欲界散位的少分專注、等持力，到超越色法質礙，只有心識自持的無色界深細定心，皆是「三昧」力涵蓋的範圍。

以《阿含經》為代表的聲聞禪法，「三昧」則只有空、無相、無願等之三三昧（三解脫門），與有尋有伺等之三三昧等。然而到了大乘，則有數百上千種種三昧之說，如《大品般若經》中提到的三昧，即有一百零八種之多，稱為「百八三昧」；又大乘經典以「三昧」為名者，有《般舟三昧經》、《首楞嚴三昧經》、《慧印三昧經》、《念佛三昧經》、《月燈三昧經》、《金剛三昧經》等多種，[34]這些經典對標題所示之種種「三昧」法門的修持內容，亦有詳細之說明。可見初期大乘雖沿襲《阿含經》，以「禪波羅蜜」為菩薩定學名稱，然而龍樹菩薩特「以百八三昧釋禪波羅蜜」[35]，可見大乘定學的真正重心，是在「三昧」而非「禪

---

[33] 五俱意識，即與眼、耳、鼻、舌、身五識同時生起之意識，為意識中之明了意識，明了意識與五識俱起，助五識生起現行，復能令五識明了取境，故稱五俱意識。

[34] 如《摩訶般若波羅蜜經》中說。（後秦・鳩摩羅什譯：《摩訶般若波羅蜜經》卷第三，【大正藏】第八冊，頁二三七中至二三八上。）

[35] 龍樹菩薩造，鳩摩羅什譯：《大智度論》卷四七，【大正藏】第二十五冊，頁三九八下。

那」。

爲何大乘禪法的定力以「三昧」爲重而不說「禪那」？筆者認爲，這是因爲不與五俱意識共起的色界禪定力，其專注力雖然強大，但是對於須在日常生活中利生的菩薩行是不理想的，也是不可能生起的。然而菩薩在種種情境中專念於利生所緣時，其心意的專注力與堪能力亦同時在增強，這種不廢利生事行而又增長定力的修行法門，即是大乘「三昧」，也才是菩薩禪波羅蜜的殊勝所在。有關三昧助益利生的內涵，本文後當於第四節中詳述。

以《大智度論》百八三昧之一的「必入辯才三昧」（nirukti-niyata-praveśa）爲例。論云：

> 必入辯才三昧者，四無礙中，辭辯相應三昧；菩薩得是三昧，悉知眾生語言次第，及經書名字等，悉能分別無礙。[36]

菩薩「必入辯才」，是佛果功德中「四無礙解」[37]的因地行法，對於眾生語言次第及經

---

36 龍樹菩薩造，鳩摩羅什譯：《大智度論》卷四七，【大正藏】第二十五冊，頁三九九中。

37 「四無礙解」（catasrah pratisamvidah），簡稱四無礙、四解、四辯。指四種自在無滯之智解與辯才——理解能力與語言表達能力，因以智慧為本，故稱四無礙智。其中，就理解能力而言，稱為四無礙解；就語言表達能力而言，稱四無礙辯；又此為化度眾生之法，故亦稱四化法。（世親造，玄奘譯：《俱舍論》

書名字等，悉能分別無礙。這般出神入化的無礙境界，正是菩薩的定力——三昧功德的顯現。漢語有「深得個中三昧」一詞，表示該人於某一領域之成就，已達出神入化之境，可見得漢傳佛教古德對於「三昧」的體會，確實深得「入法界品」的大乘精髓，亦可見大乘佛教對中國文化的深遠影響。

總結而言，若論定力的淺深，則「三昧」有時可能弱於「禪那」。然而從定力的功能而言，與五識共起的三昧，心念專注而又不忽略周遭環境，有益於菩薩利生事業的推展。從這個角度來考量，「三昧」是比禪那更有利生助益的定力。筆者認爲，強調菩薩行解的初期大乘經之所以特重「三昧」，原因在此。這也是大乘「禪波羅蜜」的精髓。

（二）智慧波羅蜜——爲利生故，於五明中學

1、兼學：涵攝聲聞，助其出離

初期大乘經以三乘共貫的立場，對於聲聞道品，主張菩薩行人亦應習學。於此，龍樹菩薩在《大智度論》中，以四個答案回答兩個問題，表達了初期大乘佛教學者主張兼學聲聞的

卷二七，【大正藏】第二十九册，頁一四二上至中。）

原因：

問曰：三十七品是聲聞辟支佛道，六波羅蜜是菩薩摩訶薩道，何以故於菩薩道中說聲聞法？答曰：菩薩摩訶薩應學一切善法、一切道，……是九地應學而不取證，佛地亦學亦證。復次……佛以大慈故，說三十七品涅槃道，隨眾生願，隨眾生因緣，各得其道：欲求聲聞人，得聲聞道；種辟支佛善根人，得辟支佛道；求佛道者，得佛道；隨其本願，諸根利鈍，有大悲無大悲。[38]

佛陀為幫助眾生，以滿足彼等善法願欲之趨向，故說種種善法，一切道品。菩薩行人向佛學習，故學聲聞法，亦有樂助聲聞人，使其得遂出離心願之慈悲寓意。[39]而其中的「九地學而不取證，佛地亦學亦證」，則表示菩薩直到圓滿波羅蜜之（九地）前的階段，對於聲聞

38 龍樹菩薩造，鳩摩羅什譯：《大智度論》卷十九，【大正藏】第二十五冊，頁一九七中。

39 昭慧業師在〈我願將身化明月〉一文，更明確地表達了此一意象，誠為菩薩兼學聲聞法的心情的最佳註解：「一個自詡行菩薩道的人，倘若連護助人行解脫道的心胸器度都沒有，那我還真要懷疑他的菩薩道是不是假的。」（昭慧：〈我願將身化明月〉，《弘誓雙月刊》第四十五期，桃園：弘誓文教基金會，八十九年六月，頁二至七。）

法秉持的是「學而不證」的原則。

又如論云：

問曰：三十七品雖無處說獨是聲聞、辟支佛道，非菩薩道，以義推之可知：菩薩久住生死，往來五道，不疾取涅槃。是三十七品，但說涅槃法，不說波羅蜜，亦不說大悲，以是故知，非菩薩道。答曰：菩薩雖久住生死中，亦應知實道、非實道，是世間、是涅槃。知是已，立大願：眾生可愍，我當拔出，著無為處。以是實法，行諸波羅蜜，能到佛道。菩薩雖學，雖知是法，未具足六波羅蜜，能忍是事。以是故菩薩摩訶薩求是道品實智時，以般若波羅蜜力故，能轉世間為道果涅槃。何以故？三界世間，皆從和合生；和合生者，無有自性；無自性故，是則為空；空故不可取，不可取相是涅槃；以是故說菩薩摩訶薩不住法，住般若波羅蜜中；不生故應具足四念處。復次，聲聞、辟支佛法中，不說世間即是涅槃。何以故？智慧不深入諸法故，菩薩法中，說世間即是涅槃，智慧深入諸法故。[40]

---

[40] 龍樹菩薩造，鳩摩羅什譯：《大智度論》卷十九，【大正藏】第二十五冊，頁一九七上至一九八上。

菩薩從緣起的深觀，體會到般若的甚深義諦，在度生悲心的趨使下，終能不畏生死，久住世間。這種「轉世間爲道果涅槃」的妙用，是對於因緣和合的一切，觀其空無自性，不可取著，由是而不住生死，不取涅槃；這就是大乘甚深般若波羅蜜不可思議的境界與功德。

2、正修：菩薩利生，於五明中求（修學智慧波羅蜜）

世間有無量眾生，各隨因緣果報而飄流生死大海，又隨根性業力而各有願欲趨向。菩薩發心，廣度一切，不捐細微，因此非獨聲聞爲其度化對象；對於求人天樂報的人，也教之以善淨法門，以增強其善法意樂；故五乘共法亦爲菩薩應學內容。更有那些待勸發與初發心之菩薩行人，合應與之互助共勉，同行共學。故經云：

> 是菩薩摩訶薩，由於般若波羅蜜多，受持讀誦，精勤修學，如理思惟，書寫解說，廣令流布。……轉妙法輪，度無量眾。隨本所願，安立有情，令於三乘，修學究竟，乃至證入無餘涅槃。[41]

秉持此一意旨，菩薩爲眾生而廣學一切，這又可歸納爲五種，名曰「五明」（pañca

[41] 玄奘譯：《大般若波羅蜜多經》卷一〇一，【大正藏】第五冊，頁五六〇中。

vidyā-sthānāni）。五明成就，即是菩薩智慧之成就。如《瑜伽師地論》中云：

> 菩薩何故求聞正法？謂諸菩薩求內明時，為正修行，法隨法行，為廣開示利悟於他。若諸菩薩求因明時，為欲如實了知外道所造因論，是惡言說，為欲降伏他諸異論；為欲於此真實聖教未淨信者，令其淨信；已淨信者，倍令增廣。若諸菩薩求聲明時，為令信樂典語眾生於菩薩身，深生敬信；為欲悟入詁訓言音，文句差別，於一義中，種種品類，殊音隨說。若諸菩薩求醫明時，為息眾生，種種疾病，為欲饒益一切大眾。若諸菩薩求諸世間工業智處，為少功力，多集珍財；為欲利益諸眾生故，為發眾生甚希奇想；為以巧智，平等分布，饒益攝受無量眾生。菩薩求此一切五明，為令無上正等菩提大智資糧速得圓滿，非不於此一切明處次第修學，能得無障一切智智。如是已說一切菩薩正所應求。[42]

「五明」，為古印度之五種學術分類：(一)聲明（śabda-vidyā），指語言、聲韻與文法之學。(二)工巧明（śilpakarma-vidyā），指通達有關技術、工藝、曆算等學問。(三)醫方明

---

42 彌勒菩薩說，玄奘譯：《瑜伽師地論》卷三十八，【大正藏】第三十冊，頁五〇三上。

（cikitsā-vidyā），指辨症、醫療、藥方之學。(四)因明（hetu-vidyā），類於今時之論理、邏輯之學。(五)內明（adhyātma-vidyā），廣義而言，凡自家學派義理之學皆稱之；若專指佛教，則是佛陀的一切言教，聲聞藏與菩薩藏等法。

又如《西域記》中云：

> 五明大論：一曰聲明，釋詁訓字，詮目疏別；二工巧明，伎術機關，陰陽曆數；三醫方明，禁咒閑邪，藥石針艾；四謂因明，考定正邪，研覈真偽；五曰內明，究暢五乘，因果妙理。[43]

《瑜伽師地論》〈菩薩地〉中，提出了大乘菩薩所求正法的內容，就是五明，並且強調不逐步學習五明的人，不能得到無障的一切智智。除了「一切菩薩藏法與聲聞藏法」之外，還有「一切處」，是指聲明、因明、醫方明、工巧明（一切世間工業處）；這些都是大乘菩薩應學應實踐的學問，這些內容充滿了積極入世的精神。菩薩應透過五明的學習，才真正地圓滿了般若波羅蜜，成就佛陀的一切智智。

[43] 玄奘述，辯機記：《大唐西域記》卷二，【大正藏】第五十一冊，頁八七六下。

（三）從緣自身苦轉向緣眾生苦——菩薩禪觀所緣之轉向

佛法的解脫道，是從認清人生苦迫性及其徵結開始——苦、集二諦，進而從正道的修習中，達到苦難的消除與解脫——滅、道二諦。其中，「苦」是人生世間的現狀，「集」是煩惱與業，也是招感苦難的原因，「滅」是消除一切苦惱的寂滅境界，「道」是達到寂滅境地的方法。四聖諦中苦諦的苦，來自身心、社會、環境的種種苦迫，諦觀身心苦迫，就能發起厭離心；依此發心，修集出世的道品，就能了脫生死，得到解脫的涅槃之樂。

聲聞法的禪觀所緣，如《雜阿含經》中記載，是從自身開始的，如能正觀自身五蘊（六處、六界等亦同），則能生厭離，去除貪愛，自知自證，不受後有。此如經云：

> 世尊告諸比丘：當觀色無常！如是觀者，則為正觀；正觀者，則生厭離；厭離者，喜貪盡；喜貪盡者，說心解脫。如是觀受、想、行、識無常！如是觀者，則為正觀；正觀者，則生厭離；厭離者，喜貪盡；喜貪盡者，說心解脫。如是！比丘！心解脫者，若欲自證，則能自證：我生已盡，梵行已立，所作已作，自知不受後有。如觀無常、

苦、空、非我，亦復如是。[44]

修聲聞法，從出離自身的苦難而言，已經到達究竟，但迴念還在生死輪迴，不得解脫的無量眾生，這樣還是不圓滿的。有人因此不願獨善其身，不以一己之解脫為足，而發願自救救人，自利利他，願與一切眾生，同登涅槃彼岸。如前所引《南傳菩薩道》中所說，菩薩面對出離的解脫道時，自念：「自私地獨自脫離生死輪迴又有甚麼好處呢？我將致力於成就佛果，再解救一切眾生脫離生死輪迴的苦海。」

菩薩道共貫三乘，故聲聞道品中能導向出世解脫的禪定與般若，亦為菩薩之所共學。然而大乘禪波羅蜜與智慧波羅蜜的內容與重心，自然有別於聲聞。如《大智度論》云：

問曰：應說禪波羅蜜，何以但說禪？答曰：禪是波羅蜜之本，得是禪已，憐愍眾生，內心中有種種禪定妙樂而不知求，乃在外法不淨苦中求樂。如是觀已，生大悲心，立弘誓願：我當令眾生，皆得禪定內樂，離不淨樂。依此禪樂已，次令得佛道樂。是時禪定得名波羅蜜。……菩薩……但為眾生，欲令慈悲心淨，不捨眾生，菩薩禪，禪中皆

44 求那跋陀羅譯：《雜阿含經》卷一，【大正藏】第二冊，頁一上。

發大悲心。……阿羅漢、辟支佛雖不著味，無大悲心故，不名禪波羅蜜。[45]

因爲眾生的心念一向在散亂中，對於抗拒欲境，制伏煩惱與實踐善事，常感有心無力；再加上色身或常感倦怠，或罹患病苦。這一切身心羸弱的情況，若能修學禪定成就，則從心定而得身安，在身心輕安中較容易生起精進力，也就能積極而持久地投入種種利生事業。所以禪定是一切學法，修行與利生的助力，菩薩依禪定而生堪能性，起大悲心，不捨有情，爲眾生行利益事，此爲菩薩禪。有大悲心之禪定，是爲菩薩之禪波羅蜜。

《瑜伽師地論》亦言：菩薩依止靜慮[46]——禪那波羅蜜，則對於有情眾生，能成就種種饒益事業。如云：

> 云何菩薩靜慮波羅蜜多？……菩薩饒益有情靜慮有十一種，如前應知。謂諸菩薩依止靜慮，於諸有情，能引義利，彼彼事業，與作助伴；於有苦者，能為除苦；於諸有情，能如理說；於有恩者，知恩知惠，現前酬報；於諸怖畏，能為救護；於喪失處，能解

---

45 龍樹菩薩造，鳩摩羅什譯：《大智度論》卷十九，【大正藏】第二十五冊，頁一八七下至一八一上。

46 靜慮，即禪那（dhyāna）之義譯。泛稱時為各種定境之通稱，特稱時，即為色界四禪之定力與定境。

愁憂；於有匱乏，施與資財；於諸大衆，善能匡御；於諸有情，善隨心轉；於實有德，讚美令喜；於諸有過，能正調伏；為物現通，恐怖引攝；如是一切，總名菩薩一切靜慮。[47]

綜上所述，大乘禪波羅蜜與般若波羅蜜的內容與重心，與聲聞有共有不共。不共的特色在於心態：從爲自己的需要而學，轉而爲以衆生的需要而學；從求取自己的離苦解脫，轉而爲度化衆生離苦解脫。「不爲自己求安樂，但願衆生得離苦。」[48]二者禪觀所緣境的相同處，是都以「苦」爲所緣，但其中最大的不同是，聲聞是緣「自身之苦」而發出離心，求證涅槃；菩薩所緣念的則是「衆生之苦」，故發菩提心，行菩薩道，得證悲智究竟的佛果。

此中，因爲所緣對象不同，產生了不同的趨向與結果：聲聞行人緣自身苦之心愈強，出離心就愈切；菩薩行人心心護念衆生，故願求衆生離苦得樂的菩提心也就越切。聲聞禪法緣自身苦，發出離心，多修四禪八定與諸階觀智，所有的過程與結果，不必多與衆生結緣；菩薩修禪觀，則重在念衆生苦，爲度衆生而廣學一切，並依三昧力以助成利生之所辦事。菩薩

---

47 彌勒菩薩說，玄奘譯：《瑜伽師地論》卷四十三，【大正藏】第三十冊，頁五二七上至下。

48 實叉難陀譯：《大方廣佛華嚴經》卷二十三，【大正藏】第十冊，頁一二七上。

的般若波羅蜜不祇是觀諸法之苦、空、無常、無我，而且從利益眾生而廣學多聞，禪波羅蜜則從緣眾生苦出發，培養大堪能性，成就種種從淺至深的三昧功德，這是大乘禪波羅蜜與般若波羅蜜的真義所在。

四、菩薩禪觀之所緣正境

上來依於抉擇菩薩禪觀所緣的原則，從經論中闡發大乘禪定、般若波羅蜜的特色，這是初期大乘佛教的菩薩思想。

菩薩度生的悲願深廣，在歷劫久遠的利生事行中，不畏生死，無懼煩難，在實踐的過程中，禪觀力道日積月累，而佛果功德亦漸行圓滿。除此之外，大乘經典中亦記載有大菩薩慈悲利濟眾生的偉大事蹟，如觀世音菩薩的尋聲救苦，普門示現。但法身大士的隨類現身，多方感應，類於神力的救濟，雖然能安慰與滿足人類的信仰情感與需求，但身爲凡夫的初心菩薩卻只能仰讚，無法模仿。再者，大乘經中亦有願生清淨佛國的修行類型，然而此去億萬里外之佛國淨土，則娑婆穢土的苦惱眾生將何依何怙！人菩薩行者秉持「此時，此地、此人」[49]

[49] 此乃印順導師所提示之修學宗旨：「釋尊之為教，有十方世界而詳此土，立三世而重現在，志度一切有

之修行與利生原則，以淨化人間，造就淨土爲職志，以佛法悲智光明遍照人間爲願景。證諸釋迦菩薩的本生，亦復如是。菩薩多是爲度眾生而願生人間的，多數是人間的智者，具福德者，以智慧、勇敢、仁慈來幫助苦難眾生。

故《大智度論》云：

（菩薩）以大慈大悲心，憐愍眾生故，生此欲界。問曰：若命終時捨此禪定，初何以求學？答曰……為柔軟攝心故入禪，命終時為度眾生，起欲界心，……生婆羅門家，為有智慧；生居士家，為大富故，能利益眾生。[50]

命終起欲界心，志不在依禪定力以生色、無色上二界，而在入欲界以度眾生，這正是釋迦菩薩的修道典範。願在五濁惡世度眾生；不願生天或生淨土，初期大乘的悲增上菩薩，正是以世尊爲菩薩行的典範！

以下列舉「依於人身行菩薩道」的經證：《華嚴經》「淨行品」與「入法界品」，嘗試

情而特以人類為本。釋尊之本教，初不與末流之圓融者同，動言十方世界，一切有情也。」（《印度之佛教》自序）

[50] 龍樹菩薩造，鳩摩羅什譯：《大智度論》卷二十五，【大正藏】第二十五冊，頁三四〇上。

施設人間佛教禪觀所緣的具體內容，而這也是大乘禪法的修行正境。

（一）菩薩淨行——觸處逢緣皆發菩提心

初期大乘經典部類眾多，經由多數人所集，由多方傳出，初傳時多為小部形式，後漸擴編成大部。《大方廣佛華嚴經》（Buddhāvataṃsaka-mahāvaipulya-sūtra），簡稱《華嚴經》，[51]是重要而大部的漢譯佛典；在中國，經古德宏揚而形成「華嚴宗」。其中的〈入法界品〉初期以單行本流傳於佛教界，後來被編入華嚴大經，本文即以〈淨行品〉與〈入法界品〉為主，探討初期大乘經典中，以人菩薩行為主的禪觀所緣。

《華嚴經》〈淨行品〉中說有「菩薩本業」，[52]「本業」指行業之處。內容多說在家、出家菩薩之攝心修行，是從人間行事、日常生活的語默動靜、進退往來中助發其菩提心。凡

---

[51] 有關《華嚴經》前後譯本、別譯本之版本、內容與思想之比較，可參考印順導師：《初期大乘佛教之起源與開展》第十三章等。

[52] 另有支謙所譯《菩薩本業經》之『願行品』與聶道真所譯之《諸菩薩求佛本業經》（支譯：【大正藏】第十冊，頁四四七中至四五〇下；聶譯：【大正藏】第十冊，頁四五一中至四五四上。

有所遇所做，皆爲普利眾生而發願，這是爲初學者所說的菩薩淨行。[53]

經中文殊師利菩薩回答智首菩薩的提問，指出：欲清淨三業，滿足六波羅蜜，具足禪定功德，成就菩薩智證，以爲眾生依怙，須從「以自誓要，念安世間，奉行戒願，以立德本」[54]來學起。故一開始，凡有所遇，有所做，有所行，都要培養心念，祝願眾生獲得利益。經云：

> 菩薩在家，當願眾生：捨離家難，入空法中。孝事父母，當願眾生：一切護養，永得大安。妻子集會，當願眾生：令出愛獄，無戀慕心。……求出家法，當願眾生：得不退轉，心無障礙。脫去俗服，當願眾生：解道修德，無復懈怠。……自歸於佛，當願眾生：體解大道，發無上意。自歸於法，當願眾生：深入經藏，智慧如海。自歸於僧，當願眾生：統理大眾，一切無礙。……結跏趺坐，當願眾生：善根堅固，得不動地。三昧正受，當願眾生：向三昧門，得究竟定。觀察諸法，當願眾生：見法真實，無所罣礙。……佛子！是為菩薩身口意業能得一切勝妙功德，諸天、魔、梵，沙門、婆羅

---

53 印順導師特別比較本品所說的願，與法藏（Dharmākara）比丘所發的（彌陀）四十八願，阿閦鞞（Akṣobhya）菩薩所發的本願不同，也與〈十地品〉中，盡虛空、遍法界的十大願不同。

54 支謙譯：《佛說菩薩本業經．願行品》，【大正藏】第十冊，頁四四七中。

門，人及非人，聲聞、緣覺所不能動。[55]

菩薩本業，從身口意的清淨開始，方法是：在日常生活中，無論行住坐臥，語默動靜，觸處逢緣，皆以祝願眾生為要，所以經文內容涵蓋了日常生活的主要活動。以禪定與智慧為例，菩薩於三昧正受[56]現前或正觀諸法時，並不以禪觀力進求自身的解脫，而是以此禪定、智慧功德，迴念眾生：祝願彼等得三昧正定，見諸法實相。故菩薩清淨三業的法門，是觸處逢緣皆與大悲心、菩提心相應。菩薩通於在家、出家，所以活動的內容也就二類並舉，在尋常日用中，在學法修行中，菩薩觸處立願：當願眾生離苦難，離煩惱，離罪惡；修善法，得福報，得禪定，得智慧。

從緣念境相所生起的心念內容來做比較，菩薩法與聲聞法確有不同。《阿含經》與《華嚴經》的以下二段經文，正是鮮明的對照：

55　東晉・佛馱跋陀羅譯：《大方廣佛華嚴經》卷六，【大正藏】第十冊，頁四三〇中至四三二下。

56　「正受」（samāpatti），音譯「三摩底」，意譯等至、正定現前。即遠離顛倒散亂而領受正所緣境的心念狀態。心定而離邪亂稱「正」，攝念納法於心稱「受」。正受與三昧（samādhi）等，其定力雖有淺深之不同，然皆為禪定之異名。

當觀色無常，如是觀者，則為正觀；正觀者，則生厭離，厭離者，喜貪盡；喜貪盡者，說心解脫。如是觀受、想、行、識無常（按：亦復如是），……如是比丘，心解脫者，若欲自證，則能自證：我生已盡，梵行已立，所作已作，自知不受後有。如觀無常、苦、空、非我，亦復如是。[57]

聲聞行人攝身正念於色等五蘊，觀五蘊之無常、苦、空、非我，則能於此生厭離，喜貪心盡，得三業清淨，更不受後有，得證解脫。

見愁憂人，當願眾生：於有為法，心生厭離。……見苦惱人，當願眾生：滅除眾苦，得佛智慧。……見疾病人，當願眾生，知身空寂，解脫眾苦。……若見妙色，當願眾生：得上妙色，天人讚歎。[58]

菩薩見於諸色，[59]乃至凡有所遇所見，皆祝願眾生離苦得樂，這是清淨三業，增上菩提

---

57 求那跋陀羅譯：《雜阿含經》卷一，【大正藏】第二冊，頁一上。

58 東晉・佛馱跋陀羅譯：《大方廣佛華嚴經》卷六，【大正藏】第十冊，頁四三一下至四三二上。

59 色（rūpa），有「形狀」、「變壞」意。廣義之「色」，為物質之總稱，物質有質礙，佔有一定空間，如五蘊中之色蘊。

心的大乘不共特色。又如〈入法界品〉中的善財童子，在觀察自身的老病死苦後，不若聲聞般發出離心，而是轉爲發菩提心，行菩薩道，救度眾生：

> 爾時善財童子……正念思惟諸菩薩行……自憶往世不修禮敬，即時發意勤力而行。……復憶往世，所修諸行，但為自身；即時發意，令心廣大，普及含識。復憶往世，追求欲境，常自損耗，無有滋味；即時發意，修行佛法，長養諸根，以自安隱。……復觀此身，是生老病死眾苦之宅；願盡未來劫，修菩薩道，教化眾生，見諸如來，成就佛法。[60]

這是初期大乘悲心菩薩的本業，也是太虛大師、印順導師所強調的，不離人間正行的人菩薩行，這更是大乘禪觀修行的正業。

（二）學無量法門——參訪善知識，入深法界

〈淨行品〉中所說的菩薩正業，著重在尋常日用中生發與長養菩提心，即如登高樓、履

---

[60] 唐．實叉難陀譯：《大方廣佛華嚴經》卷七十七，《大正藏》第十冊，頁四二二中至下。

低地等行止出入，都念念不離眾生，連穿衣吃飯，澡漱眠寤等日常作息，都能藉以發菩提心。也因爲日用行止是可有可無的，所以經文皆以「若」（假若）作爲開頭。如：

若在房室，當願眾生：入賢聖地，永離欲穢。……若上樓閣，當願眾生：昇佛法堂，得微妙法。……以水盥掌，當願眾生：得上妙手，受持佛法。……澡漱口齒，當願眾生：向淨法門，究竟解脫。[61]

這是平常的，被動的觸境生（慈悲、菩提）心，從主動進取而言，菩薩爲救度眾生，更應積極地勤求並廣學一切善法，實際走入利生現場。而一切發心、學習、利生的方法，從尋訪善知識開始，《華嚴經》「入法界品」中善財童子（Sudhana-śreṣṭhi-dāraka）精進求法，遍訪善知識的行爲，堪稱模範。

《華嚴經》所闡揚的是不思議的解脫境界，這在一般眾生，是不容易修學的，所以以發菩提心，欲行菩薩道的善財童子，才要聽從文殊師利菩薩（Mañjuśrī）的指引：學行菩薩，須從「參訪善知識」開始。其參學經過，記載於「入法界品」中。

---

61 東晉．佛馱跋陀羅譯：《大方廣佛華嚴經》卷六，【大正藏】第十冊，頁四三一中至下。

現在通行的六十卷（或八十卷）漢譯《華嚴經》，其中部分原是早已先行流傳的獨立經典，在闡明佛菩薩莊嚴行果的宗旨下，將內容相關與性質相類的經典，編集而成為現在所見的大部經典，此中〈入法界品〉在古代也是單獨成經而流傳的。〈入法界品〉有具體的法門名稱（「不可思議解脫經」），而且序、正、流通三分具足，具足一部經的完整結構。經中讚揚萬德莊嚴的佛果，以勸發契入佛法界的菩薩大行，因為與《華嚴經》其他部分相應，故被輯入大部《華嚴經》中。

有關於《華嚴經》的思想，印順導師認為：

> 《華嚴經》著重於如來的果德因行，傳到中國後，發展為華嚴宗學，對平等涉入，事事無礙的玄理，有獨到的闡揚。經中所顯示的果德因行，當然也出於聖弟子的體會，但並不等於如來圓證的實際，所以「果分不可說」。依菩薩因行而方便安立，不是為了組成偉大的理論體系，而是啟發學人來發心趣入。[62]

依此觀點，印順導師對於善財童子勇猛精進的參學典範，與善知識入世利生種種法門的

---

[62] 印順導師：〈《華嚴經教與哲學研究》序——從佛教思想看華嚴大意〉，【華雨集】第五冊，頁二一〇。

出神入化，多所著墨。[63]

〈入法界品〉敘述善財童子受文殊師利指導，聞法後發菩提心，開始尋訪善知識，一生精進行菩薩道，而入於普賢地的經過。經云：

爾時文殊師利菩薩……作如是言：「善哉！善哉！善男子！汝已發阿耨多羅三藐三菩提心，復欲親近諸善知識，問菩薩行，修菩薩道。善男子！親近供養諸善知識，是具一切智最初因緣，是故於此，勿生疲厭。[64]

善財所參訪的善知識中，有比丘、比丘尼、優婆塞、優婆夷，這是佛教的信仰者；有仙人、出家外道，這是外教的修行者；有國王、婆羅門、長者、居士，這是從社會地位來區分的；有童子、童女是青少年；有醫師、船師，這從職業來區分。善財所參訪的，遍及出家與在家，佛教與外道，男子與女人，成人與童子，種種不同年齡、身分、職業的人。

---

63 本節援引簡述大意，詳參《初期大乘佛教之起源與開展》第十三章第二項，頁一一九至一一三〇；《青年的佛教》第一章〈青年佛教運動小史〉，第二章〈青年佛教參訪記〉，【妙雲集】下編之五，頁一至一三六。

64 唐．實叉難陀譯：《大方廣佛華嚴經》卷六十二，《大正藏》第十冊，頁三三三中至下。

這些善知識，約菩薩示現說，是現身在人間，以不同的身分，不同的方便，來化導人類趨向佛道。從學習的項目說，這都是菩薩所應該修學的。從教導者而言，彌伽是語言學者；自在主童子精通數學，且能營造建築，旁及一切農商事業；普眼長者是醫師，能治身病與心病；優缽羅華長者擅長調合製香，以治諸病；婆施羅是航海的船師，能知風雨順逆，船帆機械，引導航海，……。從種種善知識所教導的法門來說，是以身作則且應機說法，內容涵蓋世間正行，並融入佛法而使之更為淨化。再者，善知識所開示的，就是善知識自己所修得的，這表示了自行與化他的合一。這一切的人間正行，正是菩薩廣大的種種三昧，有別於聲聞偏於隱修而不重利他的禪修方法。

如〈入法界品〉中云：

此諸菩薩，或時示現無量化身雲，或現其身獨一無侶，所謂或現沙門身，或現婆羅門身，或現苦行身，或現充盛身，或現醫王身，或現商主身，或現淨命身，或現妓樂身，或現奉事諸天身，或現工巧技術身。往詣一切村營城邑，王都聚落，諸眾生所；隨其所應，以種種形相，種種威儀，種種音聲，種種言論，種種住處，於一切世間，猶如帝網，行菩薩行。或說一切世間工巧事業，或說一切智慧照世明燈，或說一切眾生業力所莊嚴，或說十方國土建立諸乘位，或說智燈所照一切法境界，教化成就一切眾生。[65]

大乘佛法的特質，是「一切法不生不滅」，[66]「一切法本寂滅」，[67]所以一切不出於法界，也就可以從一一法而入法界。從前，釋尊弟子中智慧第一的舍利弗（Sāriputra）被稱讚爲「深達法界」；[68]現在大智文殊師利所啓發引導而流出的法門，也就稱爲〈入法界品〉。

---

65 東晉．佛馱跋陀羅譯：《大方廣佛華嚴經》卷六十一，【大正藏】第十冊，頁三三〇中。

66 如經云：「佛言：『舍利子！即一切法不生不滅，無染無淨，不出不沒，無得無為，如是名為畢竟淨義。』時舍利子復白佛言：『若菩薩摩訶薩如是學時，為學何法？』佛言：『舍利子！若菩薩摩訶薩如是學時，於一切法都無所學。』（唐．玄奘譯：《大般若波羅蜜多經》卷四百一十，【大正藏】第七冊，頁五二中。）

67 如經云：「爾時須菩提白佛言：『世尊！菩薩行般若波羅蜜，即是行甚深義。』『如是！如是！須菩提！菩薩行般若波羅蜜，即是行甚深義。』『須菩提！菩薩所為甚難，行甚深義而不證是義。』……『有菩薩行般若波羅蜜，信解一切法無生，而未得無生法忍；信解一切法空，而於阿毘跋致地中未得自在；能行一切法寂滅相，而未入阿毘跋致地。須菩提！菩薩如是行者，諸佛說法時亦皆稱揚讚歎，未得阿毘跋致，而為諸佛說法時稱揚讚歎者，則離聲聞辟支佛地，近於佛地，必得阿耨多羅三藐三菩提記。』（後秦．鳩摩羅什譯：《小品般若波羅蜜經》卷九，【大正藏】第八冊，頁五七一下至五七五上。）

68 如經云：世尊告曰：「……若我一日一夜，以異文異句問舍梨子比丘此義者，舍梨子比丘必能為我一日善知識所得的法門，分開來說，各得法界的一體，所以都說「我唯知此一法門」；而如果一切修學，綜貫融通，那就深入法界而趣入佛地了。[69]

如海雲比丘（Sāgara-megha）向善財說：

若來問我，我即為彼開發顯現，分別讚說，悉令安住此普眼經。善男子！我唯知此一法門，豈能盡知菩薩諸行。何以故？諸菩薩等究竟一切行故；究竟大願海，一切劫海不斷絕故；入眾生海，應受化者悉隨順故；深入一切眾生心海，出生如來十力智光明故；悉知一切眾生諸根，隨所應化不失時故；入一切佛剎海，出生佛剎堅固願故，究竟恭敬供養一切佛海大願力故，度一切法海解脫智故；深入功德海，如說修行故；度一切眾生語言海，於十方剎轉法輪故。[70]

一夜，以異文異句而答此義。……若我二、三、四至七日七夜，以異文異句問舍梨子比丘此義者，舍梨子比丘亦能為我二、三、四至七日七夜，以異文異句而答此義。」所以者何？……舍梨子比丘深達法界，故佛說如是。（東晉．僧伽提婆譯：《中阿含經》卷五，【大正藏】第一冊，頁四五二中）

69 印順導師：《初期大乘佛教之起源與開展》第十三章，頁一一二五至一一二六。

70 東晉．佛馱跋陀羅譯：《大方廣佛華嚴經》卷四十六，【大正藏】第九冊，頁六九一下。

從禪觀所緣的抉擇來說，這不是爲了增進一己的定慧境界，離群隱修，選擇一個適宜的所緣（如《清淨道論》中的四十業處），依勝解作意或真實作意漸次證入涅槃的聲聞解脫道。如經云：

依聲聞乘而出離故，成就聲聞道，滿足聲聞行，安住聲聞果。於無有諦，得決定智，常住實際，究竟寂靜，遠離大悲，捨於眾生，住於自事。[71]

菩薩依於人間正行而修，其特色與殊勝就在廣學一切，在護慰有情的利生現場中，念念不離眾生，願其得安樂、得救濟。菩薩的禪觀所緣，就正是學法與利生的緣念對象，當其能不散不亂，專心致志於所緣時，菩薩的三昧力漸得純熟，這就是菩薩不共二乘的禪波羅蜜；當其能於五明法中得其精髓時，其聰慧智覺將至於圓滿，此方爲菩薩的般若波羅蜜。

菩薩爲無量眾生而發大心，親近的善知識，所應學的法門是無量的，〈入法界品〉中介紹了五十幾位，這不過是略舉爲例而已，重點是在以種種利生的三昧解脫門，圓具菩薩道的修行。如經云：

---

[71] 唐．實叉難陀譯：《大方廣佛華嚴經》卷六十，《大正藏》第十冊，頁三三二中。

為汝說一切菩薩行願所成功德。善男子！汝不應修一善，照一法，行一行，發一願，得一記，住一忍，生究竟想。不應以限量心，行於六度，住於十地，淨佛國土，事善知識。何以故？善男子！菩薩摩訶薩應種無量諸善根，應集無量菩提具，應修無量菩提因，應學無量巧迴向，應化無量眾生界，應知無量眾生心。……善男子！舉要言之，應普修一切菩薩行，應普化一切眾生界，應普入一切劫，應普生一切處，應普知一切世，應普行一切法，……。[72]

五、結論：人間佛教禪法之特色

上來依於初期大乘經論中的文獻證據，以考察人間佛教的禪觀所緣。今可歸納為二點：(一)依普遍以攝全體，(二)依平常而知超越，以總結「人間佛教禪法」禪觀所緣的特色。

(一)依於普遍以攝全體

筆者於〈結期精進之禪觀所緣〉一文中，曾分析佛陀的教法，認為它具有普遍性的特質，

[72] 唐．實叉難陀譯：《大方廣佛華嚴經》卷七十七，《大正藏》第十冊，頁四二〇下至四二一上。

在聲聞禪法的解脫道中，依於自我的身心而修定起觀，普遍而超越了種族、宗教的隔閡與界限；在菩薩禪法中，則以慈悲心爲特勝，視眾生之需要而濟貧扶弱，財法兩施，這亦是超越種族與宗教的，即人類普遍皆有的仁慈之心而長養與發用。人間佛教行者抉擇禪觀所緣，應亦重視並遵循此一要領。

所謂「依於普遍以攝全體」，是指大乘的慈悲精神，是無分彼此、人我地普覆一切，這不但是所有眾生都能歡喜感受的善法，也是超越所有對立與隔閡的特德，故稱菩薩之慈悲心行，能普遍涵攝、救護全體——一切有情。《大智度論》中，比較禪定、般若與慈悲，認爲前二者之境界與功德雖然殊勝，但是一般人不能知之；而慈悲心行則一般凡夫眾生的眼見耳聞也都能感知，故稱其爲「大」——大慈大悲。且慈悲心能愍念利益眾生，此饒益之心行，使一切眾生愛樂，故名爲「大」。如龍樹菩薩分析：

> 問曰：禪定等諸餘功德。人不知故，不名為大；智慧說法等，能令人得道，何以不稱言大？
>
> 答曰：佛智慧所能，無有遍知者。大慈大悲故，世世不惜身命，捨禪定樂，救護眾生，人皆知之。於佛智慧，可比類知，不能了了知；慈悲心，眼見耳聞，處處變化，大師

子吼，是故可知。復次佛智慧細妙，諸菩薩、舍利弗等，尚不能知，何況餘人！慈悲相，可眼見耳聞，故人能信受；智慧深妙，不可測知。復次是大慈大悲，一切眾生所愛樂。譬如美藥，人所樂服；智慧如服苦藥，人多不樂；人多樂故，稱慈悲為大。復次智慧者，得道人乃能信受，大慈悲相，一切雜類，皆能生信，……多所饒益故，名為大慈大悲。復次大智慧，名捨相，遠離相；大慈大悲，為憐愍利益相，是憐愍利益法，一切眾生所愛樂，以是故名為大。[73]

論中說明以「大」名慈悲之寓意。「大」（mahā），有周遍含容、普入一切之義，如「四大」；又有勝、妙、不可思議之義，如「大乘」。龍樹菩薩指出禪定與智慧的境界縱然高深，但這是一般人不知不識的；並以佛之智慧爲例，說明智慧第一的聲聞弟子舍利弗，與諸地菩薩尚不能知，何況是凡夫眾生；然而佛陀的愍恤一切的大慈悲，則是一切眾生都能領受，而且愛樂的。龍樹從眾生能感知與否的角度，說慈悲是普遍一切有情都能感知的，稱其「大」。又如地、水、火、風四種要素，因普遍存在於有情色法與器世間中，故稱之爲「大」——普遍。

[73] 龍樹菩薩造，鳩摩羅什譯：《大智度論》卷二十七，【大正藏】第二十五冊，頁二五七上至中。

在此以印順導師弟子證嚴法師所帶領的慈濟功德會，整治印尼紅溪河並興建大愛村的事蹟爲一佐證：[74]

二〇〇二年至二〇〇三年間，慈濟海外援助團在印尼雅加達市，與印尼官方協力整治紅溪河，並爲河畔之拆遷戶建築大愛村，復與台灣農委會合作，在印尼發放五萬噸大米。而今日印尼二億二千萬人口中，至少有二億人是穆斯林，百分之八十五的人民信奉伊斯蘭教，可謂是世界最大的伊斯蘭國家。

印尼出現幾番排華暴動與恐怖爆炸案，但印尼慈濟華人不以慈善爲手段來趁機傳教，反而還興建大愛村，並爲村民於村內廣建學校、診所、工廠，乃至建設清真寺，這種來自佛法無我智慧的寬廣心量，成就的是「以包容來替代對立，以慈悲來化解仇恨」的大乘佛教文明。

此一事例，堪稱宗教慈善救助的經典之作，大乘的慈悲精神，在無我的空慧與利生的善巧中，真正能化解一切種族、宗教、文化的對立與衝突，達到無緣大慈，同體大悲。人間佛

---

74 慈濟功德會海外助援印尼紅溪河之內容與意義分析，援引昭慧法師著：〈佛教慈善事業的一個範例：慈濟整治印尼紅溪河之成效與意義〉，《法光學壇》第七期，台北：法光佛教文化研究所，九十二年，頁一至二十六。

教行人修習世間種種善行義舉，增益知識，透過三昧力的增強及利生知識的深化與廣化，以圓滿禪波羅蜜與般若波羅蜜。

「人間佛教禪法」重視佛法教化的普遍特性，強調菩薩大慈悲之心行，希望能泯除一切的隔閡與對立，以涵攝全體眾生都能感受佛法的特勝。以美國九一一恐怖事件爲例，值此基督文明與伊斯蘭文明勢不兩立之時，大乘佛教「無緣大慈，同體大悲」的普遍於一切的、大慈大悲的精神，可以泯除家國、族群、種族的隔閡，可以超越教派、宗教的對立，化解彼此間的仇恨與誤會，爲人類的文明帶來深刻的啓示與新的合作方向，這是真正的救世之光。

（二）依於平常漸至超越

「平常」，指一般人眼見耳聞等感官所感知的經驗，稱平常經驗。「超越」，是超越我人平常感官經驗與理性思辨的能力與境界。

本文第四節第二項述介〈入法界品〉，細心的讀者會發現，綜觀善財童子所參訪的善知識，沒有列舉仙人、天神與上生三十三天的佛母摩耶夫人等。這不是筆者疏忽，是因爲仙人與天神等，超出大部份人類的認知範圍，而令人難以置信。[75]在傳佈佛法時，應以一般平常的感知與理解能力爲主，避免徒增幻想或引來疑謗，故對於超越之境界，應審慎處理。

對於非平常感官經驗所能知的領域，以及透過禪觀修持所能知的種種超常境界，常見有人引用西方宗教學上的「神聖」（holy）概念以爲比附，筆者認爲並不適當。因爲「holy」在英文日常用語中，是與（至上的、創造的）神有關的，含有純善、聖潔、全能等意義；在宗教學上，西方學者在研究東方宗教時，雖然也從粗略的概念比附，注意到以詞義的外延擴充，來包含更多非一神信仰的異文化宗教，如東方宗教等。但是無論如何，「神聖」的漢語：「大而化之」謂之「聖」，「聖而不可知之」之謂「神」，「神聖」之義有玄妙靈明，莫測高深之意。將之比附於佛教的宇宙觀、生命觀，則容有未妥。因爲六凡四聖中，除了人道眾生以及少分動物之外，也都是人類的感官所不能知的，如果用「神聖」統稱之，則地獄、惡鬼、（人所不能知的）旁生等有情類，則既非清淨，也不善良，更無主宰人類的大能力。故對於這些領域或感知此領域的經驗，筆者主張直接以「超常領域」或「超常經驗」稱之即可。

---

[75] 有關西方宗教學對於「神聖」定義的內容，可參考拙著：〈宗教學上「神聖」的概念與範疇〉，桃園：弘誓文教基金會，九十年十月，《弘誓雙月刊》第五十三期，頁七至十二。

太虛大師提倡「人生佛教」，印順導師提倡「人間佛教」，乃有感於動輒侈言十方、三世、一切眾生的法門與行徑，將產生混亂本末，事大急功之流弊，故提倡「此時、此地、此人」的佛教。如說：

佛教之末流，病莫急於「好大喜功」。好大則不切實際，偏激者誇誕，擬想者附會，美之曰「無往而不圓融」。喜功則不擇手段，淫猥也可，卑劣也可，美之曰「無事而非方便」。……佛教之遍十方界，盡未來際，度一切有情，心量廣大，非不善也。然不假以本末先後之辨，任重致遠之行，而競為「三生取辦」，「一生圓證」，「即身成佛」之談，事大而急功，無惑乎佛教之言高而行卑也！[76]

如印順導師在《成佛之道》一書中，對於五趣眾生因惑造業的三世業果輪迴——超常的凡俗領域，與三乘聖者的涅槃果證——超越的聖者境界，都同樣予以說明，但是說到修學的道品，則以人道眾生爲主。這不是依個人好惡而有所偏取，而是佛陀教法的古義重光。

本此理念，筆者對於善財童子所參訪的善知識，以及所授所學的法門，在抉擇大乘禪觀

---

76 印順導師：《印度之佛教》〈自序〉，頁一。

之所緣境時，乃以現時今生，有益於世道人心以及人類有情（旁及見聞覺知所及的旁生）的利生法門為主。對於未來、他方乃至急證、神秘之種種法門，則暫不討論。

「人間佛教」此一教化風格，切莫望文生義與斷章取義，認為是否定人間以外的眾生或領域，因為「存而不論」與「否定存在」並不相同。共同的覺知經驗是較為實際的討論基礎，一但涉及一方或雙方所無的經驗或境界，若不是勉強地擬想比附，就是完全無法置喙；前者遠離實相，純為幻想，後者只能無條件接受或是引起大疑心。傳揚佛法於人間，若忽視此一重點，徒惹來迷信與妄語之譏，對於學法修道，毫無助益，且其流弊，不可勝言。

筆者領眾禪修，多從學生見聞覺知能力所及之處開始；而施設禪法教學內容，則著眼於人間的正常道。至於超常的經驗與境界，筆者主張以禪修為工具，當止觀力漸入漸深，一些超越平常感官所不能知的境界，彼時則歷歷在目，真實不虛，是所有禪修者都能親自體證的，此即「依於平常漸至超越」。然而禪修所親身體驗的，不足為外人道，也不宜用為大眾普講的教學內容；更應注意的是，一切禪修過程都須以緣起的正見導引，方能不偏離於無所得的空慧。更何況，止觀堂奧與現法樂住，是自受用的境界，大乘菩薩道的真義，是實踐利濟眾生的法門，再高的能力與境界，凡無利於眾生者，實非菩薩禪觀所緣的修學正境。

總結本文，菩薩在受記得決定不退之後，尚須修行三阿僧祇劫，[77]而若論從初發心到受記的時間，則亦須久遠時劫。菩薩行者不以自身的「身、受、心、法」爲所緣境，而專修四禪八定與諸階觀智；而是在生生世世「緣苦眾生，起大悲心」中，實際投入種種的利生事業，專念於此，並實際著手解除眾生的苦難，而忘了自己的解脫時程。此中，因爲對於「緣眾生苦」與「利生事業」的長期專注，所以雖然不須要遠離眾生、少事少業地專修取證的「禪那」，但是「三昧」力的持續生發與增長，已然鍛鍊了菩薩的大堪能性與無邊妙用的定力功德；再者，菩薩雖未措心於自身的解脫，卻在忘己爲人的心行中，我見一天一天地薄弱，「無我」智慧也就漸進成就了。

進而言之，菩薩的定慧力既然對涅槃道有「忍而不證」的能力，則只要轉換所緣：隨時從念眾生苦，轉爲念自身的「身、受、心、法」，那麼，修定當得種種淺深禪定境界，修觀

---

[77] 有關菩薩修行之時間，各家說法多有不同，如《六度集經》，從發心到受記中間，無修行禪那的記錄；但《南傳菩薩道》所說，是受記後不修禪定——禪那波羅蜜，乃至於解脫慧——般若波羅蜜，然而那是受記菩薩已經具足了的，只是忍而不證。對於菩薩受記後的修行時間，各部派之記載容有差異，然無論如何，都須久遠時劫，方得成就佛道。

慧亦當一一證入諸種智，所以菩薩道的殊勝功德，不在禪定力，也不在入於寂滅的道果上說淺深，論高低。若因菩薩「忍而未證」的大悲心行，而以聲聞聖者的禪定與般若成就來貶抑菩薩，固然短視而忽略了大乘的殊勝功德，但是一味想要從原始經教中比對聲聞定慧道階，努力附會而聲稱菩薩也已到達某種出世聖位，並不輸給聲聞，這也犯了窄化菩薩道，忘失大乘真義的過失。

菩薩既然在久遠時劫中，練就了如此的三昧力與智慧力，所以無論南傳、北傳，聲聞、大乘經論，都稱揚菩薩對於涅槃有忍而不證的能力；「是不爲也，非不能也」。這在受記菩薩是已經具足了的，在初心學人是須多培養的。但是此一智慧力與三昧力，是依無量的慈悲心，在久遠時劫的度生事業中鍛鍊成就的。

本文依大乘經抉擇大乘禪觀要義，作爲「人間佛教禪法」的教證與理證，期能彰顯大乘禪觀不共二乘的真精神。

◎參考及徵引文獻

一、藏經

● 僧伽提婆譯：《中阿含經》，【大正藏】第一冊。
● 求那跋陀羅譯：《雜阿含經》【大正藏】第二冊。
● 玄奘譯：《大般若波羅蜜多經》，【大正藏】第七冊。
● 鳩摩羅什譯：《小品般若經》，【大正藏】第八冊。
● 鳩摩羅什譯：《摩訶般若波羅蜜經》，【大正藏】第八冊。
● 東晉．佛馱跋陀羅譯：《大方廣佛華嚴經》，【大正藏】第十冊。
● 實叉難陀譯：《大方廣佛華嚴經》，【大正藏】第十冊。
● 支謙譯：《佛說菩薩本業經》，【大正藏】第十冊。
● 聶道真譯：《諸菩薩求佛本業經》，【大正藏】第十冊。
● 龍樹菩薩造，鳩摩羅什譯：《大智度論》，【大正藏】第二十五冊。
● 龍樹菩薩造，鳩摩羅什譯：《十住毘婆沙論》，【大正藏】第二十六冊。

● 菩提流志譯：《彌勒菩薩所問經》，【大正藏】第二十六冊。

● 玄奘譯：《阿毘達磨大毘婆沙論》，【大正藏】第二十七冊。

● 塞建陀羅阿羅漢造，玄奘譯：《入阿毘達磨論》，【大正藏】第二十八冊。

● 世親造，玄奘譯：《俱舍論》，【大正藏】第二十九冊。

● 彌勒菩薩說，玄奘譯：《瑜伽師地論》，【大正藏】第三十冊。

● 曇無讖：《菩薩地持經》，【大正藏】第三十冊。

● 普光：《俱舍論記》，【大正藏】第四十一冊。

二、印順導師著作

● 《成佛之道》增注本，【妙雲集】中編之五。

● 《青年的佛教》，【妙雲集】下編之五。

● 《方便之道》，【華雨集】第四冊。

● 《契理契機之人間佛教》，【華雨集】第四冊。

● 《印度之佛教》

● 《原始佛教聖典之集成》

●《說一切有部為主的論書與論師之研究》
●《初期大乘佛教之起源與開展》

三、其它

●覺音著，葉均譯：《清淨道論》，臺北：華宇，一九八七。
●緬甸明昆長老著，敬法中譯：《南傳菩薩道》，香港：佛教文化，一九九九。

伍　行門之三

日常修持法要

——禪修出堂開示

前言

「人間佛教禪法」的理想感召與思想活水，來自　印公導師的啓發，因爲沒有思想深度的弘化，會流於沒有（佛教）文化厚度的淺薄；我們謹記　導師的教誨，永遠警惕自己不要落入庸俗與無聊。再者，沒有資糧也就不可能安住，以學院幾位主事者書生型的靦腆，能在不辦活動、沒有法會的情況下完成校舍建築，非常感恩承天禪寺已故方丈傳悔長老的慷慨義助。而這一切勝善因緣能在這裡匯集凝聚，應該感謝昭慧業師的智慧福德因緣。

記得江燦騰教授曾說過一句很有意思的話，他說：印公門人學生弘揚其思想的方式，有人是「照著講」，有人是「接著講」。妙哉斯言！紹述導師思想者，不應滿足於照本宣科，依樣葫蘆，而應立志於高超思想上增添尺寸，於恢宏眼界中再拓視野。「自我完成」，「相對圓滿」，導師已經完成他有限因緣所能完成的一切，立足於思想巨人的肩膀上，努力掂高腳跟，是後生晚輩的職志；故「人間佛教」的實踐者，對於菩薩行門中的定慧二學，無論是個人自修與領眾共學，都不能迴避「接著講」的功課。

於此禪觀共修圓滿之期，僅以功德迴向 印公導師，遙祝他老人家身心康泰，爲世明燈；而個人微善，用報師友、善知識的護念恩德。若有瑕疵，過咎在我，祈請大眾慈悲包容！

現在進入禪修出堂日的開示主題：人間佛教行者的日常修行要領。

其實禪修真正的考驗不在禪堂，而是在日常；因爲在禪堂中，遇事但憑四字訣：「不要理它」，只管自己用功，那是再簡單不過的事。但如果要打開大門，與眾生結緣，則茲事體大！就以禪修營爲例，爲了要讓大眾享用新鮮的食物，護七的義工不貪大量採購、長時冰存的方便，每天清晨兩點驅車外出買菜；爲了要讓大家吃到熱騰騰的飯菜，典座菩薩打板十分鐘前才將菜下鍋熱炒，行堂菩薩唱供養偈時才分發湯食。又如禪堂熱時開窗，冷時閉戶，寢室、浴廁隨時打理清掃。義工們如此盡心調理，只爲讓大眾適意歡喜，安心辦道。禪修者吃著新鮮美味的菜餚，啜飲著溫熱清香的湯食，可說是般般現成，樣樣方便；然後大可統統「不要理它」，一心專注禪觀所緣。但是做爲一個護持者，能夠不理會你們的需要嗎？能夠不細心備辦大眾的道糧嗎？禪修者所得的定慧現法樂，護持者樣樣感受不到，你們再有修行，再有境界，又與人何干？由此不免想到關懷生命協會所護念的，慘遭殺戮虐害的各類動物，對牠們而言，禪修者的定慧境界，通天本領，都不如具足煩惱身的愛心人士對牠們點滴撫慰的及時受用。

安適清朗的道場，是大眾護念而成的淨土；可是清淨無嘩，豈是世間真相？世間原依無量眾生而造就，也因無量眾生而有無邊苦難，所以遠離了苦難也就遠離了眾生！我們入堂禪修，是爲了學本事：學一身出世淨心以行入世濟生的本事。禪修者入堂修禪定，從近行定到安止定，從緣起法相到無我淨智；護持者在外修三昧，有知客三昧、悅眾三昧、典座三昧、行堂三昧……，各種三昧齊匯聚，共同圓成無量三昧的無礙解脫門。菩薩行者應各依根性因緣，各盡本份能力，齊心踐續人間佛教的薪傳，共同映現恢恢法界的無量光明！

禪修者如今出堂了！角色、心態都要調整，不要耽戀禪修營中所得的勝妙境界，應當提起止觀修持所生發的堪忍力道，全心全意投入現實的生活，勇敢擁抱無邊的苦難，慈心護念無量的眾生！

禪修期間對同學的種種嚴格要求，比如禁語、不閱讀書報、不與人打招呼，不必作諸勞務等，都是爲了讓你們身心安住，利於止觀的修習。平常的居家生活，事業營務，人際互動，在禪堂中的規矩都不能用。因爲擔心你們不知權衡情境，當機活用，回家後不會過「正常生活」，所以在臨出堂前，有一些重要的觀念要向大家提醒與說明。

一般定慧修持可分爲兩類，一是結期精進，一是日常禪觀；此次的共修屬於前者。學佛就是要對治身心的散亂與熾盛的煩惱，所以檢束身心、萬緣放下，參加禪觀共修以求淨心澄觀，體證無常。但是精進禪修所得的止觀力道，若不能運用在日常生活中，這樣的修持又能帶給自己與眾生何種利益？**遠離人群、遠離世間，耽著禪樂，急求解脫，這與菩薩心行是不相應的。「人間佛教」的菩薩行者，爲利益眾生故廣學一切；眞能發起悲心，則結期禪觀，長時精進，都是爲了鍛練救度眾生的能力，不單只盤算自己解脫的利益。**所以大眾臨出堂前，我們提出「日常禪觀功課提示」，希望大家回去依之行持。

功課有六項，提示有四點，一共十點。

一、功課：

1、常行布施，分享福報

希望大家能常行布施善法，樂意與他人分享福報，藉此去除自我中心的貪婪執著，利於培養修行的福慧資糧。布施之法有三種：財施、法施、無畏施。

一、**財施**：即是供養三寶，敬順師教。此中，奉養父母尊親爲「敬田」，救濟鰥寡孤獨廢疾者，謂之「悲田」。

二、**法施**：與人分享正法的清涼喜樂，並鼓勵人親近三寶，修學正法。

三、**無畏施**：有正義感，憫恤孤弱，協助眾生享有遠離恐懼的生活。

2、戒德清淨，威儀莊嚴

紀律與道德是修持道上非常重要的輔助，佛弟子們不可輕忽。淨戒以歸依三寶爲根本，出家眾進而持具足戒，在家眾則持五戒；戒德完具，才能讓我們身心清淨，邁向究竟的解脫。

希望大家每天恭敬誦念「三歸五戒文」，提醒自己親近正法，不忘學佛初心。我們曾試將「三歸五戒文」改寫成淺顯易懂的文字，以便現代人閱讀與持誦，並印成易於隨身的小冊，如果大家歡喜，可以每日依文誦念。

順帶提醒：不要排斥儀式，它雖然不是目的，但卻是有效的工具，藉著簡單莊重的儀式，可以使我們莊嚴身心，培育信仰情操。

3、早晚靜坐，保任覺力

最好每天早晚各靜坐一小時，可能有人會覺得困難，但是請務必努力。初學者入堂禪修，這幾日身心的經歷像洗三溫暖，有時熱惱交煎，有時輕安暢快，如此長時間靜坐的努力與掙扎，為的是什麼？不就是等待在昏暗漆黑的眼界中，露出慧光一線！

你們有人已經見到遠處微顯的光明，回去後如果不再持續進修，那光明也就離你遠去，一切終歸於徒勞。所以要每天靜坐，**要將修行當做生命中再也不能割捨的好習慣，如此，才能算是一個真正走在古仙人道上的修行者**。如果一曝十寒，懈怠放逸，耽溺於五欲之樂，則這幾天的努力，對你而言，都只是美好、朦朧的回憶而已。

主持團體的結期禪修——也就是將一大群身心僵硬、莫名所以的人兜攏過來，催之趕之，逼之哄之，像綁鴨上架一樣驅策上道——對我而言是身心耗散，非常辛勞的過程，對你們而言也是心酸體痛，走投無路似的難受。大家這麼辛苦，爲的是甚麼？難道不就是爲了究竟圓滿的佛果嗎！所以回去後，要持續蘊釀，如此則將如倒吃甘蔗，漸入佳境；如啜飲清茶，澀後回甘。修道進境的醞釀累積，只在於一個最基本的動作：每天靜坐，持恆不退。

有時我會突發奇想：下次受理禪修報名時，是不是應將舊學員平日用功的狀況列入錄取與否的考量？如果讓我們知道某人回去沒有用功，是不是我們就「不要理他」了。因爲一切歸零，前功盡棄的學習態度，你們不覺得徒勞嗎？團體共修，多一人少一人聽法，多一人少一人吃飯，其實無所謂；可是你們又怎麼對得起自己？所以，回去後一定要每天禪修，而且終生實踐。

4、修慈心三昧，增長菩提

每天在一小時的禪修結束後，以十至二十分鐘的時間修持慈心三昧。感恩三寶、親眷、師友等護念你的道業；並懺悔自己的過失，寬恕他人的冒犯，讓自己沐浴在平等法性的清淨和喜樂之中。

尤其是一天之中因人事互動而有的糾葛怨懟，都要在這個時間裏化解消彌，培養自己時時都能以慈心等視眾生，深刻實踐佛陀大慈悲的教誨。

5、早晚寤寐，觀察息相，平衡四大

晚間欲睡未眠時，放鬆靜躺，閉眼觀察身體的四大。為什麼？經過了一天的奔忙疲累，心意雜遝，身體會反映每一場情緒的漣漪、善惡的等流業痕。透過入眠前的平衡檢視，將能鬆弛身心，易於安眠。睡醒時不要馬上睜眼起身，可以靜躺幾分鐘，心念念住於安般或四大的所緣，因為晨寤時分，身心安靜，息則平和綿長。靜靜體察，慢慢起身——以清明的正念，調和的身心，開始一天的生活。

6、參加共修，彼此砥礪

大眾威德不可思議，建議儘可能參加共修，結期精進與日常禪觀皆不可偏廢。選擇知見正確，修法相同的團體，每月兩日共修並加持齋戒，一年參加一次七天以上的共修。團體共修的氣氛能提振身心，而獨自靜坐有時不免偷工，威德凝成氣候，久熬必得成功。

二、提示：

1、老實正常，不要展示修行相

處於人群中，不要動不動就閉眼睛，不要示現修行相！禪修不是展覽品，大可不必遊街示眾！不要有眼無珠，目中無人；走到哪裡，眼睛一閉，眼觀鼻、鼻觀心，儼然不可親近。別人看你這樣，有些人會被你嚇得手足無措，自慚形穢；有些人則覺得莫名其妙，心生瞋惱：「怎麼搞的，怪裏怪氣，破壞氣氛！」在禪堂裡要求大家把目光收起，你們老是東張西望；出了禪堂，要你們睜大眼睛，正念明覺，你們卻又常有眼無珠，反應遲鈍！

像平常速度一樣的行走、作務，諸法實相不在「慢」中見到，用一些特別而非常的姿勢去修行，常隱含有急求見法的貪欲，而且非常怪異。修行要見得了人，見不得人的法不要修；要能處眾容眾，對大眾要心生歡喜。

在一個環境，就融入那個環境，歡欣喜悅，平和慈愛。大家想想，去塵除垢而又和光同塵，這是何等的生命風華！對於一些無益於法的談論，「不要理它」。如果對方存心抬槓、好打閒岔，我們真的應該學學佛陀的「默然」。爭辯於法無益！對於不肯如實知見，只是搬弄口頭禪的人，對於自以爲是的戲論者，不要捲入口角爭勝的漩渦，修羅戰端一啓，連我們也要跟著無聊。

希望大家做一個正常、老實的修行人。在此轉述　印公導師的話：「佛弟子不可以舉止怪異、不可以索隱行怪，不可以顯異惑眾，不可以譁眾取寵。」這些多是堅決語，也就是沒有商量餘地。不要向他人談論你的境界，現法樂是自受用，不是用來炫耀的。同學們在修持的過程中，或多或少都體驗過超常的身心覺受；向好奇者展示境界，於他有害、於法無益。對於慕道者，邀請親自品嘗定的喜悅、法的清淨，這比一籮筐的形容詞對他都來得真切而受用。除此之外，奇貨可居般地吹捧成果做什麼呢？搔首作態地炫耀境界做什麼呢？這樣的心行，又是在打著什麼樣的算盤呀？

2、平和處眾，慈心充滿

與人相處，眼睛張開，一如常人。大家想想，若從禪堂修出一群孤魂野鬼來，這是多麼恐怖的一件事！無祀孤魂總愛遊來盪去，漫無著落，這世界不屬於他，他也不想有所歸屬。漫無著落宛若孤魂野鬼，不要說與菩薩行無緣，這甚至也不符合聲聞行者隨緣行化的精神。

修行人要能有益於世間，一人修持，眾生都得利益——不知別人怎麼想，至少我們的觀點是如此。所以，希望同學回去以後，生活一切如常，不可旁若無人。

身旁若無旁人，則靜靜地默照身心，體察法的無常生滅；身旁倘或有人，心裡一定要存念對方，讓眾生歡喜。若不知如何慈悲，可默念〈慈悲觀文〉，依文起觀。我們亦曾試擬〈慈悲觀文〉與眾結緣，淨心誦持，則可弄假成真，慈悲滿溢。不此之途地花言巧語，皮面笑容的妝點，總是讓人心裡發毛，悚然莫名；不如默然存念，誠懇體恤，則不假身語，周旁眾生都能領受。對於異性，若無把握，不要修慈，應修捨心。否則越修越有人緣——須知：沒有淨智相應的因緣，徒增牽扯與困擾，不可不慎！

3、勤奮作務，全心投入

禪坐以外的時間，應全心全意投入生活，專心作務，參與社群，注意力放在所有必須做的工作；但是要覺察，你在不同的情況，心念是不是都能保持警覺和平靜。心意若不安甚至激動——我相信經過幾天的修持，你們比過去都更容易覺察——盡可能將緣慮煩惱的心念抓回來，觀察身體的呼吸或四大，甚至只要幾秒鐘的時間，都可以幫助你保持平衡。

不要對日常應作事務起厭煩心，或潦潦草草將它打發。這種老愛閉眼盤腿，能靜不能動的心行，其實是一種窄化修行意義的貪欲，大家不要被這偷懶好閒，厭煩怕吵的貪瞋假相所騙。靜坐禪觀，起身作務，只是所緣不同，向法的意義一樣。每天的工作是體會無常、苦、無我的好機會，不要等閒視之。

冷漠不是中道，有些人刻意讓自己的心不起分別，這是麻木，這叫遲鈍；麻木就叫不仁，遲鈍瀕臨死亡。最重要的是當下具足正念正知：任何心念產生，當即平靜的觀察，進一步覺知一切法無常、一切法無我——無常、無我就是因緣生滅，無法遂己私意——就在因緣生，因緣滅中，不要對任何心念的內容繼續癡想、繼續貪求、繼續瞋惱。

4、只要耕耘，必得收穫

只要恆心修持，就會有所進步，不要對證道心存任何幻想。**真正的緣起智慧是領悟並接受：每一個經驗都是暫時的**。有了這樣的洞察力，對於無常、無我法將有更深的體會。當能保持敏銳的覺察力，維持心意的平衡時，你已經不易被生活中的起伏擊潰。

七天的精進禪修已然過去，不要對曾有的美好禪境顧念不捨——當時有當時的因緣，現在有現在的環境；一切是鏡花水月，夢幻泡影。

如果你耽戀禪樂，那麼你只是在追求感官耳目的刺激，不是爲了見證無相無願的緣起法性；沉溺於定樂，喜好說弄神秘，對於解脫是有障礙的。**不瞻前顧後，不患得患失，敏覺體見身心無時不在默然説法，盡力擺脫唯心神秘的泥淖**。最大的滿足與安慰是能平心愉悅地生活，樂於助人，利己利他，並與所有苦難眾生一起邁向離苦得樂、究竟圓滿的目標。

臨別叮嚀，不免嘮叨；爲法珍重，後會有期！

八十九年二月二十日，講於結七禪修出堂日

三月二十九日，修刪完稿於法印樓

——刊於《弘誓雙月刊》第四十四期，八十九年四月

陸　行門之四

三皈五戒暨慈悲觀文

為佛弟子
請日日誦念
受持三皈五戒
並修習慈悲觀
以時時增長善念
長養菩提道種

三皈五戒文

我皈依佛，佛是指引我究竟解脫的導師。
我皈依法，法是邁向慈悲與智慧的道路。
我皈依僧，僧是清淨和合，住持正法的模範。

第一戒　不殺生戒

因爲體認摧殘生命所帶來的痛苦，
我決心持守不殺生戒，不殘虐生命。
我誓言長養慈悲心，尊重生命，護念萬物；
積極參與護生的行動，並與眾生同享無有恐懼的生活。

第二戒　不偷盜戒

因爲明瞭剝削、偷盜、欺壓和社會不公平所帶來的痛苦，
我決心持守不偷盜戒，
並積極防止他人利己損他的獲利行爲。
我誓言長養布施心，財法二施，稍無吝惜，

並與眾生同享無有匱乏的生活。

第三戒　不邪淫戒

因為明瞭不正當性關係所帶來的痛苦，
我決心持守不邪淫戒，
不違犯缺乏感情和婚姻為基礎的性關係。
我誓言長養清淨心，維護配偶和家庭的幸福和樂，
保護兒童免受性虐待的傷害，
並與眾生同享清淨無染的生活。

第四戒　不妄語戒

因為明瞭謊言、惡口和搬弄是非，致人鬥亂所帶來的痛苦，
我決心持守不妄語戒，我不散佈不確定的消息，
不批評或譴責任何不肯定的事物，
不出語引起他人的分裂和鬥爭，
並願盡力化解大小的衝突和誤解。

我誓言常說誠實柔軟語，爲他人帶來信心和喜悅；
常說正法清淨語，爲他人帶來智慧和覺醒。

第五戒　不飲酒戒

因爲明瞭心神迷亂所帶來的痛苦，
我決心不飲酒及服用任何麻醉毒品，
並竭力防止毒品的流傳與氾濫。
我誓言保持理智的清明，以長養身心的平和康泰。
因爲體認三寶清淨福樂的功德，我願意修學正法，
誓言改變自身，勸化他人：
遠離貪婪、瞋惱與愚癡的業習，
與所有菩薩行人，共創人間淨土。

慈悲觀　觀文

淨心前方便：

我願至誠感恩：
感恩一切曾以正法和淨財成就我道業的眾生。
我願歡喜布施：
願以正法和淨財護持一切眾生的道業。
我願懇切懺悔：
向所有曾被我以身口意三業傷害過的眾生求懺悔。
我願眞心寬恕：
寬恕所有曾以身口意三業傷害過我的眾生。
步施的心，讓我遠離貪念，寬恕的心讓我遠離瞋恚，
懺悔的心讓我遠離愚癡。
願我能以無貪、無瞋、無癡的清淨心，
修習慈悲觀——

正修：

願我遠離所有的惡念，

願我遠離所有的仇恨，
願我的身體遠離所有的病苦，
願我的心念遠離所有的憂惱，
願我快樂，幸福，
願我身心輕安，離苦得樂。

願我的父母（親愛者（師長、配偶、眷屬、朋友等），無愛憎者，怨懟者）遠離所有的惡念，
願他遠離所有的惡念，
願他遠離所有的仇恨，
願他的身體遠離所有的病苦，
願他的心念遠離所有的憂惱，
願他快樂，幸福，
願他的身心輕安，離苦得樂。

慈悲的心念向四方散發，
願周圍的眾生都能感受我慈心的祝福。

慈悲的心念向十方散發，
願法界一切眾生都能感受我慈心的祝福。
慈悲的心念向十方散發，
無量無邊……
無量無邊……

——民國八十九年二月二十日，講於結七禪修出堂日；
三月二十九日，修刪完稿於法印樓

第二單元　禪學研究

阿含定慧二學之「綜合說」與「分別論」

印順導師曾指出：從《雜阿含經》與《中阿含經》二書的比對中，發現佛教界對於定慧二學的修持已有偏重發展的傾向。如《雜阿含經》重慧證，故多說三處觀門與十二緣起，於定學只略說（四禪）根本定，並本持「依定明慧」的精神而說空、無相、無願三昧。而《中阿含經》重視煩惱的對治，所以對有助於離欲的定學著墨最多。他的結論是：《雜阿含經》「重在真慧的體悟上，並且是相互融通的」，而《中阿含經》「已成爲組織的說明，多論四禪、八定或九次第定，重在修行次第，重在禪定的漸離上。」[1]

1 印順導師：《性空學探源》，【妙雲集】中編之四，新竹：正聞，一九八八年，第八版，頁七三。以下只標書名與頁次。

本文徵引漢譯「阿含」文獻，[2]進一步解說《雜阿含經》與《中阿含經》不同的禪觀修學內容，並總結定慧二學「綜合說」與「分別論」的定義。

一、四部阿含的結集特色

佛滅之初，弟子們爲免教法散佚，在王舍城集合眾人誦出遺教，是爲第一次結集。「結集」又稱「合誦」，不單是集眾人之力，將所曾聽聞的內容誦出，而是對法義加以整理與編輯。現存的原始聖典——漢譯四部《阿含經》與巴利語五部尼柯耶，即可從中指出不同的編纂宗旨與體例。以下徵引三個例證，以資說明：

說一切有部的《薩婆多毘尼毘婆沙》卷一，曾指出四阿含的宗旨：

為諸天世人隨時說法，集為增一，是勸化人所習。為利根眾生說諸深義，名中阿含，

[2] 本文徵引之漢譯《阿含經》內容，類同於巴利五部之出處，為節篇幅，不一一標註，讀者可自行參閱日人赤沼智善：《漢巴四部阿含互照錄》，或近年高雄元亨寺翻譯之【漢譯南傳大藏經】等書。

是學問者所習。說種種隨禪法，是雜阿含，是坐禪人所習。破諸外道，是長阿含。[3]

此中，持經的譬喻師因教化信眾，隨宜說法的需要，故重視「增壹阿含」。「中阿含」多強調分別法義，而爲說一切有部的阿毘達磨論師所重，故云「爲學問者所習」。「雜阿含」是佛教最早期結集的聖典，《瑜伽師地論》「攝事分」（大正・八五冊，頁七七二下欄至七七三上欄）中，即強調「雜阿笈摩」（雜阿含）的內容以實修趨證爲主，是教法的根源，所以有部說這是「坐禪人所習」，亦符合實際的意義。

龍樹（Nāgārjuna，二、三世紀南印人，爲大乘中觀學派創始人）即曾根據四阿含的編纂宗旨，總攝一切法爲「四悉檀」：

有四種悉檀：一者世界悉檀，二者各各為人悉檀，三者對治悉檀，四者第一義悉檀。四悉檀中，一切十二部經，八萬四千法藏，皆是實，無相違背。[4]

悉檀（梵語 siddhānta，巴利語同），意爲成就、宗旨、理則等，「四悉檀」即是佛法教

3 佚名：《薩婆多毘尼毘婆沙》卷一，【大正藏】第二十三冊，頁五〇三至五〇四。
4 龍樹著，姚秦・鳩摩羅什譯：《大智度論》卷一，【大正藏】第二十五冊，頁五九。

化的四種分類與特色。此中：「世界悉檀」是隨順眾生意樂所說的世間端正法；「各各為人悉檀」則是因應眾生的根機與能力而說法，令能生發善根，出離得脫；「對治悉檀」即針對眾生的貪瞋癡煩惱，應病與藥，淨除諸惡；「第一義悉檀」則詮解勝義諦理，使眾生能契入諸法實相，這是佛法的精髓與特色。

覺音（Buddhaghoṣa，五世紀中印人，巴利三藏重要注釋家）除了撰著《清淨道論》與《善見律注序》之外，亦曾翻譯四《阿含經》、論藏為巴利語，並撰作注疏。其中，長部經注疏的題名是「吉祥悅意論」（巴 Sumaṅgalavilāsinī），中部經為「破除疑障論」（巴 Papañcasūdanī），相應部經為「顯揚心義論」（巴 Sāratthapakāsinī），增支部經為「滿足希求論」（巴 Manorathapūraṇī）。從這些書名，也反映出「四阿含」——四部的特色。

印順導師總結：「吉祥悅意」是「長阿含」，「世界悉檀」是適應印度通俗的天神信仰的佛法；在思想上，「長阿含」破斥了外道，但對於庶民信仰中的儀軌等，則在不違正法的原則下，採取融攝的方式，經中並有諸天大集，降伏惡魔的記載，表現了佛陀——正法守護眾生的德用。「破斥猶豫」是「中阿含」，「對治悉檀」重視分別抉擇諸法以斷除疑情，淨盡「二十一種結（煩惱）」等，這正是對治的意義。「顯揚真義」是「雜阿含」，「第一義悉檀」。「增壹阿含」的「滿足希求」，是「各各爲人悉檀」，適應不同的根性，使人生善得福，這是一般教化，滿足一般的希求。佛法的宗旨與化世的方法，都不外乎這四種。每一阿含，都可以有此四宗，但亦可以針對每一部的特色而做分別。

天台智顗（538－597，中國天臺宗開宗祖師）更以「四隨」解說「四悉檀」，以爲教授或修習止觀的指南：[5]

> 禪經云：「佛以四隨說法：『隨（意）樂，隨（適）宜，隨（對）治，隨（勝）義。』」……智度論四悉檀……與四隨同。[6]

此中「禪經」應是鳩摩羅什（Kumārajīva，344－413，一說 350－409）所著之《坐禪三昧經》（【大正藏】第十五冊，頁二六三至二八五），文中雖無「四隨」名義，然全書結構完整，內容豐富，涵蓋禪法教授與學習的各種層面與需求。全經完整而善巧地從勸發習學意願開始——「隨意樂」，並且重視因材施教——「隨適宜」，提供各種淨化煩惱的具體修法——「隨對

---

5 第一節至此內容，參照印順導師：《原始佛教聖典之集成》，臺北：正聞，一九八八年，修訂初版，頁十一至廿四，四八八至四九一。

6 隋・智顗：《摩訶止觀》卷一，【大正藏】第四十六冊，頁四。

治」，最後則導歸禪修的究極目標，涅槃聖道的實證——「隨勝義」。經文以偈頌引言，標明為解脫生死苦的修行目的，接著用長行[7]提示師長應如何啓示初學，進而描述貪瞋癡習氣深重者的性情與特徵，並說明觀機逗教的五門禪觀。[8]以此五門禪做為修得色、無色定與開發五神通的基礎，最後歸於四念處、四聖諦的慧觀，而引發煖、頂、忍、世第一法，以及四雙八輩的聲聞聖果。此外值得注意的是，經中除了說明聲聞禪法之外，並於卷末介紹菩薩的發心及不共聲聞的禪修特點，這是以聲聞禪法為基礎，進修大乘禪的禪修典籍。

無論是禪法的教授指南，還是止觀的修學需要，《雜阿含經》與《中阿含經》編纂禪法的內容與特色，都值得進一步討論。以下從「綜合說」與「分別論」兩個禪修的對比概念，分析雜、中二部阿含，處理定慧二學的不同特色。

7 長行（梵語 gadya），佛經文體，係不限制字數而連續綴輯之文章，類於今日之散文；為韻文（偈頌）之對稱。

8 經中所說之五門禪為：一、對治貪欲的不淨觀，二、對治瞋恚的慈心觀，三、對治愚癡的因緣觀，四、對治思覺多者（心散動不安）的數息觀與五、對治等分（三毒平行現起）行人的念佛觀等。

二、「雜阿含」立本於顯揚勝義的禪修宗旨

1、修學止觀二法，能趨向於解脫

四部《阿含經》中曾廣說諸多善法與道品，可見廣義的「修行」，涵蓋一切增長善德的法門，但是從身心淨化的究竟義而言，則以止觀的修學最為重要，如經云：

……於空處、樹下、閑房思惟者，當以二法專精思惟：所謂止、觀。……（問曰：）修習於止，多修習已，當何所成？修習於觀，多修習已，當何所成？……（答：）修習於止，終成於觀；修習觀已，亦成於止。謂聖弟子止、觀俱修，得諸解脫界。……若斷界，無欲界，滅界，是名諸解脫界。……斷一切行，名斷界。斷除愛欲，無欲界。一切行滅，名滅界。[9]

佛弟子遠離喧擾，至於寧靜無人之處，應專心致意，勤學止、觀二法。止（梵語 śamatha，音譯「奢摩他」）是攝念專一，凝然不動；觀（梵語 vipaśyanā，音譯「毘婆舍那」）是深究分別，抉擇諸法。從止觀修持的實際操作而言，「修止」是心念專注於一個特定對象——所

9 劉宋・求那跋陀羅譯：《雜阿含經》卷十七，【大正藏】第二冊，頁一一八至一一九）

緣境，並停息所有的散動亂想，達到專一安住的精神狀態；「修觀」則是心念對於所緣境的推究與觀察，現見諸法的自相與共相，以證得緣起空慧。然此中需注意的是：以散心觀察對象，用概念分析事理，如觀察紅花的顏色、形狀，思維它的物種屬性與類別等，此非佛法的觀察；「修觀」不以形色觀察，不做概念分析，而是直觀所緣境不與他法共同的特性（自相）——如火大的冷熱相，與諸法普遍必然的共相——即無常、空、無我相等。

止與觀的特性與修法並不相同，但是皆為佛法重要的修行技巧，其中，能清楚照見諸法自相共相的「觀察力」，與散亂心的觀察不同；散心作觀每每陷於概念名言的妄想，多思慮，多散想，常常引來頭昏腦脹，心神耗弱的後果。依此，經中依於證得無我慧的修學目標，指出「修止」成就，乃以開發觀慧為目的。更進而言之，修觀得以成就，乃因修止——定力的幫助所致。由此可知，於聖道法中，止觀相輔如鳥之兩翼，車之兩輪，二者不能互離；先修止或先修觀，而終至於止觀雙運。

止觀俱修的最終目的，是為了斷除煩惱，[10]證得解脫道果。經中所說內容與次第是：一、

---

[10] 「煩惱」（梵kleśa，巴 kilesa），是有情衆生負面的心理活動，以人類而言，於明了意識或幽暗意識中，許多欲求與執著的擾亂，常使得現在、乃至未來的身心，沉溺於苦樂之境，不得安穩，這都是煩惱的躁

斷界，二、無欲界，三、滅界。「斷界」是「斷一切行」，[11]淨除「九結」中的後八種煩惱；[12]而「無欲界」則進一步斷除所有貪愛，乃至諸行盡滅不起，證諸有餘依、無餘依涅槃——「滅界」。總之，這是於見道、修道位上，斷除過、現、未三時的行業煩惱，乃至得究竟涅槃的聖果。[13]

動所招感的後果。

11 「行」（梵 saṃskāra，巴saṅkhāra），意為「造作」，與「（造）業」同義，即人的一切身心活動；明確而言，指能招感現世果報的過去世身、口、意三業。「行」後又引伸有「遷流變化」之意，與「有為」同義；一切諸行皆因緣和合而有，散壞而滅，故云「有為」。「諸行無常」之「行」，與五蘊中之「行蘊」，皆屬之。

12 「結」即為「煩惱」，因其繫縛眾生之力強固，故稱為「結」。「九結」，是九種結縛眾生，令不得出離生死之煩惱；計有：愛、恚、慢、無明、見、取、疑、嫉與慳等九項。（《阿毘達磨大毘婆沙論》卷五十，【大正藏】第二十七冊，頁二五八上。）

13 關於「斷界、無欲界、滅界」，論典之說明，詳略廣狹各有開演，此引《大毘婆沙論》中所說（【大正藏】第二十八冊，頁一一四下至一一五中）。其餘可自行參閱：《雜阿毘曇心論》（【大正藏】第二十八冊，頁九四四上）、《阿毘達磨法蘊足論》（【大正藏】第二十六冊，頁五〇三下至五〇四上）、《瑜伽師地論》（【大正藏】第三十冊，頁七七五上）等。

2、於煩惱之對治，修止則暫離，修觀能盡斷

修習止觀的最終目的是證得聖道，但無論是修止還是修觀，對於煩惱的對治，都有程度不等的功效。淨除煩惱病根，令之徹底斷盡而不生，當然是以照見緣起無我的觀慧爲究竟。但是「修止」成就，心意能遠離散動妄想，定力發顯的時間有多長，降伏煩惱的時效就有多久，雖然這是暫時的，但卻也是有效的。

前面經文中以斷界、無欲界與滅界，說明止觀雙運對於苦惱業果的次第斷除，這是依定發慧而得的聖果。但是單純從修止的角度而言，因心意的漸次安定專注，對於亂心的降伏與煩惱的暫離，都有深淺不等的功效。

當有情的身心觸對境界，引發認知時，心理活動中的煩惱因素常伴隨生起，並產生苦、樂、捨（不苦不樂）等覺受。[14]從一般的感受經驗而言，世間有憂苦，有喜樂，也有不苦不

---

[14]「受」（梵、巴 vedanā，舊譯為痛、覺），是有情領納境界的功能，從根（認知主體的感官）、境（認知對象）、識（主體的認知活動）三者的和合觸（即接觸而生感覺、認知）而產生。吾人領納境界時所生之種種生理、情緒、思想等諸多覺受，可略分為苦受、樂受與捨受三種。「苦受」從不可愛之逆境所生，樂受從可愛之順境所生，捨受（不可不樂受）是對非可愛與不可愛之境界的身心覺受。

樂、中性的，但是佛陀卻經常宣說：「諸受皆苦」。這是穿透無常世間的苦樂表層，所做的深入觀察，也是超越現實的苦樂經驗所得的結論。因為在遷流不息的變易中，生起了又滅去，成就了又毀壞，興盛了又衰落，得到了又失去，一切是永無安定，不能長久的，而我人尚且愛執著這無可奈何的現實，不能不說是苦了。但是，既然一切行業是無常變易的——諸行無常，無常故苦；由無常故，苦也不會是永恆常存的，也將趨向於寂滅與止息。[15]這即是經中所說的：

……世尊說三受：樂受、苦受、不苦不樂受。又復說：諸所有受，悉皆是苦。……以一切行無常故，一切行變易法故，說諸所有受悉皆是苦。又復……我以諸行漸次寂滅故說，以諸行漸次止息故說，一切諸受，悉皆是苦。[16]

---

15 「無我」（梵 anātman 或 nir-ātman，巴 anattan），在佛教各學派中有豐富之意涵，今僅就《阿含經》中說。依經所述，一切萬法之存在，須靠各種條件之相互依存而有，此依存關係又必然產生變化——無常，變易，由於無常，故不得自主，不能自在；無法自主，不得自在，就是苦，就是無我。「無我」是我不能主宰，不能控制之意。

16 《雜阿含經》，【大正藏】第二冊，頁一二一。

佛法教導的離苦之道有兩種，一是因修止力而暫時解離的，一是以修觀力而徹底永斷的。定力的功用，是發揮強大的專注力，念住於一個對象（所緣境），如專注於呼吸（即安般念），則我人對於身心乃至外境的感知，就相對的減弱，當定力深厚時，甚至可以到達渾然不覺（其它）的情況；於此，麤重覺受既無，則苦惱即除。這只要比照我們曾經因爲太專注於某件事，就會忽略（或不知覺）其它事物存在的經驗，就能了解定力遠離覺受的原理。

定力的程度有淺深，定力越深，身心的麤重覺受越降低，利用定力的此一特性，進而修習之，增強之，即可以達到離苦的目標。佛法的禪修，強調從降伏五蓋[17]等過惡與不善法中，得到身心的輕安。此中尚分爲兩個層次，一、色界禪（梵 rūpa- dhyāna），這是遠離五欲[18]淨

---

17 蓋，是覆蓋，「五蓋」（梵 pañca āvaraṇāni），謂覆蓋心性，使善法不得生起的五種煩惱。即：（一）貪欲蓋（梵 rāga-āvaraṇa），因執著貪愛於五欲而無有厭足；（二）瞋恚蓋（梵 pratigha-āvaraṇa），於不順適於心之境界起忿怒心；（三）惛眠蓋（梵 styāna-middha-āvaraṇa），又作睡眠蓋，惛沈與睡眠將使心念闇鈍，無覺知省察力；（四）掉舉惡作蓋（梵 auddhatya-kaukṛtya-āvaraṇa），心意躁動不安（掉），或憂惱過去（悔）；（五）疑蓋（梵 vicikitsā-āvaraṇa），於正法猶豫遲疑；此五種皆是障蔽有情，使之造惡的煩惱。

18 「五欲」（梵 pañca kāmāḥ，巴 pañca kāmā），指染著於色、聲、香、味、觸等五境所起之情欲。

妙色的染著，所得的內心寂靜的定樂；二、無色界定（梵 ārūpya-samāpattayaḥ），修習者於證得色界禪定之後，進而思維色法（即物質）的濁重與過患（禪修時多從自身開始觀察），以及其所導致的各種不適與疾病，意欲若能超越色法，即得以解離色法引生的苦惱。

在《雜阿含經》四七四經中，從兩個角度來說明禪定的漸離的特性，一是從感知覺受，也就是情緒上的平靜來說，二是從消滅意念分別而得的行業的止息來說。

首先，從苦樂情緒──「諸受」漸次平和寧靜的角度，說明定心增強的層次差別：

……以諸受漸次寂滅故說：[19]……初禪正受時，[20]言語寂滅；第二禪正受時，覺觀寂

---

19 在佛教的一般用法中，「寂滅」是相對於生死流轉的擾動，而說度脫生死，證入安穩寂靜的境界，常用於聲聞之涅槃聖果。準此經之上下文段，《瑜伽師地論》「攝事分」釋為「寂靜」義，以涵蓋定心凝住的平靜狀態，與涅槃的寂滅無生境界，而不單指涅槃的「寂滅」而言。（【大正藏】第三十冊，頁八五一）

20 「正受」（梵、巴 samāpatti），音譯三摩缽底，為「等至」之舊譯，是心意到達專注而平穩的狀態。當專念於所緣境而定力現前時，能遠離邪想，使身、心領受平等安和的狀態，是定心的種類之一。言「正受」者，乃約心定而離邪亂為「正」，專念而攝法（所緣境）於心為「受」。

滅；[21]第三禪正受時，喜心寂滅；[22]第四禪正受時，出入息寂滅；空入處正受時，色想寂滅；[23]識入處正受時，空入處想寂滅；無所有入處正受時，識入處想寂滅；非想非非想入處正受時，無所有入處想寂滅；想受滅正受時，想受寂滅，是名漸次諸行寂滅。

依序進修色界禪的四個層次，心意能達到融和、寂靜的境界。禪修者遠離惡欲與不善法，

---

21 覺、觀，玄奘新譯為尋、伺，是心的粗細分別作用。「尋」（梵 vitarka，巴 vitakka），是心的粗分別，「伺」（梵、巴 vicāra）是心的細分別；從心了別境界的功能而言，「尋」是趨向目標（所緣境），「伺」是把持對象。試舉一例：貓（如心念）捕捉（如尋心所之作用）老鼠（如所緣境——目標），捉到並緊緊咬住（如伺心所之功能）；捕捉的動作像心意選定目標並投而向之的意趣，緊咬不放有如心念專一於對象的功能。沒有經過禪定鍛鍊的，一般的尋與伺，只是粗泛地投向、觀察目標，心念仍然紛漫散亂，很快就會轉移對象，甚至有惡法尋伺出現的情形；而惟有透過定力的培養，「尋」與「伺」才能專念於所緣，而且是善法所緣，如此才是禪定的功德——禪支之一。

22 色界四禪境的五禪支中，除了尋、伺之外，尚有喜、樂與心一境性等。其中，「喜」（梵 pīti），是心意愉悅之相；「樂」（梵 sukha），在一般用法中，指身心適悅的感覺，為「苦」的對稱，屬苦、樂、捨的三受之一。在五禪支中，以身、心對舉，則身體的舒適為「樂」受，心理的愉悅稱為「喜」受。

23 「空入處」，即「空無邊處定」（梵 ākāśānantyāyatana dhyāna），是四無色界禪的第一個階段。

心念專一而得初禪成就，此時定心中的尋伺心所，唯一專注於所緣，不再進一步引生名言概念的分別作用，概念分別止息，故言語止息。須知，人類的語言首先由尋、伺作意，進而引發思慮，形成概念，構作語言，所以語言是思慮、概念的名言音聲化。

當入初禪時，心的尋伺作用強力地任持於所緣，因為思慮作用微弱，故構作名言的運作止息——言語寂靜。須知，此時的寂靜不只是「禁聲」，而是思慮、了別作用減弱故「無言」。至此，因欲樂煩動引生的憂苦不再生起，身心得到輕安與喜樂。再進修二禪，心的覺觀（尋伺）作用亦伏而不起，既然心意的趨向——尋伺作用止息，也就體會到心不躍動，無運作的輕安喜樂。再進修第三禪，將情緒上粗糙激揚的喜心滅除，進入一種微細的輕安妙樂；世間的五欲樂都無法比得上此一境界的妙樂覺受，這是欲界（禪定）樂的頂點。再進修第四禪，樂受平息，唯是心一境性的捨受，比起有情緒起伏的喜樂覺受而言，捨受是內心極度平衡安穩的狀態。而因為心的動靜與身——生理的活動，如呼吸等，有密切的關係，當心止於一境而證入平穩寧靜的第四禪境時，供給生理活動所需的呼吸量，將因為心的極度寧靜而減至最低的需求，乃至於不需要呼吸——出入息寂滅。這是更高的福樂，也是色界禪的最寂靜境界。

無色界定是比色界禪更深的定境，因為四禪雖然能超越粗糙身色的感知，但這是將心念專注於色法，依定心所生（色法）的影像所證入的定境，依然不脫離色法——以心緣色的定中影像的色法的滯礙。所以，進而思惟色法的過患，專注於色法的空隙，並以定力將空相（空隙）擴而大之，則得以超越對色法的念著——「色想寂滅」，而證入空入處（空無邊處定）的定境成就。須注意的是，此處的「空」是空間，不是緣起無自性的空慧。

接著思維空無邊處定的過患，並進修識入處（識無邊處定），行者不再專注於空相，而是以「緣空相的禪心」——識爲所緣（對象），因心念的專注而等持，即能證得此一超越空相的定境——「空入處想寂滅」。

接著，更思維識無邊處定的過患，以及無所有處定更深的寧靜，故進而修之。這是以空無邊處禪心的不存在——即以（緣空無邊的）「識不存在」爲所緣，當能止息了心識取執對象的活動——「識入處想寂滅」時，就證得更深、更寧靜的無所有處定。

接著，再進入更深的修定層次，即思維識無邊處定的過患，與更深定境的寧靜，故修學非想非非想處定。此定以「無所有處定心」爲所緣，之所以稱爲非想、非非想，乃因修得此定時，心識活動中的了別活動——「想」[24]降到最低，因此心識活動極端微弱故，可說已沒

---

[24] 「想」——（梵 saṃjñā，巴 saññā）。人類心識的認知活動，首先是感知外境（或自心思維）的領納作

有「想」的活動——「非想」，但仍然有細微的以定心緣所緣的狀態，故曰「非非想」——不是完全停止。當行者以「無所有處」為所緣而得定時，因為心入於無所有，就證得了「無所有入處寂滅」，亦即「非想非非想處定」。

於此，「想」的活動減至最低，然而畢竟有想就有分別，有受就有取著，故進一步觀察受與想的過患而厭離之。受想滅即一切心、心所法皆滅而不起——想受寂滅。至此，完成九次第定的修學，即：色界四禪、四無色界定以及三果阿那含以上聖者所證的滅受想定，是名由淺入深，從漸離所有粗細覺受與不起一切憶想分別中，超越三界尋思所行境界，故名曰：漸次寂滅於諸行。

上面所引經文，從苦樂覺受的漸離開始，到句末歸結於身口意三行業的寂靜，用以說明禪定的功能。可見，諸受寂靜根源於諸行的止息，行業包含身口意三種：離諸憒鬧，正身端坐，是身業止息；從欲界漸至色界四禪，尋伺心所漸次消滅，也就止息了名言構作——口業的造作；進至四空定，乃至滅受想，至此連微細的概念分別亦不再作用，則意業止息；故經

用——「受」，接著是將此攝境於心所產生的心象，構成概念，安立名言。在心識了別境象的過程中，表呈對象並構作概念的精神活動，佛法名之為「想」。

云「諸行漸次止息」：

……云何漸次諸行止息？……初禪正受時，言語止息；二禪正受時，覺觀止息；三禪正受時，喜心止息；四禪正受時，出入息止息；空入處正受時，色想止息；識入處正受時，空入處想止息；無所有入處正受時，識入處想止息；非想非非想入處正受時，無所有入處想止息；想受滅正受時，想受止息；是名漸次諸行止息。[25]

但是強大的禪定力只能暫時止息行業的造作，不能徹底斷除煩惱，無明與愛執才是集起一切苦樂果報的真正原因、始作俑者。經中總攝煩惱爲三不善根，即貪[26]、瞋[27]、癡[28]。「根」

25 《雜阿含經》四七四經，【大正藏】第二冊，頁一二一。

26 貪，這是對自身或外境中的喜好之境，如五欲、名聲、財利等，起染愛心，執著想。

27 瞋，又稱「恚」，是不滿於境界而引起的惡意；發為身語者，為忿、諍、害、惱，藏於意念中者，為怨、恨、嫉、妒等。

28 癡，是愚癡，亦稱無明；此之愚癡並非無所知，而是似是而非的觀念，錯誤顛倒的意見。在佛法中，特指對於真實事理的疑惑與無所知：從其不知而言，是不知善惡，不知因果，不知業報，不知凡聖，不知諸法實相；從其錯知的內容而言，即是：「無常計常，無樂計樂，不淨計淨，非我計我」的邪見。

有源頭，生發之意，眾生貪著於境界，愛生則苦生；瞋恚惱害則自他兩敗，怨結愈深；愚癡無明，則顛倒邪正，不知苦之本際，這些才是眾生造業感果，苦惱不堪的原動力。相反的，眾生內心亦有無貪、無瞋、無癡等善心所，若能生發並長養之，則此三善根的擴充發展到極高明處，無貪即得三昧，無瞋則是大慈悲，無癡則爲般若智。比起前面所說的，以禪定力暫時止息受與行，佛法更重視的是消極的斷除三不善根，與積極的彰顯三善根的功德，這才是超越所有定樂的，諸苦的究竟寂滅。

復有勝止息，奇特止息，上止息，無上止息，如是止息，於餘止息無過上者……於貪欲心不樂，解脫。恚、癡心不樂，解脫。是名勝止息，奇特止息，上止息，無上止息。諸餘止息無過上者。（出處同上）

3、止觀俱行，修慧爲主

(1)觀慧為究竟解脫之關鍵

依定力止息一切受與行，而得到寂靜的方法，是共世間法，佛世時代的其它宗教，也修初禪乃至四禪，離欲界之愛欲等煩惱；修四無色界定，離色界之色愛等煩惱。佛陀成道前所跟隨的兩位老師，教授的就是無所有處定與非想非非想處定，然而定境雖深，亦不能斷生死根，也仍然有非非想處的煩惱。

在《雜阿含經》三四七經中，記載有一外道須深於佛法中出家，他過去所認為的修行，是共世間的禪定之學，對於不依深定而得解脫的「慧解脫阿羅漢」，感到不能理解，故佛為其說依於觀慧斷煩惱，得究竟解脫的開示：

……須深復問：「云何不得禪定而復記說？」比丘答言：「我是慧解脫也。」……佛告須深：「彼先知法住，後知涅槃；彼諸善男子獨一靜處，專精思惟不放逸法，離於我見，不起諸漏，心善解脫。」……「不問汝知不知，且自先知法住，後知涅槃。」[29]

佛法認為，真正的解脫，是廓清無明的迷妄，解離染愛的戀著，所以重視止觀齊修；但是最根本的是以觀慧破除無明，故云：「依定發慧」。開發智慧所依之定不必是深定，只要能集中精神，即可依之引發無漏慧，斷三毒得解脫。如經中所說的慧解脫阿羅漢，雖然沒有修得甚深禪定，但是佛陀記說彼等以慧力斷盡無明——我見為本的一切煩惱，生死苦惱已經

---

[29]《雜阿含經》，【大正藏】第二冊，頁九七至九八。

徹底解除，所以阿羅漢的定力有淺深不等，但相同的是「先知法住智，後知涅槃智」的無漏解脫慧。筆者曾分析兩者之間的差別：

「證果成聖，須有從『知法住』到『知涅槃』的過程。先知諸法的自相種類差別，知諸法緣起，知諸法有無、生滅的依緣性，再了知諸法共相的無常、苦、非我，是爲法住智。涅槃智者，即於一切行中，先起苦想，後如是思：即此一切有苦諸行，無餘永斷，因滅、果滅而證入寂滅，是名涅槃智。」[30]從苦樂的徹底止息，分別的究竟寂滅而言，現觀諸行無常、諸法無我，以臻於涅槃的寂靜，才是最殊勝、最徹底的止息——究竟寂滅。否則定心愈深，愈容易陶醉於深定的微妙覺受中，擇法的力量愈弱，對緣起無自性空慧的開發反而成爲障礙。

---

[30] 筆者曾分析云：「所謂的『慧解脱』，是不依四禪根本定而發慧，然而其『慧』，亦絕非散心觀察而已。有關於『純毗婆舍那行者』的慧證次第，若據《清淨道論》所載，首先仍須能『簡略或詳盡的把握四界』而後依次對於（自身之）名法、色法、因緣法、異熟法等有為法而做觀察，如此方能進入智慧觀照諸法共相的階段，如實知見一切有為法為無常、空、無我。……『法住智』在《清淨道論》中又稱『遍知智』，這是善巧把握名色之自相因緣，不再迷惑於三世輪轉所成就的智慧，又『法住智』、『如實知』、『正見』皆同是『度疑清淨』的同義語。」（詳見拙著：《人間佛教禪法》，頁二四六至二五一）

(2) 定為發慧之助緣

佛法重視「依定發慧」的修行，又如《中阿含經》中說：

云何正定？謂聖弟子念苦是苦時，習是習，滅是滅，念道是道時，或觀本所作，或學念諸行，或見諸行災患，或見涅槃止息，或無著念觀善心解脫時；於中若心住，禪住，順住，不亂不散，攝止正定，是名正定。[31]

可見佛法中正確的修定目的，是與正確的知見（如四聖諦），與純淨的行爲（如三善根）相應的禪定——正定。沒有智慧與道德的禪定，在佛法中並不足取。

(3) 真實禪與上座禪

在《雜阿含經》中更有「真實禪」與「上座禪」的強調：

舍利弗白佛言：「世尊！我今於林中入空三昧禪住。」佛告舍利弗：「善哉！善哉！舍利弗。汝今入上座禪住而坐禪。若諸比丘欲入上座禪者，當如是學：「若入城時，

---

31 《中阿含經》，【大正藏】第一冊，頁四六九。

若行乞食時，若出城時，當作是思惟：我今眼見色，頗起欲、恩愛、愛念著不？」舍利弗！比丘作如是觀時，若眼識於色有愛念染著者，彼比丘為斷惡不善故，當勤欲方便，堪能繫念修學。……彼比丘願以此喜樂善根，日夜精勤，繫念修習。」[32]

「空三昧」屬於三三昧之一，是《阿含經》重要的禪法之一，在另外一部經中介紹其內容是：「善觀色無常、磨滅、離欲之法，如是觀察受、想、行、識無常磨滅離欲之法。觀察彼陰無常磨滅、不堅固、變易法，心樂清淨解脫，是名爲空。」（大正‧二冊，頁二〇中欄）這是以身心的五蘊爲對象，如實觀察彼等依緣而生滅、動亂，是無常、是苦，觀察一切從因緣生，故空無自性；也就是從觀無常不起染著的三昧，而向於離染的清淨解脫。

經中佛陀讚歎舍利弗所修的「空三昧」是上等的禪法——上座禪，並強調在行住語默，日用衣食中，應當時時反省起心動念，若心起貪愛想，染著於外境，則應以種種方法遣除之，如此則心常在安樂中，這即是修心遠離的「空三昧」。

由此可見，佛法重視體證緣起空性的深刻禪觀，也強調是在尋常日用、見聞覺知中，不受制於貪愛境界的離欲清淨。這一切，都不只是有止無觀的枯定，或只是坐中修的禪法所能

32 《雜阿含經》，【大正藏】第二冊，頁五七。

比擬的。

再者，前面所說九次第定的修法，是厭離下界苦而欣慕上界樂，漸次解除五欲、色法與心法的定學，但是佛陀更稱許不依地水火風，不依受想行識，泯除一切能識所識的對立，證見一切諸法實相的「真實禪」：

世尊告詵陀迦旃延：「當修真實禪……比丘如是禪者，不依地修禪，不依水、火、風、空、識，無所有、非想非非想而修禪；不依此世，不依他世；非日、月，非見、聞、覺、識，非得非求，非隨覺，非隨觀而修禪。」[33]

不依一切，遣相而修的「真實禪」，與四禪四空定的路數與原理大有不同，原來：一般的禪定，必依一所緣境而修，如依於色法的四大，或無色定的遍處等，都是禪修的對象（所緣境）。而只要心念有所緣（對象），必有能識與所識，「有我」與「我能取」的相對兩邊，進而對於超越認知活動與所知對象的「自我統覺感」，產生牢不可破的「我」見。這種錯誤的「我執」——對於「自我」假象的執取，即是「無明」，是一切三毒煩惱的根源。所以佛

[33] 同上，頁二三五。

陀提醒要了知對象的空（緣起無自性）無所有，修學不執一切法的禪觀，從觀察一切法唯是名言，沒有實性，因假名無實故，即能於法不起所緣相（所知），進而能緣心之想（能知，如尋、伺等作用）也不可得，從能識所識的對立中，所產生的「我」能知，「我」所知的幻我，即能破除——破「我」執；這是真能遣除一切妄執的禪法，也是佛法的「真實禪」。

三、「中阿含」偏重在止觀分別與煩惱對治

對於禪修的說明，《雜阿含經》以「顯揚勝義」為宗旨，重視的是修觀重點的提醒與觀慧精神的強調，具體介紹禪觀所緣境的內容並不多，並且以能趨向解脫的真實法為主，[34]如五蘊、六處、六界、十二緣起與四聖諦等觀慧內容，對於修止所緣境的列舉內容也不多。而《中阿含經》對於禪修，則詳盡蒐羅，仔細抉擇，務期能對治煩惱，斷除疑情，充份表現了「對治悉檀」的編纂特色。

以下分別說明之：

[34] 有關於「真實觀」與「假想觀」，也就是「真實作意」與「勝解作意」的詳細分別，見拙著：《人間佛教禪法》，頁二二六至二三七。

1、詳細說明修法內容

以相似主題做比較，《中阿含經》對於禪修內容的介紹比《雜阿含經》多而且詳細，如前面所說「入上座禪」的「空住」禪觀，《中阿含經》的「大空經」與巴利藏《中部》的「乞食清淨經」，對於行住坐臥、尋常日用「空觀」修法的內容與項目，就比《雜阿含經》詳盡許多。[35]

以下再舉「四念處」爲例，在眾多道品中，向來列四念處爲滅除憂苦的首要法門。「念處」或譯「念住」，「四念處」是：身、受、心、法念處，修學者以此四項爲所緣，心意專念於此而如實觀察，故名曰「身（受心法）念處」。所修之對象有二類，依念住自身爲基礎，進而觀他身，乃至一切身。此中又分自相與共相觀，自相者，以觀身爲例，則念住於往來出入、俯仰屈伸之姿勢，念住於呼吸（鼻息亦爲色身的活動形態之一），念住於色身的頭目腦髓等三十二個成份，這些都是色身的特質。更有共相觀，也就是觀身的無常、苦、空、無我等，諸法的共同性質。這是依於有情現實的身心狀況而起修，以捨離淨、常、我、樂之顛倒想，從而滅除憂惱怖畏。由於這是臻於正覺所必乘之道，故名「四念處」爲「一乘道」。

---

[35] 詳閱印順導師：《空之探究》，頁五二至五四。

《雜阿含經》介紹「四念處」，多只列舉名目，如：

> 當知如來所說無量無邊，名、句、味身[36]亦復無量，無有終極，所謂四念處。何等為四？謂身念處，受、心、法念處。……一切四念處經，皆以此總句，所謂「是故比丘！於四念處修習，起增上欲，精勤方便，正念正智，應當學」。[37]

佛陀所說之教法，廣大無量，不能窮盡，接著經中標舉「四念處」名目，並言明此爲一切四念處經之總綱，然而修法的具體內容，並無說明。而《中阿含經》中，如〈念處經〉、〈念身經〉等，則詳細解說「四念處」的所緣境相與修持技巧。

這其中，如〈念處經〉[38]中詳說身念處的諸多所緣，如姿勢、鼻息、身內器官組織，以及諸多不淨觀等，並提及修學此法能得喜樂等禪定功德。如實觀察色身的種種組合與不淨，

---

36 「名」，由文字組成之名詞。「句」，多個名言構成文句。「味」，本指依舌根覺受對象所得之味覺，於此以食味比喻法義，則有依文生義之意，猶如依食而生味。「身」（kāya），有積聚、「集合」之義；「集合」，即附加語尾，表複數詞，如六識身。名、句、文皆有多數，故云名身，句身，（義）味身。

37 《雜阿含經》，【大正藏】第二冊，頁一七一。

38 《中阿含經》，【大正藏】第一冊，頁五八二至五八四。

就不再於自身起我執、生常見等顛倒想。「受念處」是：一心專注於苦、樂、捨等覺受的實相（實際情況）而觀察，能了知諸受因無常故苦、苦故無我、無自性的正理，就不再耽溺於諸受而得斷我見、常見。「心念處」是攝念專注於心意的內容，觀其是否與三毒或三善根相應，從而離惡趨善，並進一步觀察心識之活動，仍然是依緣而起，無自性故空。「法念處」是念住並覺觀五蓋等染法，或七覺支等淨法之實相，於其中無一法可安立爲我，故能不墮我見。

經中說：「此一道能淨眾生，度憂畏，滅苦惱，斷啼哭，得正法。」（出處同前）若能如是修學四念處，此一禪觀所緣與修持方法，能使眾生不起我見，於身受心法厭離而不起愛著，故得遠離怖畏，免除憂惱，心向清淨而趨證涅槃。《中阿含經》對於「四念處」修法的詳細解說，是依於修行的實際需要而作的呈現，符應其爲「對治悉檀」的編纂特色。

2、空觀之次第禪定化[39]

前面曾引《雜阿含經》說明「空三昧」——真實禪的修學，這是藉由止與觀的修持，以

---

[39] 本段落徵引印順導師：《性空學探源》，頁七二至九二中之分析。

達到體見空性的慧證。這其中，慧爲主而定爲輔的修道重點，也經由「慧解脫阿羅漢」的修證成就而得到印證。以對治爲結集宗旨的《中阿含經》，對於「依定發慧」的禪定之學，除了內容詳細之外，並將修證的過程做次第明確的組織建構。

佛陀之所以教授禪定，是爲開發無我慧而說，然而依於淺深定境而修空觀的慧證之學，也可以有兩個不同的發展方向，一是秉持佛法的修證心要，以觀慧爲主，多說「空觀」的內容與項目，二是著眼於淺深次第的定境對於修觀的輔助功能，並進一步將定學與慧學分開處理，個別解說且安立次第。印順導師即以「空之行踐」爲主題，分析了《雜阿含經》與《中阿含經》處理禪觀之教的不同風格。亦即：「對於禪定，雖《雜含》與《中含》都還是以慧說定，據定明慧的，但也可看到二者精神的不同：《雜含》中，如空三昧、無相三昧、無所有三昧、真實禪等，都處處散說，重在真慧的體悟上，並且是相互融通的。《中阿含》已爲組織的說明，多論四禪、八定或九次第定，重在修行次第，重在禪定的漸離上，彼此間也多是差別的。這兩者精神的不同，對後代有很大的影響。如大乘經中的種種深定，是繼承《雜含》定慧綜合的風格；另一方面，如小乘薩婆多部他們，分別定慧，忽略了真慧的禪定次第化，說定則專在四禪、八定上去詳細分析。」後者顯然已從「定慧分別」的角度來處理修證問題的方法。

四、結語

《雜阿含經》中佛陀所教導的修行方法，平易而簡潔，雖然四禪根本定是較爲理想的修觀基礎，然而從觀空得證的修持心要而言，無論定力深淺，皆可依之而證得無我空慧。不過因修學者的根性與學習基礎不同，所以定力淺深有別，《中阿含經》已傾向於定慧次第的組織與整理，以及各種禪修問題的對治說明。

定力有輔助證得空慧的功能，然而定學與慧學可以有兩種修學方式，一、定、慧之間有不可分的主從關係，二、定、慧之間有可以各別修證的分合關係。《雜阿含經》秉持佛法根本的修證義，採取慧主定從的主從關係，印順導師稱之爲「定慧綜合」說；《中阿含經》則因應實修的需要，分別說明對治煩惱之相關修持問題，可說是對修止與修觀採取分合關係的觀點，印順導師將其稱之爲「定慧分別」論。二部阿含對於定慧二學，雖然有不同的編纂特色，但是仍然不離「據定明慧」的原始教法重心。

禪法在學派發展中，有進一步的演變，其中，定慧二學的「綜合說」，秉持「依定發慧」

的禪法心要，重視禪修過程中惡法的淨除與無我觀慧的開發，以般若智爲主，是佛法不共世間的禪修特色。大要而言，北傳聲聞禪法，如以西北印有部禪師頡利伐多爲主的，《瑜伽師地論》「聲聞地」中的止觀內容，如魏晉時期中國的譯經師、禪師等所傳譯或教授的禪經、禪法等；以及大乘菩薩禪法，如龍樹中觀與瑜伽行派等所傳授的禪法，都是以觀慧爲主的「定慧綜合說」。又如中國禪宗，雖以「禪」標識宗名，然其修行重心，仍然符合大乘禪法重慧不重定的主軸。而「定慧分別論」則定慧二學分別論究，對於不與佛法淨慧相應的禪定之學，亦多所著墨，於此建立完整的純定之學，如南傳《清淨道論》中的「定品」內容，就是「定慧分別論」的代表著作。

本文以「定慧綜合」與「定慧分別」兩個對比概念，從禪學思想溯源的角度，抉發《阿含經》定慧二學的不同發展傾向，這樣的分析闡述，將有助於讀者理解後來部派與大乘佛教禪法的修學風格與思想分流。而這些本諸《阿含》卻各自開展出不同風格、思想、方法的部派與大乘禪學內容，筆者將另著專文，進一步介紹之。

——刊於《弘誓雙月刊》第六十八期，九十三年四月

「止觀綜合」與「定慧分別」

——《瑜伽師地論》「聲聞地」與《清淨道論》「定、慧」二品處理定慧二學之比較

佛法指出，眾生煩惱的根源在於自我的妄執，惟有「無我」的智慧，才能滅除錯誤的觀念，依於正見以引導正行，而終能臻至圓滿智證的境界。斷執的證慧由現觀諸法因緣生、無自性的勝義空慧而得；而觀慧的現證依於定力而發，但孤定不能成慧，惟有止觀兼學且互爲扶持方能證得。有關定慧二學的修習，無論是聖典結集、師資傳承與個人修持，都可見到不同的風格、學風與偏向。

禪者修持的對治需求與根性取向，影響了止觀師承的分立，也反映在禪學典籍的編著風

格上；流風所及，更開展出聲聞、大乘禪法的不同氣象。印順導師依此提出「定慧綜合」與「定慧分別」兩個概念，以標識《雜阿含經》與《中阿含經》結集定慧二學的不同重點。本文以《瑜伽師地論》「聲聞地」與《清淨道論》「定、慧」二品，作爲「綜合」與「分別」論者的代表，解析彼等對於定慧二學的演變與應用，以此分別南北傳聲聞（部派）禪法的不同學風。

一、引論[1]

（一）南北傳聲聞禪法之界定

討論佛教止觀修持的根源與流變，自以原始與部派二期佛教爲重要的線索。原始佛教聖典是三乘共依之思想根源，筆者曾爲文討論《阿含經》禪觀修持的宗旨。[2]部派佛教則爲原始佛教發展到大乘佛教的橋樑，各部派論書中的許多觀點與主張，成爲禪法承先啓後的重要關

1 本段落相關史地與文獻之說明，參考印順導師：《說一切有部為主的論書與論師之研究》（臺北：正聞，一九八七年，第四版，頁三九四至四〇七，六一一至六四五）。

2 見本書上篇第二單元之壹：〈阿含定慧二學之「綜合說」與「分別論」〉。

鍵。本論延續前文，進一步探討南北傳聲聞禪法的代表著作，藉以了解部派聲聞禪法的特色。佛世時，聽聞佛陀音聲教法而修證者，稱爲「聲聞」——（佛）弟子；及至部派時代，「聲聞」仍爲（出家）學佛者之通稱。然自大乘佛法興，倡說自利利他之菩薩行，乃貶稱自求解脫者（聲聞）爲「小乘」。本文爲避免自讚抑他之嫌，以「聲聞乘」指稱相對於大乘的部派佛教（含原始佛教）教法。

從歷史分期，印度佛教先有佛陀在世時的「根本佛教」，自佛滅後至學派未分裂前的「原始佛教」（亦有合稱二期爲「原始佛教」者，本文採用此說）。此後各派學說競立，到大乘興起並蔚爲主流之前，稱爲「部派佛教」，以後則漸入大乘佛教與秘密大乘佛教時代。此中，雖然大乘佛教已興起，但是亦無礙部派之流傳。大乘與部派分立且競爭的情形是：公元前三〇〇年頃部派正式分裂，大乘佛教則於公元前五〇年初興而後來居上，到公元一、二世紀時已風行全印；然而後者雖盛行而前者仍不絕如縷，至今錫蘭、緬甸、泰國等地，聲聞佛教仍爲主流。

依地理區別，若以佛陀教化之恆河中下游兩岸爲「佛教中土」，部派時代重法與重禪的說一切有部師資們向北傳禪，終於在西北印的罽賓蔚爲大流。[3]再者，《瑜伽師地論》中所說

3 罽賓，中國漢朝時之西域國名，乃古印度「迦濕彌羅國」之舊稱，位於今日印度西北部，主要即今喀什

的頡隸伐多，是佛滅百年的七百結集時西方有名的禪師，其禪法影響有部與大乘瑜伽行至爲深遠。聲聞禪法往南方傳佈者，雖有大寺派與無畏山寺派之爭，最後則以覺音所著之《清淨道論》傳習最廣，影響最大，這是屬於上座銅鍱部的修行代表著作。

部派佛教初分爲上座與大眾二部，討論部派佛教禪法，自以各部之代表論書爲依據。依現有資料，漢譯以有部論最多，巴利語的赤銅鍱部七論亦頗完整，二者都屬於上座部系統。此因上座部重視義理解析，對於聖典分別抉擇，精嚴分判，終於形成部秩龐大的阿毘達磨論。而大眾部學風重視經典，一切以經說爲依準，融合舊聞新說，以結集經典方式纂集所聞，並不重視論典之撰著。

本文依據現有文獻，從禪法傳承的方位區隔，分爲「南傳聲聞禪法」與「北傳聲聞禪法」兩個不同系統。其中較爲大家所熟知的，是上座赤銅鍱部爲主的南傳巴利語系佛教。而後者，以有部爲主的部派禪法，曾流傳於西北印與西域地區而大盛，[4]自魏晉南北朝以來，兩地諸多

米爾一帶之地。然依時代之不同，所涵蓋之範圍亦有差異，西元二世紀前後部派佛教禪法大行的時代，則以迦濕彌羅西北之健馱羅為中心，廣及其北與東南、西北之山區。

4 史上所稱之西域並無一定範圍，且諸國名稱亦隨時代轉換而屢有更易；佛教史中之西域，乃指佛教與起

師資曾遠至中國翻譯經典，傳授禪法。南北傳聲聞禪法皆出於上座部，但是同源而異流，無論是定慧二學的修習，還是修道次第的安立，內容差異很大，故加以比較與討論。

（二）「止觀綜合」與「定慧分別」之定義

在佛法的修學中，禪定有扶助慧力，開發觀智的重要功能，故曰：「依定發慧」。然而從原始聖典的比對中，已經發現了定慧的「綜合說」與「分別論」兩種不同發展傾向。亦即，定學與慧學可以有兩種修學方式，一、二者是不可分的主從關係：如《雜阿含經》秉持佛法的根本修證義，採取慧主定從的主從關係，稱之爲「定慧綜合」說。二、雖然以修慧爲最終目的，但是採取定慧各自分別說明與修持的分合關係，如《中阿含經》因應實修的需要，分

於印度後，由陸路東傳中國所經之地區。西域佛教之興，始於西元前二六〇年頃之孔雀王朝的阿育王時代，此後流傳迅速，至西元四世紀為鼎盛時期，高昌甚至奉為國教。在此前後，佛教經由西域東傳中國，而西域諸國古德名僧亦東入中國傳譯經典。西域佛教衆國林立，在教義思想方面，也呈現專弘聲聞或大乘，以及二種兼而有之等多種風貌。七世紀隋唐之際，穆罕默德創回教於大食，以兵力行教，馬蹄所至，西域諸國佛教盡為所毀，至佛滅七百年至二千一百年（中國三國至明代）間，為祆教、回教全面侵併，西域佛教至此絕跡。

別解析二學，並著重對治方法的討論，可說是修止與修觀的「定慧分別」論。[5]

本文以此禪學的兩個對比概念，來標識《瑜伽師地論》「聲聞地」與《清淨道論》「定、慧」二品的禪法風格，即：前者是「止觀綜合」，後者是「定慧分別」的特色。

定慧二學之「綜合說」與「分別論」的區分，源自於印順導師的分析，本文標題之一的「定慧分別」，直接援引其說。另一則標以「止觀綜合」，原因是：止觀與定慧之意義可以相通；再者，如《雜阿含經》中用語：「修習於止，終成於觀；修習觀已，亦成於止。謂聖弟子止、觀俱修，得諸解脫界。」[6]又如《瑜伽師地論》「聲聞地」中，以奢摩他（止）與毘婆奢那（觀）爲主要的禪修用語，故本文採用之。

---

5 有關《雜阿含經》與《中阿含經》對於定慧的「綜合說」與「分別論」之詳細分析，見本書上篇第二單元之壹：〈阿含定慧二學之「綜合說」與「分別論」〉。

6 止（梵śamatha，音譯「奢摩他」）是攝念專一，凝然不動；觀（梵vipaśyanā，音譯「毘婆舍那」）是深究分別，抉擇諸法。止觀俱修的最終目的，是為了斷除煩惱，證得解脫道果，經中所說內容與次第是：一、斷界，二、無欲界，三、滅界。這是於見道、修道位上，斷除過、現、未三時的行業煩惱，乃至得究竟涅槃的聖果。（出自《雜阿含經》，【大正藏】第二冊，頁一一八。有關此段經文之詳細說明，可參閱本書上篇第二單元之壹：〈阿含定慧二學之「綜合說」與「分別論」〉，頁一六五至一六七。）

二、止觀綜合：北傳聲聞禪法之特色

——以《瑜伽師地論》「聲聞地」爲代表

（一）師資傳承與文獻選取[7]

自阿育王（Aśoka，公元前三世紀人）時期以來，佛教部派不斷分化，在中印度的說一切有部漸向北方發展，更遠至西北邊區傳法，並於罽賓而大盛。罽賓地區自公元三、四世紀以來，漸又有聲聞、大乘與秘密乘等瑜伽行之同源異流，各自獨立發展。

說一切有部特重論義，傳譯於中國的部派論書，也以有部最多，如《發智論》、[8]《大毘婆沙論》等，[9]體例完整，論證嚴密，成爲有部義學的最高成就，然而對於實修而言，不免流於瑣碎支離。故有部另一論書《甘露味論》，[10]即從精要簡約與勸發實踐的角度來編纂法義，

7 本段落資料，參考印順導師：《說一切有部為主的論書與論師之研究》，頁四六九至五二七。

8 迦多衍尼子造，玄奘譯：《說一切有部發智論》，略稱《發智論》，收於【大正藏】第二十六冊。

9 玄奘譯：《阿毘達磨大毘婆沙論》，略稱《大毘婆沙論》，收於【大正藏】第二十七冊。

10 瞿沙（妙音）造，曹魏・失譯者名：《阿毘曇甘露味論》，略稱《甘露味論》，收於【大正藏】第二十

以彌補阿毘達磨偏向論義知解的缺失，可惜沒有得到後來論師們的重視。再如有部之集大成論書《俱舍論》，[11]以及經部之《成實論》，[12]皆重於法義分別，並非以修行實踐爲主。故以上諸論書，不適合做爲討論禪法的代表文獻。

《瑜伽師地論》雖屬大乘論典，[13]但除了〈本地分〉中的「菩薩地」與〈抉擇分〉之外，其餘內容不出聲聞論義的範圍。其思想主要以經部論義爲主，並涵攝說一切有部與分別說系的觀點。尤其是「瑜伽行」[14]中止觀部份的說明，更是以頡隸伐多所傳之禪法爲本，整理成爲大乘瑜伽行法。

頡隸伐多（Revata），《中阿含經》稱其爲佛弟子中坐禪第一，這是佛滅百年後，第二

八冊。

11 世親著，玄奘譯：《阿毘達磨俱舍論》，略稱《俱舍論》，收於【大正藏】第二十九冊。

12 訶梨跋摩著，鳩摩羅什譯：《成實論》，收於【大正藏】第三十二冊。

13 彌勒講述，無著記，玄奘譯：《瑜伽師地論》，略稱《瑜伽論》，出自【大正藏】第三十冊，是大乘瑜伽行派的重要論典。

14 「瑜伽」(梵yoga)，意為相應、契合，意指修止觀而得身心相應。「瑜伽行」，即止觀法門之修習。

次七百結集時的西方領袖，[15]對於西北印罽賓有部的禪法，有相當的影響。西域佛教滅絕之後，以罽賓爲主的北傳聲聞禪法，被保留在中國早期的禪經中，並對天台禪學產生影響，故本文以頡隸伐多所傳禪法內容爲主，探討北傳聲聞禪法中止觀綜合的修持特色。

（二）止觀俱修，觀慧爲主

《雜阿含經》云：「止觀俱修，得諸解脫界。」這是從遠離惡與不善法所得的心解脫與慧解脫；前者是以定伏心，暫離煩惱，後者是以慧斷惑，究竟解脫。在《瑜伽師地論》「聲聞地」中記載：

佛告長老頡隸伐多：「……諸有苾芻勤修觀行，是瑜伽師，能於所緣安住其心。或樂淨行，或樂善巧，或樂令心解脫諸漏；於相稱緣安住其心，於相似緣安住其心，於緣無倒安住其心，能於其中不捨靜慮。」[16]

諸苾芻（比丘）精勤修習禪觀，止觀相應，能以諸所緣境，安住心意。文中之「淨行」、

15 印順導師：《說一切有部為主的論書與論師之研究》，頁六三四至六三七。

16 《瑜伽師地論》，【大正藏】第三十冊，頁四二八。

「善巧」等（內容於下一段說明），爲瑜伽行者的修觀所緣，主要是選擇適合自己根性，或有助於對治煩惱，或趨向無漏的禪觀所緣，故曰「於相稱緣安住其心」。當修行時，透過止觀二力的等持觀察，於所緣境得勝解成就，[17]名「於相似緣安住其心」；此中，「相似緣」指呈現於心中之影像，是心念緣於對象而攝取於心的相似境相，故名「相似緣」。進修到如實知見所緣境的自相、共相，而不起顛倒錯誤想，稱爲「於緣無倒安住其心」。最後，臻於世間禪樂，乃至於出世解脫的證境，稱「能於其中不捨靜慮」，這是依於靜慮——定力而有的觀慧成就。如上所說，從一連串依於相稱所緣修學，到勝解成就的相似（所緣）現前（於心），最後得以如實了知諸法，證得聖果；這些修持過程，即是聲聞瑜伽行的修行綱領與次第。[18]

另外，「聲聞地」亦強調增上心學是修持增上慧學的基礎，[19]這也是《雜阿含經》一貫

---

17 「勝解」，是對於所觀境起深刻意解，達到明確了然，堅定不移的精神狀態。

18 大乘瑜伽行與聲聞禪法不同之處，除了般若深觀的內容，最重要的是大悲心的長養與菩薩願行的行踐。

19 有關定心從淺至深之心理活動狀態，與色、無色界禪定的現法樂的進一步解說，見本書上篇第二單元之壹：〈阿含定慧二學之「綜合說」與「分別論」〉，頁一七〇至一七六。

的修持重點。如說：

> 云何增上心學？謂離欲、惡、不善法，有尋有伺，離生喜樂，入初靜慮具足安住，乃至能入第四靜慮，具足安住，是名增上心學。又諸無色及餘所有等持、等至，亦皆名為增上心學。然依靜慮，能最初入聖諦，現觀正性離生，非全遠離一切靜慮。能成此事，是故靜慮最為殊勝，故偏說為增上心學。[20]

「等持」是攝念專一，平等持心的精神狀態，爲「三昧」（samādhi）之意譯。「等至」，是三摩鉢底（samāpatti）的意譯，舊譯爲「正受」，當心意專念而得定力現前時，能遠離邪想，使身、心領受平等安和的狀態。「等持」與「等至」皆爲定心的種類之一，唯範圍有廣狹，前者包含不與正法相應的世間散定，後者多指與淨善正法相應所起的正定。論中「等持」與「等至」並舉，可見「增上心學」是共世間的定法。

「正性離生」謂入於見道位，[21]因爲證得聖道涅槃——正性，故一切煩惱皆得斷除，究竟

20《瑜伽論》，頁四三五至四三六。

21「正性離生」為「見道」之別名，又名「聖性離生」。「正性」即涅槃、聖道；「生」為煩惱之異名，煩惱能令有情入生死海中，不得出離。「離生」即出離煩惱，了斷生死。如《大毘婆沙論》中云：「有

滅盡——離生。論中從「增上心學」的角度，凸顯修習奢摩他對觀慧的助益，故云「非全遠離一切靜慮，能成此事」，然而修學靜慮——禪定的最終目的，是指向「正性離生」的智證解脫。

（三）「淨治煩惱」與「如實諦觀」

1、四種所緣境事

本於趨向慧證的正確修定目標，「聲聞地」整理成四類修習止觀的所緣境，即「四種所緣境事」：

謂有「四種所緣境事」。何等為四？一者「遍滿所緣境事」，二者「淨行所緣境事」，三者「善巧所緣境事」，四者「淨惑所緣境事」。[22]

誦名入正性離生。謂諸聖道，永滅顛倒，故名正性；離隔生故，復名離生。謂無始來，見修所斷二分煩惱，展轉和合，作諸惡事，性剛強故，說名為生；見道起已，斷彼一分，令彼展轉，永乖離故。」（玄奘譯：《大毘婆沙論》，【大正藏】第二十七冊，頁十三。）

22 《瑜伽論》，頁四二七。又，「四種所緣境事」之各項細目，見頁四二七至四三五。

第一項「遍滿所緣」之內容有四：一、「有分別影像」，於親近善士，聞思（如後所說三種所緣境事等）正法中，起正思惟，觀察簡擇，此即修觀慧。二、「無分別影像」，即心念專注，攝取影像，不加思維分別而得三昧，這是修定。「有分別」與「無分別」是就心意了別和認知境界的功能而言，前者是指覺證諸法實相的「觀慧」，其特色是簡擇與分別諸法，故云「有分別」；「無分別」是識心不覺了分別所緣地攝意專念，制心一處的定心，所以說是「無分別」。而「影像」是指所緣映現於心者。三、「事邊際」，即於所觀對象，如五蘊、六界等，遍觀彼等之自相與共相。四、「所作成辦」，意指從修習止觀中，通達諸法諦理而成就者，可證世間之現法定樂與出世間之三乘果德。「遍滿所緣境事」可說是依於後面三項聲聞禪法的止觀內容，進而建構禪觀行門的止觀原理、內容與效果之普遍性理論。

聲聞禪法之止觀所緣，經整理而列爲三項，即：一、「淨行所緣」，內容有「不淨、慈愍、緣性緣起、界差別、安那般那念等所緣差別。」[23]這是對治各種深重煩惱的禪修所緣，故名「淨行」——淨治煩惱之意。如以不淨觀對治貪欲，以慈悲觀對治瞋恚，以觀三世十二緣起對治無明我執，以觀地水火風空識六界而破除我慢，以持息念對治散亂、昏沉與掉舉。

[23] 同上，頁四二八。

《阿含經》中亦說此對治法門，但內容是：「修不淨觀，斷貪欲；修慈心，斷瞋恚；修無常想，斷我慢；修安那般那念，斷覺想」等「四法」。[24]不淨、慈心與持息三項，二者相同。「我慢」之對治，《阿含經》是觀無常，「淨行所緣」則說觀緣起去我執，觀六界去我慢兩項。二、「善巧所緣」有五項：是蘊、界、處、緣起、處非處等五善巧。[25]這是對於五蘊、六處、六界、緣起、因果報應等內容，能善觀察，善了知其自相與共相而無差謬的修學。三、「淨惑所緣」是依世間道與出世道淨除惑障。世間淨惑之道是從觀察下地粗性、上地靜性中，以「厭下欣上」之心，從欲界定，色、無色界定，依次起修，從得禪定現法樂而得煩惱之「暫斷」；出世間淨惑之道，是觀苦、集、滅、道四聖諦，依此次第斷盡煩惱，而得解脫。兩者分別是修止以暫離三界煩惱——厭下欣上的定學，以及覺觀四諦十六行相而根斷煩惱的慧

---

24 求那跋陀羅譯：《雜阿含經》卷二十九，【大正藏】第二冊，頁二〇九下至二一〇上。又如《中阿含經》「即為比丘說經」（【大正藏】第二冊，頁四九二上中），亦如是說。

25 「蘊善巧」之所觀境為色、受、想、行、識五蘊。「界善巧」為六根、六塵、六識之十八界。「處善巧」乃於六根六塵之十二處中，善觀皆由增上緣、所緣緣與等無間緣三緣而起流轉，故應於諸內（六根）外（六塵）處，得善巧觀察。「緣起善巧」乃善知十二因緣之流轉。「處非處善巧」者，即能於諸緣起流轉事象中，覺了感生善惡異熟之因果道理者稱之。

學。三者均不外乎是「遍滿所緣境事」，首尾合計為聲聞禪觀的「四種所緣」。

2、「淨治煩惱」與「諦觀眞實」

總結上面所說四種所緣的內容特性，可以歸納為止觀修行的兩大重點，即：「淨治煩惱」與「諦觀真實」。

「淨治煩惱」是針對各種障礙修行的深重煩惱，提出具體有效的對治方法，以減除修行的障礙。如「淨行所緣」之內容，多是因初學者常為麤重的五蓋煩惱所擾亂，[26]使心意不得寧靜安住，故提供矯治深重業習的對治法門，這亦即是「五停心觀」的內容。

「諦觀真實」是如實正觀一切有為法的苦、空、無常、無我，依之而悟入畢竟空的勝義諦理，這是重視從禪定引向慧觀的修行，以五蘊、六處、六界、業報、緣起等內容作自相、共相之觀照，善巧導向勝義的觀察，也是佛法不共世間的慧學重心。

---

[26] 「五蓋」，謂貪欲、瞋恚、猶疑、惛沉睡眠與掉舉惡等，五種覆蔽心性，使善法不得生起之煩惱；蓋，為「覆蓋」意。

三、定慧分別：南傳聲聞禪法之特色

——以《清淨道論》「定、慧」二品為代表

（一）師資傳承與文獻選取[27]

阿育王時期，（上座）分別說系向西南發展，摩哂陀（Mahinda，公元前三世紀）分化至楞伽島（今斯里蘭卡），稱赤銅鍱部。[28]此系以根本上座部自居，並流傳於錫蘭、緬甸、泰國、高棉等地，即今所稱之「南傳佛教」。公元五世紀，覺音三藏南來，以巴利語爲四部（與四阿含相當）與律藏作註釋，並以《解脫道論》爲底本，[29]修正、補充後，成爲著名的《清淨道論》，這是南傳佛教最完備的修道指南。

---

27 本段參考平川彰著，莊崑木譯：《印度佛教史》，臺北：商周，二〇〇二年初版，頁一〇六至一二四。水野弘元：《巴利論書研究》，臺北：法鼓，二〇〇〇年初版，頁三九七至四九二。

28 斯里蘭卡古稱銅葉洲，亦稱楞伽島、師子洲，位於印度半島南端之島嶼國家。

29 優波底沙造，南朝梁．僧伽婆羅譯：《解脫道論》，收於【大正藏】第三十二冊，自翻譯以來，其禪法於中國大乘佛教中鮮少弘傳。

《清淨道論》以七清淨做爲修道階次，七清淨於漢譯《中阿含經》與南傳《中部》皆有記載，[30]前二爲戒清淨與心清淨，這是戒學與定學的內容，後五清淨爲慧學內容。然而將此作爲修道階次，則爲其他部派所無。如《成實論》卷二「法聚品」，《瑜伽論》卷九四和《阿毘達磨雜集論》卷十五等，[31]皆以其爲修持的項目而已。又，巴利《長部》〈十上經〉，[32]則加「慧清淨」與「解脫清淨」二支而說爲九清淨；故七清淨爲道階的說法，並非佛教界的共義，應屬此論之特色。

本論重視禪修的實踐，以三學爲解說綱領，體例分明，結構完整，對於實修過程有具體而詳盡的指導，爲南傳聲聞禪法重要的修學指南。唯其止觀名相與修道次第的內容，多與其他部派之共義不同，對於定慧二學的區別與分析，斧鑿析分之痕很深。此論之種種定慧觀點頗爲特殊，加之與北傳聲聞禪法各擅勝場，故以本論爲比較研究南北傳禪法之範本。

---

30 漢譯《中阿含經》〈七車經〉，大正・一冊，頁四二九以下，巴利本則出於《中部》〈傳車經〉〈*M.24,Rathavinita-s.M.i,145ff*〉。

31 安慧造，玄奘譯：《阿毘達磨雜集論》，出自【大正藏】第三十一冊。

32 *D.* 34, *Dasuttara-s.* D. iii. P.268。

（二）定慧分別，世出世間

《清淨道論》以戒定慧三學爲綱領，依序講說修證七清淨的內容與過程，在「說取業處品」中，區分定境爲「世間」與「出世間」兩種。[33]前者是離五蓋，得諸禪支功德的心一境性——定，這是與三界善心相應的世間禪定；後者是與聖道法相應生起的心一境性，是出世間正定。以世俗心或有漏慧所修得之禪定，稱「世間定」，具體而言是有欲界定、色界四禪定、四無量心定與四無色界定等，爲「出世間定」之對稱。「出世間定」指能引發無漏慧，或由聖果位所入之禪定。如論中云：

> **定……以世間、出世間……為二種。……三界內的善心一境性為「世間定」，與聖道相應的一境性為「出世間定」。**[34]

此論在說明慧的定義、特性與種類時，也同於定境的分析方式，將慧學分爲世間與出世間

---

33 「世間」，即毀壞之義；指三界中有為、有漏諸法的一切現象。又，「世」為遷流，「間」為間隔，世間即有成毀變異之世界。「出世間」是超出世間，能引向出離繫縛的無漏解脫法，為「世間」之對稱，略稱「出世」。

34 《清淨道論》上册，頁一三九至一四〇。

間，有漏與無漏兩種：

與世間的道相應的慧為「世間慧」，與出世間的道相應的慧為「出世慧」。……以有諸漏為所緣的慧為「有漏慧」，無彼等所緣的慧為「無漏慧」，此等（有漏慧與無漏慧）的意義也是世間出世間慧。（下冊，頁五）

世間指有漏（煩惱）、變易之俗世法，出世間即無漏、解脫之正法；相應於生死流轉爲世間法，相應於涅槃解脫則爲出世間法。以此區分觀慧內容爲世間慧與出世間慧。如於四諦、十二緣起中，苦、集二諦與緣起，觀流轉世間法的修道內容即是世間慧，而滅諦是還滅出世間慧（下冊，頁一三四）。[35]又如說：「區別名色而摧破有身見等的種種煩惱，是爲世間修慧的功德。於聖道的剎那，摧破結等的種種煩惱，是爲出世修慧的功德。」（下冊，頁四三三）這是針對觀慧內容的特性所作的區分。

《阿含經》中曾有佛弟子修出世觀慧，卻墮入世間定樂果報的記載，[36]《清淨道論》從

---

35 四諦之自相各別：如因果之別，修習與作證之別；故將四諦分為有漏的苦集二諦與無漏的滅道二諦，是就因地與修習而言，若從趨向勝義而論，則四諦是出世間慧。

36 詳閱拙著：《人間佛教禪法》，頁二〇二至二一一。

「定慧分別」的立場看待止觀修持，精密分析定慧境界中所蘊含的，趨向世間或出世間的面向，自有其根據。所以此論雖然也強調禪定是觀慧的近因、助緣，如說：「定是（慧的）足處（近因——直接因）」（下冊，頁四）。但是將定慧二學分別作平面或孤立的分析，視定與慧爲可以俱修，[37]也可以各自獨修，互不相涉的兩個學門，顯然與北傳禪法「據定明慧」，以開發觀慧爲主的修學重點有所不同。

（三）「修定業處」與「修慧諸法」

1、修定四十業處

《清淨道論》從三至十三品爲「定學」範圍，而且特別申明是「世間定」的範圍，論中明白指出：「與聖道相應的定（出世間定）的修習法，將包括於慧的修習法中敘述。因爲修慧的時候，當然亦修習於彼（聖道相應定）了。所以關於彼（出世間定）的修習，在這裡沒

[37] 《清淨道論》「說智見清淨品」中亦說：「在修習世間的八等至（定）之時，則止的力為優勝，修無常隨觀等的時候，則觀的力（為優勝）。然而在聖道的剎那，彼等（止觀）之法則互相不超勝之義而一雙結合而起。」（下冊，頁四〇四）

有各別敘述的必要。」（上冊，頁一四六）

論中所列修定之種種「業處」（上冊，頁一七二），[38]應是詳盡羅列《中阿含經》禪觀所緣的結果。[39]「四十業處」以所緣境的特性做歸類，可分爲七項，即：(一)十遍處：指地遍、水遍、火遍、風遍、青遍、黃遍、赤遍、白遍、光明遍、限定虛空遍，這是以物質的四大與顏色爲所緣，修習定心成就以爲獲得神變能力的禪法。(二)十不淨：指膨脹相、青瘀相、膿爛相、斷壞相、食殘相、散亂相、斬斫離散相、血塗相、蟲聚相、骸骨相，這即是「不淨觀」的內容。(三)十隨念：指佛隨念、法隨念、僧隨念、戒隨念、捨隨念、天隨念、死隨念、身隨念、入出息隨念、寂靜隨念，這些是增長信心，去除怖畏的增善得力之法。(四)四梵住，指慈、悲、喜、捨；這是以護念無量眾生爲所緣的禪定，是從祝願有情離苦得樂的善心中生起定力的行法。(五)四無色，指空無邊處、識無邊處、無所有處、非想非非想處；這是以心識爲所

---

38 「業處」（karma-sthāna，巴kamma-ṭṭhāna），即「行業之處所」，乃指修習止觀之對象，《解脫道論》稱為「行處」，類於《瑜伽論》之止觀的「所緣（境）」。

39 有關《雜阿含經》與《中阿含經》對禪觀所緣境詳略敘述的傾向與原因，可參閱本書上篇第二單元之壹：〈阿含定慧二學之「綜合說」與「分別論」〉。

緣，超越色界質礙的甚深定境。(六)食厭想。這是從觀想食物的種種濁穢，而達到對治貪著食欲的修行方法。(七)四界差別，「差別」是辨別而確定之義，當禪修者觀察組成人身的四大成素，就能消除有情是獨存個體的妄想。

以上所有業處可分爲兩類，即「一切業處」與「應用業處」，前者是「慈念」與「死念」，或再加上「不淨想」。論中說：禪修者對同住眾、天人與鄰居修慈念，可以使彼等生和樂敬護之心，有益於行者的安住與修行。第二，常懷「我必然會死」之「死念」，將使人增長警惕之心，斷除懈怠放逸之行。再加上「不淨想」，使人不戀慕淨色與諸天界。這些都是有益道心增長的方法，適合於所有人修持，故曰「一切」。而「應用業處」則是針對個人性行（人格特質與根機性向），選擇適合業處而修的所緣，較無普遍性。

2、修慧之諸法

《清淨道論》十至二十三品是慧學內容，其中：「於（慧）地諸法」，[40]即是修慧的業

---

[40] 「於（慧）地諸法」（巴bhūmibhūtesu dhammesu）。「地」指處所。「慧地」之內容為蘊、處、界、根、諦、緣起等，即依之而生慧的處所（地），類於《瑜伽論》之「善巧所緣」，然含義稍有不同。

處（所緣或對象）。計有「㈠蘊，㈡處，㈢界，㈣根，㈤諦，㈥緣起等種種法」（下冊，頁十一）。「蘊」是色、受、想、行、識五蘊；「處」是眼、耳、鼻、舌、身、意等六根，加上色、聲、香、味、觸、法等六境；「界」是六根、六識與六境等十八界；根有二十二根（下冊，頁九七），「諦」即是苦、集、滅、道四諦；「緣起」是十二緣起。這是《雜阿含經》中常見的修觀所緣，爲究竟斷除煩惱的勝義觀門。

《清淨道論》對於與出世間相應的定慧二學，採取嚴格定義方式，故在證入聖果之前的觀慧，皆屬世間有漏慧，而出世間定則是與聖果相應之定。論中將四十業處所修得四禪四空定，皆判攝爲「世間定」，然則「出世間定」的內容又是什麼？原來在「慧地」修學中證入行捨智時，[41]曾說到與觀慧力同起之定心的各類禪支，[42]如說：「於一切（道）都有……禪

---

41 「行捨智」在十六階智中，是從「行道智見清淨」入「智見清淨」的重要門檻，是得證四聲聞果的關鍵。主要以觀空、無相、無願三三昧而審察諸行，並捨斷對諸行之怖畏與歡喜，於此遠離我與我所之妄執，證入超越世間諸行之智見。

42 禪支，是與四禪定相應生起之善心所，其內容隨定力淺深而有不同，即：初禪有尋、伺、喜、樂與心一境性五支，二禪有喜、樂與心一境性三支，三禪有樂與心一境二支，四禪有捨、心一境性二禪支。又，《清淨道論》立「色界五禪」而與一般「四禪」之說法不同，這是在初禪之「有尋有伺」，與二禪之

支，（禪支等的）差別是依基本禪的決定及由觀的決定。」（下冊，頁三七七至三七八）其中之「基本禪」是指以初禪乃至四禪為輔助觀力的禪定，並不特別指某一定境。

再者，「聖果即須陀洹等的沙門果，……果定…即以滅（按：即涅槃）為所緣的聖果的安止（根本定）為果定。……一切凡夫不入彼定……因為他們未證得（此果定）之故。唯一切聖者入於彼定。」「欲入果定的聖弟子，當至空閒處與寂靜處，依生滅等而觀諸行。他的觀智的次第轉起，……由入果定而他的心安止於滅。」（下冊，頁四三四至四三七）這些與聖果相應的九次第定，即是「與聖道相應的一境性為『出世間定』」。

再以道果次第而言，《清淨道論》整理巴利七論與註釋書內容，從實修的角度，以戒定慧三學綱領，安立七清淨十六階智。而其他部派，如北傳說一切有部根本阿毘曇七論，以及後續的《大毘婆娑論》、《阿毘曇心論》、《雜阿毘曇心論》、乃至《俱舍論》等，又如經部之《成實論》，皆以「四諦說」為中心而論究，由此可見，南北傳部派之修道次第顯然有所不同。

四、結論

「無尋無伺」中，加一「無尋唯伺」的禪境而成為五禪。

（一）「四種所緣」與「定慧業處」

如前面第二、三節中的介紹，對於禪修所緣的處理與說明，《瑜伽論》說「四種所緣境事」，《清淨道論》說修定與慧的諸種業處，在分析這二者的特色之前，先對「所緣」與「業處」的用法做一分析。

「所緣」一詞在《阿含經》是指認識主體（能緣）所認知的對象，是心、心所法之所以生起的條件，這是從被心識執取而產生認知的角度來說的。所緣（外境）分為色、聲、香、味、觸、法等六境，能緣之心識有眼等六識，所緣是被能緣所執取的對象。如經云：

識有緣則生，無緣則滅，識隨所緣生。即彼緣：說緣眼色生識，生識已說眼識；如是耳、鼻、舌、身、意法生識，生識已說意識。[43]

從《阿含經》到部派論書，「所緣」皆用以指稱一切心識所分別的內容，通於染淨法，如說「無明所緣……，緣四諦」。[44]而有關於修學止觀的對象（所緣），《阿含經》則用「念

---

[43] 東晉・僧伽提婆譯：《中阿含經》卷五十四，大正・一冊，頁七六七上。

[44] 迦旃延子造，北涼・浮陀跋摩等譯：《阿毘曇毘婆沙論》卷二十，【大正藏】第二十八冊，頁一四七中。

處」。「念」指心意的憶持狀態，此處之「念」強調的是「正念」，即專注於能增長善法與淨智的所緣（對象）；[45]「處」則爲所觀之境。經中所說的「念處」內容，如觀身、受、心、法之「四念處」，又如佛、法、僧、戒、施、天的「六念處」。

《瑜伽論》以「所緣」指稱修習止觀的對象，如「四種所緣境事」等，從「所緣」是包含染淨法的定義而言，沿襲《阿含經》與諸部派的「所緣」意義，並以之指稱禪修時所專注的對象，這是一般的用法。而《清淨道論》稱修定的對象爲「業處」，修慧的諸法爲「地」（亦即是業處），則是相當獨特的，此一用法，除了巴利三藏註疏書之外，未嘗見之於巴利三藏與其他部派或大乘學派的典籍中。

接著分別解說「四種所緣境事」與「定慧業處」處理止觀修持的立論特色：

《瑜伽論》中說修習止觀的「四種所緣境事」，第一項「遍滿所緣」說明止與觀的特性——無分別影像與有分別影像，並明確指出禪修的目的：也就是從諸法自相、共相的盡觀無遺中，

又如說：「所緣通雜不雜，若唯觀法，名不雜緣；若於身等，二三或四，總而觀察名為雜緣。」（世親造，玄奘譯：《阿毘達磨俱舍論》卷第二十三，【大正藏】第二十九冊，頁一一九上。）

45 如說：「念謂不忘所緣境。」（《阿毘達磨俱舍釋論》卷第三，【大正藏】第二十九冊，頁一七八中）。

得證世出世間的定慧功德與三乘果證。第四項的「淨惑所緣」，分別是從修諸禪定功德以暫離煩惱，以及漸觀四諦而永斷煩惱的兩種禪觀效果，這是說明循序漸進的，理想的修道過程，也就是《阿含經》中所強調的「法次法向」的意義。第二項「淨行所緣」，是對治麤重修行障礙的「五停心觀」。第三項的「善巧所緣」，是順向勝義觀的所緣，是佛法不共世間的修行內容。從這四類止觀所緣的安立重心，可知以罽賓瑜伽師爲主的北傳聲聞禪法，把握《雜阿含經》的止觀精神，以觀慧爲主，故說「善巧所緣」；修止則不泛說所緣境，而重視禪定所緣能對治煩惱，並導引觀慧的功能，故說「淨行所緣」。

總結《瑜伽論》的四種所緣內容，「遍滿所緣」是止觀的總綱，「淨行所緣」是對治煩惱，「善巧所緣」是順向勝義，而歸結到禪觀修行的目的，次第昇進以淨除惑障，是爲「淨惑所緣」；真正具體介紹止觀所緣內容者，唯是「淨行所緣」與「善巧所緣」二項。

比對於《清淨道論》，在總說「四十業處」之後，將其略分爲兩種，「一切業處」是慈念、死念（或加上不淨想），另一是「應用業處」，有依於性行傾向而選擇業處的意義，故云這「是根據正對治與極適當而說」（上冊，頁一七八）。用意在對治貪瞋癡性行中的深重煩惱，如說：貪行者修十不淨與身隨念業處，瞋行者以四梵住（即四無量心）與四色遍爲適宜之業處，癡行者應修入出息念等。並引經說：「應數數修習四種法：爲除於貪當修不淨，爲除瞋恚當修於慈，爲斷於尋當修入出息念，爲絕滅於我慢當修無常想。」（上冊，頁一七八）此與前面所引《雜阿含經》「四法」之內容相同。此論雖然提示選擇業處有對治性行特質的考量，但這只是十個選擇業處的依據之一，[46]並不能特別凸顯修定以對治煩惱的意義。在修觀部份，慧地內容則與《瑜伽論》之「善巧所緣」大同。再者，其所安立的慧學——「五清淨」與十六階智的修道內容與次第，與北傳聲聞部派不同，如說一切有部之安立三賢、四善根，與見道、修道、無學位等修道階次，與南傳道次第內容有異。

（二）「止觀綜合」與「定慧分別」

從上面的分析顯示，《瑜伽論》與《清淨道論》整理定慧二學各有特色。《瑜伽論》以淨治煩惱，趨向勝義的修持目的爲主，並不泛說所緣，故其所緣境的內容

---

46 選擇業處的十個考量依據是：依名稱，依近行與安止的導入，依禪（定特性）的區別，依超越，依增不增，依所緣，依地，依執取，依緣，依性行的順適等十項，此中，「依性行」是十中之一的選擇所緣依據。（上冊，頁一七七）

只有十個；其中「淨行所緣」為五項，「善巧所緣」為五項。這是重視依定明慧的，「止觀綜合」的禪修學風。

《清淨道論》以三學為綱領，對於每一項下的內容，則搜羅列舉，尤其是定學，總括《阿含經》念處項目，再加上後來學派增添者，極至四十業處之多。四十項之中，不乏可以定慧通修的業處，如「安般念」。

以安般念為例，本論在定品中介紹安般念，重點放在修安般念能得四禪的定學，至於以安般念業處為修慧方法，只附帶說明。如引《相應部》說「安般念」可修十六事之觀行，[47]這是從修止到修觀的進境，如說：「在持（出入息）時起身行，在初禪……乃至……在第四禪（安止）之時安息。這是一奢摩他（止）之時的（身行的）方法。次於毗婆舍那（觀）之際……在（諸行無常苦無我等）相所緣觀之時細（按：此指鼻息細）」（中冊，頁六五）「（觀無常）而出息入息者，此為『學觀無常我將出息入息。』」（中冊，頁八四）的慧學。

由此可知，對於能夠定慧通修的業處，本論以形式化的歸類方式，全部編入修定品中，明顯呈現「定慧分別」的編纂特色。

---

[47] S. V, 322.

(三)北傳聲聞禪法與中國禪學

以說一切有部為主的北傳聲聞禪法，曾於中國盛行一時，中國佛教早期許多重要的禪經譯本，多與此地禪法師資有關。如竺法護譯的《修行道地經》，[48]鳩摩羅什集出的《坐禪三昧經》等，[49]都與說一切有部譬喻師中傑出的禪師——僧伽羅叉的禪法與著作有關。又如佛陀跋陀羅（梵 Buddhabhadra，359－429）所傳之禪法，彼亦曾應廬山慧遠（334－416）之請，譯出《達磨多羅禪經》。[50]禪經內容有不淨觀、安般念二甘露門，再加上諸界分別，這是說一切有部舊傳的禪法；不淨，持息與界分別為「三度門」，若再加上慈心觀與因緣觀，即成「五停心觀」。前後傳去中國的罽賓禪法，多說此五門禪。[51]另外，在公元四世紀之前已經集出的《瑜伽師地論》，其中「淨行所緣」的內容，亦大體相同。

爾後中國佛教雖從判教時期的兼涵聲聞，直至諸宗競立時期的專弘大乘，然而源自北傳

48 僧伽羅刹著，西晉・竺法護譯：《修行道地經》，收於【大正藏】第十五冊。
49 鳩摩羅什譯，收於【大正藏】第十五冊。
50 東晉・佛陀跋陀羅譯：《達摩多羅禪經》，出自【大正藏】第十五冊。
51 此段可進一步參考印順導師：《說一切有部為主的論書與論師之研究》，頁六一一至六三二。

聲聞佛教中的「五停心觀」與「止觀綜合」等禪法技巧與禪修特色，已爲天台禪學所吸收，[52]而禪宗初學攝心往往亦以數息觀入門。

（四）南傳聲聞禪法與南傳佛教

現今斯里蘭卡、泰國、緬甸等南傳佛教國家，在禪觀的修習上，也有定慧俱修或偏向觀慧的不同傳承，然而彼等皆採取七清淨十六階智的修道次第，所以《清淨道論》是南傳禪法的共同修道指南。

聲聞佛教禪法，無論是定慧二學的「綜合說」與「分別論」，無論是修道的次第與內容，早已南北異流，各自分化。漢傳佛教早期經由西域佛教接觸北傳聲聞系統，南傳佛教則傳習從印度本土南下之上座分別說部。此後，漢傳佛教吸收「止觀綜合」的北傳聲聞禪風，而終於消融在各宗派的修行系統中；以斯里蘭卡爲主的南傳佛教，雖然曾有弘揚聲聞的大寺派與傾向聲聞、大乘共學的無畏山寺派相互競爭，但是最後大寺派取得勝利，無畏山寺派消失，

---

52 如《釋禪波羅蜜次第法門》中說二甘露門，又如《六妙門》中說安般念的十六勝行。（二書皆智顗著，收於【大正藏】第四十六册）

爾後南傳佛教全以聲聞為主。

聲聞禪法有南北傳之異，本文以「止觀綜合」與「定慧分別」兩個對比概念，分析定慧二學的不同修學傾向。以實修取向的《清淨道論》，對於定慧二學的解說，以上座部重視論義的學風，充份發揚《中阿含經》「定慧分別」的特色；其中「修定四十業處」與「慧學五清淨」的分類方式，更是各部派禪法中的異說與特見。而《瑜伽師地論》「聲聞地」匯結北傳聲聞禪法，以「淨行所緣」與「善巧所緣」，作為「止觀綜合」的修行特色。其中「五停心觀」的止觀所緣，被保留在漢傳佛教早期傳譯的禪經，與後來的天臺禪學中。

——發表於第五屆「印順長老與人間佛教」海峽兩岸學術研討會
九十三年四月二十四日

《次第禪門》與《清淨道論》禪學觀點釋疑

——答閩南佛學院悟尊法師

編按：本文之六項問題，係閩南佛學院本科四年級悟尊法師之所提出，在閩院授課的復旦大學王雷泉教授與現代禪李元松老師熱心轉給性廣法師，法師遂抽空於元旦假期逐題答覆。全函近九千字，加註則逾萬字。原分上下篇，轉載於第四四、四五、四六期之《佛教弘誓電子報》中，極獲好評。

問題一：《清淨道論》中講到六妙門、十六特勝等屬於世間定，在《次第禪門》（按：即《釋禪波羅蜜次第法門》之簡稱）中則屬於亦世間亦出世間；九想、八念、十想、十遍在《清淨道論》是世間定，在《次第禪門》中劃為出世間定，二者說法是否衝突？

回答：

就兩本禪法典籍各自的內在理路而言，一、《清淨道論》將一切禪觀所緣匯整為四十個（即四十業處），再從各個角度分析此四十業處的特性。其中，與「三界內的善心」相應的禪定——「一境性為『世間定』」；「與聖道相應的一境性為『出世間定』」。[1]由此觀之，《清淨道論》作世、出世之歸類，其重點是禪修者的「心」（亦可說是修禪的動機或趨向）「與世間或與聖道相應」與否，以此作為世間定與出世間定的判準。

在拙著《人間佛教禪法》中亦有討論此一問題，[2]佛弟子依定修慧的目的，是為了證得無漏慧而究竟解脫，但在修持的過程中，也有修出世觀慧卻反而成就世間禪定的情況發生。如說：「尊者阿難……白佛曰：『世尊！若有比丘如是行：無我，無我所；我當不有，我所當不有，若本有者，便盡得捨。世尊！比丘行如是，彼為盡得般涅槃耶？』世尊告曰：『阿難！

---

1 《清淨道論》，頁一四〇。

2 見拙著：《人間佛教禪法》，頁二〇四。

此事不定，或有得者，或有不得。』」[3]

在本經中，佛陀回答阿難尊者的問題時指出，並不是所有修「無我、無我所」觀慧的佛弟子都能證得涅槃——「此事不定，或有得者，或有不得」，這還要看修學者的心會不會樂著於所修之禪境而定。如經云：「阿難！若比丘如是行：無我，無我所；我當〔來〕不有，我所當〔來〕不有，若本有者，便盡得捨。阿難！若比丘樂彼捨，著彼捨，住彼捨者，阿難！比丘行如是，必不得般涅槃。……若比丘有所受者，彼必不得般涅槃。」又說：「阿難！若比丘如是行：無我，無我所，我當不有，我所當不有。若本有者，便盡得捨。阿難！若比丘不樂彼捨，不著彼捨，不住彼捨者，阿難！比丘行如是，必得般涅槃。……若比丘無所受，必得般涅槃。」[4]

這段經文的關鍵點，即「修出世觀慧而成世間定，問題到底出在那裡？」印順導師比對經文，認為在無想——淨非想非非想道後，又可依（定的）無想處而通於（觀慧的）不動及無所有處道。所以，就「非想非非想處」的境界而言，如果通向當來我、我所的不再有，本

---

3 東晉・瞿曇僧伽提婆譯：《中阿含經》「郁伽支羅經」卷十八，【大正藏】第一冊，頁五四三上。

4 同前。

有——現在有的盡捨，則是究竟般涅槃而得解脫的。

但如果對於心的「捨念」境界有所樂、著、住（按：南傳《中部》日譯本作：喜，歡迎，執著），那就不能得般涅槃了。因為四禪定以上，都是「捨心」與「心一境」的，而一切樂、著、住於禪定境界，都算是「有所受」（即「有所取」，「受」是「取」的舊譯）。所以，「即使修行者所修的是正觀，只要心有所樂著，就不得解脫了。如修無所有正觀，心著而不得解脫，就會招感無所有處報。無所有處定與天報，是在這種情形下成立的。」[5]

佛教界向來認為，修某種定境成就，可以感生某種定境的天報。如說：「彼於爾時而得無想。彼如是行如是學，如是修習而廣布，便於處得心淨。於處得心淨已，比丘者，或於此得入無想，或以慧為解。彼於後時，身壞命終，因本意故，必至無想處。」[6]

從上來引《阿含經》之教證，可知並非修何種所緣（業處）必然一定趨向世間或出世間，「心之趨向」，才是成就世與出世間（定）的關鍵。乍看《清淨道論》之寫作結構，四十業處皆置於「修定品」中，此或有以四十業處皆為世間定之印象，然而以《阿含經》之解說理

5 印順導師：《空之探究》，臺北：正聞，頁三三。
6 《中阿含經》「淨不動道經」卷十八，【大正藏】第一冊，頁五四三上。

路而分判之，有修禪而進證慧覺者，有修禪而成就世間定者，此中皆因心之趨向而有所不同，而有些共世間的禪定，是可以因心趨向於出世間，而以此定力開發出世無漏解脫慧的。

二、《釋禪波羅蜜次第法門》一書，將禪修進境分而為四，即：世間禪相，亦世間亦出世間禪相，出世間禪相，非世間非出世間禪相。此中，（一）世間禪相：攝為四禪、四無量、四無色定，其中四禪、四無色，是依修定而感得的禪心（色、無色界禪心）與修定將感生的果報（色、無色界禪境）而分類；而四無量則是相應於梵天而有的四梵住行，故亦將之攝於世間定中。（二）亦世間亦出世間禪相：是為六妙門、十六特勝，書中說：這乃是著眼於眾生個人定、慧多寡之根性，而以觀息為主的禪修；這裡的重點在於與定相應——即有漏世間禪，或是與中觀慧悟相應——即無漏出世間禪。準此，則與上來所說《清淨道論》之取意相同。（三）出世間（無漏）禪相：書中云：有九種法門，即：九想、八念、十想、八背捨、八勝處、十一切處、九次第定、師子奮迅三昧、超越三昧等，皆攝為無漏禪。書中進一步說明此「無漏」有兩種，即「對治無漏」與「緣理無漏」，而所說九種法門攝於「對治無漏」中。可知此種分法相類於《瑜伽師地論》「聲聞地品」中所說之「四種所緣境事」。論中列舉此四種：「何等為四？一者遍滿所緣境事，二者淨行所緣境事，三者善巧所緣境事，四者淨惑所緣境事。」

筆者曾依此而進一步說明：[7]這是重視禪觀修持的大乘瑜伽師們，整理聲聞禪法爲三種禪修所緣，即將止觀之「所緣」（即南傳聲聞論書所謂「業處」、「行處」）分爲三者：一是「淨行所緣」，這是能對治各種煩惱的禪修所緣（故名「淨行」），如以不淨觀對治貪欲心，以慈悲觀對治瞋恚心，以緣起相的觀察對治執爲有我的愚癡，以分別身體諸界而知其爲因緣生法，來對治驕慢。二是「善巧所緣」，所謂「善巧」，是指對於五蘊、六處、六界、緣起等法能善爲了知，巧悟無謬。三是「淨惑所緣」，這是斷除世間煩惱（欣上厭下的定法）與出世間煩惱（即四諦觀、十六行相觀）的禪觀。並依此總匯爲「遍滿所緣境事」而合爲四種。

而印順導師在其《成佛之道》一書中，則依於「瑜伽行派」經論所整理的內容，而說明在佛法中，修定的正確目標。並且依《瑜伽師地論》的「四種所緣境事」，再歸結爲「淨除惑障」與「順向正理」的修定兩大原則。[8]依次解釋如下：[9]

---

7 同註二拙著，頁二八六。

8 印順導師：《成佛之道》增注本，臺北：正聞，頁三二一。

9 引文出處同註二拙著，頁一九三—一九四。

一、淨除惑障。這是重視對治各種煩惱的禪修所緣，也就是上來所說的「淨行所緣」。從早期《阿含經》中常見的「二甘露」，罽賓說一切有部舊傳的「三度門」，到後來通行的「五停心觀」等，都是著重在對治各種煩惱的。[10]

二、順向正理。印順導師重視禪定引向慧觀的輔助功能。依禪定力而引向法的正觀，得斷除我執煩惱，如果貪圖定樂，或以定力而增長罪惡，則非佛法修定的本意，更不是佛法中的「正定」。他說：「定是離（煩惱）欲而修得的。這或是共世間的，或是出世的，『能向於出離』道的斷惑證真，這才是值得緣以爲境的。如緣荒謬悖理的，反增煩惱的，如緣淫欲，緣怨敵，或是緣土塊木石無意義物，那不發狂成病，就算萬幸，不要說得定了！」[11]

故《釋禪波羅蜜次第法門》中將九種法門說爲「對治無漏」禪法，應類於《瑜伽師地論》中，將禪法分爲「四種所緣境事」之分析角度，且與「淨除惑障」之功能相同。亦即：依此

---

10 「二甘露門」是以「不淨觀」對治貪欲，「持息念」對治尋思——散亂，是佛教最早的禪修所緣；「三度門」則是加上「界分別觀」，以對治我慢；而「五停心」之內容，聲聞與大乘前後期之禪經中多有出入，然其重心亦不外乎對治衆生之煩惱。

11 同註八。

九門而修禪，則能從淨除煩惱中而趨向於無漏，故云「無漏」禪相，此乃取其「因對治（染污煩惱）而臻至『無漏』」之意也。

第四項「非世間非出世間禪相」之釋意，書中從闕，故筆者無法揣測智者大師意之所指。結論是：二書之分法各能溯及經論依據之根源，亦各有分判與歸類角度之不同，難說是互為矛盾或乖違之論也。不過，亦可就二書理路與分判之差異，以見禪法南北傳或師承風格之差異。

問題二：就止觀分法而言，《清淨道論》有止有觀，而《次第禪門》對禪的分法是否全是止，無觀？若有觀，哪些屬觀呢？

回答：

本問題可以先從較寬廣的幾個層面談起，再針對具體問題回答。

首先，分析二書的研究方法：

一、寫作表達方式不同。《清淨道論》與《釋禪波羅蜜次第法門》二書皆談定慧（止觀）二學，只是書寫方式不同，並非前者所談有止有觀，後者之論有禪無觀。因為《清淨道論》以三增上學為綱領，依序介紹增上戒學，增上定學，乃至於增上慧學，予人定慧（止觀）二者清晰有別而截然可辨的印象，故容易依其所列之「四十業處」修法，列爲定學（止門），依觀色、心、三處、緣起等觀法，列爲慧學（觀門）。而《釋禪波羅蜜次第法門》從修持禪定以臻至慧悟境界，對於「禪」之意義，往往作通泛而廣義的運用，吾人從其書名「禪波羅蜜」可知：作者認爲修「禪」可至「波羅蜜」（究竟圓滿，度彼岸），此「禪」顯已涵蓋「定」與「慧」之二學。故其立本於大乘菩薩的六度行門，介紹能依之起觀的共三乘定學。本書多羅列並解說定學名目；此書若與《摩訶止觀》合閱，則相若於《瑜伽師地論》中大乘瑜伽師整理「聲聞地品」的味道。

筆者認爲，《次第禪門》要在整體天臺禪學體系，是大乘禪學者基於「不棄於中下，亦不滯中下」的立場，對於聲聞禪法的整理與介紹，[12]天臺宗門之意旨最終仍在法華三昧、圓頓止觀。吾人閱讀此書時，可以先留意本書寫作的此一前提。

二、禪法研究方式有異。從《四阿含經》以來，佛教界對於定慧（止觀）二學，從修持次第，乃至義理的研究整理，向來有「定慧分別」與「定慧等持」之不同傳統。溯自最源頭，

[12] 當然其中夾雜的「師子奮迅三昧」、「超越三昧」等，為聲聞禪法所無。

前者以《中阿含經》，後者以《雜阿含經》爲代表。此點拙著曾有言及：[13]

佛法著重「依慧明定」以入勝義空觀的禪修精神，然而印順導師指出，從《雜阿含經》與《中阿含經》的對比中，已可見出佛教界對於定慧修持有不同的傾向。如《雜阿含經》多重觀慧，對禪定沒有明確解說，而《中阿含經》以對治眾生的煩惱爲重，故對於能幫助離欲的禪定著墨最多。所以《雜阿含經》「重在真慧的體悟上，並且是相互融通的」，《中阿含經》「已爲組織的說明，多論四禪、八定或九次第定，重在修行次第，重在禪定的漸離上。」[14]

準此以觀：大乘經中的種種深定——三昧，是繼承《雜阿含經》重視慧悟而定慧互融的風格所產生的，而小乘薩婆多部等，則重視次第而定慧分流，論禪定，則分四禪、八定之階次。

有關於傾向「定慧差別」，次第井然的風格，也可見於《清淨道論》中。如其在定學方面，不論所緣爲勝解作意、真實作意，或不淨、淨觀，皆統整所有禪定所緣爲「四十業處」，以修四禪八定；說慧學則將所有三處、緣起等所緣皆納入修學次第，以求循序漸進，完成「五

13 同註二拙著，頁二九八。

14 印順導師：《性空學探源》，【妙雲集】中編之四，頁七三。

清淨、十六階」觀智。[15]

而《次第禪門》對於禪法的整理，較屬於「定慧等持」的方式，如此，則可知《次第禪門》寓修定（止）於慧（觀）的解說方式，雖較不易像《清淨道論》一樣，讓人一眼即能分別定慧，然而這在佛教傳統的處理禪法方式中，亦是有其淵源可循的。況且，印度之聲聞、菩薩禪法往北傳的支系，如鳩摩羅什所譯之禪經、《瑜伽師地論》「聲聞地品」、《解深密經》等，對於禪觀法門的解說，都較傾向於「定慧等持」的特色。

這並不是說，《清淨道論》繼承《中阿含經》，而《次第禪門》繼承《雜阿含經》對於禪法解說的傳統，只是溯源最早期教典，說明在佛教界中，對於禪法的研究或解說方式，是有這二種不同方法的範例。依此檢視後來的典籍，就不會有是此非彼的偏執。

三、菩薩、聲聞之禪修學風不同。《次第禪門》對於禪法之整理，宗本大乘，而兼攝傳統以來聲聞道較爲普遍的各種禪觀修持法。筆者曾分析道：「菩薩所發爲上品菩提心。菩薩雖與聲聞一般，也見到三界流轉，輪迴生死的苦難，然而『未能自度先度人，菩薩於此初發心』，因不忍眾生苦而發大悲心，論修行則以『利他』爲先。故聲聞與菩薩的差別，前者重

---

15 《清淨道論》云有七清淨道階，因前二為戒清淨與心（定）清淨，故不列入。

於解脫（自利），後者重於從度生（利他）中完成自利。聲聞行人在未得解脫以前，厭離心太深，不注重修學利他的功德；證悟以後，論利他也不過隨緣行化而已。然菩薩在解脫自利以前，即著重慈悲的利他行，以後隨法空慧的漸學漸深，更能發揮般若利生的大用。」[16]

「菩薩以三心爲本的行持，稱爲波羅蜜多，其項目與內容本有多種異說，然而以『六波羅蜜多』流傳最廣。『波羅蜜多』[17]因其有『究竟』、『完成』之意，故將之用於果位，菩薩因修行而能得究竟，從此到彼的實踐道，依『因得果名』而說，菩薩行即名爲『波羅蜜多』。菩薩的定慧之學，即稱『禪那波羅蜜』與『般若波羅蜜』。」[18]

智者大師宗本大乘而悟法華三昧，所著禪書，以菩薩之「禪波羅蜜」進趨無上菩提，此一意旨甚明。此中較值得注意的是，《次第禪門》雖說大乘「禪波羅蜜」法門，然而與《瑜

---

16 同註二拙著，頁二九九。

17 又簡稱「波羅蜜」，意譯為「度」、「到彼岸」。如云：「於事成辦，亦名到彼岸。（天竺俗法，凡造事成辦，皆言到彼岸）」（龍樹造・鳩摩羅什譯：《大智度論》「善現品」卷十二，【大正藏】第二十五冊，頁一四五中）

18 同註二拙著，頁三〇一。

伽師地論》中所說，勤修八斷行，以滅五過失，進得九住心等大乘瑜伽禪法不同。[19]智者大師所倡說的「二十五種方便」內容，有依於《阿含經》中的四（六）種方便——密護於根門、飲食知節量、勤修寤瑜伽、正知、知足、心遠離等——而敷演廣說的痕跡。筆者認為，這是承繼初期大乘《般若經》中的菩薩禪法風格，但對於傳統聲聞定學中較為早期、較為普遍的禪法，如四禪、四空定、四無量、八背捨、八解脫等修法，仍然不廢其學，兼容並蓄。當然，它也不像公元五世紀成書的《清淨道論》（亦可包涵中國南朝梁代譯出之《解脫道論》），極盡搜羅而成修定的四十種業處（或三十八種行處）。

又，《次第禪門》因承襲大乘學風故，較《清淨道論》多說了幾種大乘重要的三昧行法。此中，若深究菩薩行門之各種大乘三昧禪法，當然與通泛之「禪波羅蜜」不同而更有深意，然而天臺禪法的重心已在於「圓頓止觀」，所以對此也未能盡其詳。為節篇幅，有關依於三昧而深觀諸法的大乘菩薩禪法特色，已是另一課題，不能在此多說了。

第二，針對具體問題而回答：

一、就止觀分法而言，《清淨道論》的寫作形式，是「定慧分別」的典型，它很明確的

---

19 之所以如此，當然與個人宗趣與《瑜伽師地論》之譯出年代有關，此又是另一課題，茲略。

依「定」（止）學、「慧」（觀）學，各個說明其名目、修法、功能、特色等。如定學可修四十業處，依下啓上而可得未到地定、色界四禪、無色界四空定等；慧學則觀名色、因緣、三處等，依次得五清淨，證十六階智。

但是不要忽略了，論中以同一業處而分別提醒讀者：依此可得世間定與出世間定。可知這雖是重於「定慧分別」的研究，然仍不忽略佛教禪法中「依定證慧」的究竟義。

二、《次第禪門》對於（聲聞）禪法的說明，在「禪」一字的定義上取廣義之說，而且仍然是重視修定（禪波羅蜜）發慧的，其定學大同於聲聞禪法中幾種普遍而重要的修法，並增加「師子奮迅三昧」、「超越三昧」等大乘特有的三昧法門。

第三、徵引原文，準原文中對於「禪」字意義之說明亦可了知，如：

「今釋禪波羅蜜名，略為三意：一、先簡別共不共名，二、翻譯，三、料簡。「第一簡別共不共名，即為二意：一、共名，二、不共名。共名者，如禪一字，凡夫外道，二乘菩薩，諸佛所得禪定，通得名禪，故名為共。不共名者，波羅蜜三字，名到彼岸，此但據菩薩諸佛故。摩訶衍論云：禪在菩薩心中，名波羅蜜。是名不共。所以者何？凡夫著愛，外道著見，二乘無大悲方便，不能盡修一切禪定，是以不得受到彼岸名，故言波羅蜜即是不共。……凡夫外道、二乘菩薩諸佛，同得此定，故名為共。波羅蜜名度無極，此獨菩薩諸佛，因禪能通達中道佛性，出生九種大禪，得大涅槃，不與凡夫二乘共故。

「……波羅蜜者，名為不共。……第一別釋：言到彼岸者，生死為此岸，涅槃為彼岸，煩惱為中流。菩薩以無相妙慧，乘禪定舟航，從生死此岸，度涅槃彼岸。知約理定以明波羅蜜，言事究竟者，即是菩薩大悲為眾生，遍修一切事行滿足故。」[20]

問題三：《清淨道論》（中佛協印）第八三頁「怎樣修習」中講到「與聖道相應的定的修習法，將包括于慧的修習法中敘述」，所以此處敘述的四十業處的修法則屬世間定的範疇，但在第三三九頁中講到修定功德時提到現法樂住和滅盡定的出世功德，其說法是否矛盾？

回答：

此問題可參照問題一的回答中，分析依共世間定進修出世間慧，與修出世間慧卻得世間

[20] 智者大師：《釋禪波羅蜜次第法門》，大正藏第四十六冊，頁四七七中至四七八中。

定的分析。在這裏想補充的是，有關於修定的四種功德與其局限的說明：[21]

修定所欲成辦之善法爲何？印順導師歸納爲四種，即：一、爲了「現法樂」（住）；二、爲了「勝知見」；三、爲了「分別慧」；四、爲了「漏永盡」。「爲了得到這四種功德，所以行者要修禪定。」[22]

一、爲得現法樂。修習禪定者，能得現生（不必等到來生）的身心安樂，隨心之漸次安定，引發身心輕安愉悅的「現法樂」，這是修定的益處之一。

這當中需要分別的是，修禪定是調心以住於靜定的，而身心又是相互依持的，心專一而離於散動，身自然隨之而有得定的樂受。故經中常說色界四禪有身樂心喜的禪支功德，但是入於無色界純心理的唯心定——「四空定」，則不立禪支，「也不說現法樂住了」[23]，顯然「現法樂住」與身之樂受有關。

二、爲得勝知見。印順導師歸納修定而得的「勝知見」有三種：

---

[21] 以下摘引拙著《人間佛教禪法及其當代實踐》，頁一九五至一九八。
[22] 印順導師：《修定——修心與唯心・秘密乘》，【華雨集】第三冊，頁一一。
[23] 同上，頁一二。

（一）修「光明想」。修此定成就後，於眠寐中但得一片光明，可使睡眠自然減少，遠離顛倒夢想而神清氣爽。定心盛烈者，更可於光明中見天界眾生。

（二）修「淨想」。「不淨想」雖有對治貪欲的功能，然而也曾引起少數禪修者厭世自殺的後果；為保留不淨對治貪欲的意義，從不淨觀引向淨觀——如從觀死屍白骨的不淨，轉為觀白骨的白相，以至於定心成就而於定中見一片白（骨）光晃耀。從淨觀中所開展出來的觀法，如「八解脫」、[24]「八勝處」、[25]十遍處等。[26]印順導師指出：「淨觀是觀外色的清

---

24 導師指出：前二解脫，是不淨觀，第三「淨解脫身作證」是淨觀。（筆者按：其餘的空無邊、識無邊、無所有處、非想非非想處的定心，已超出心識依於色法而安住的範圍，故不是依於色法而有的淨或不淨觀。以下超出依色法為修定所緣者，皆同此理。）

25 即「內有色想觀外色少」，「內有色想觀外色多」，「內無色想觀外色少」，「內無色想觀外色多」，印順導師指出：此前四勝處為「不淨觀」；「內無色想觀外色青」，「內無色想觀外色黃」，「內無色想觀外色赤」，「內無色想觀外色白」，此後四勝處為「淨觀」。

26 即地、水、火、風、青、黃、赤、白、空、識遍處，前八遍處為淨觀。（筆者按：「空遍」為透過色法空隙，並擴而大之的虛空觀，「識遍」為向內以心為所緣，擴而大之的唯心（識）觀。）

淨，近於清淨的器世間。光明想與淨色的觀想，是勝解作意——假想觀，而不是真實觀。」[27]

（三）引發神通。一般說有「五神通」：天眼通能見遠近、前後、明暗事物的內外一切；天耳通能聞及遠處或微弱之聲響；他心通能知他人內心之意念；宿命通能知自他宿世之情事（知未來事則屬天眼通）；神境通能往來無礙並能變化事物之大小等形狀、樣態。

三、為得分別慧。在禪定的初學階段，應修六種方便，[28]以為得定的前行準備；在這當中，尤其在一切行住坐臥中，皆能與正念正知相應，這才能於當前所行所止，正知其所當行所當止。然而「正念正知」對於初學者是困難的，因為在初學禪定時，心意都不免妄想紛飛，更何況是在動作中！然而於修得禪定以後，則：「深入禪定而定心明淨的，出定以後，有定力的餘勢相隨，似乎在定中一樣，這才能語默動靜，往來出入，觸處歷歷分明，不妨說語默動靜都是禪了。」[29]

---

27 《修定——修心與唯心・秘密乘》，【華雨集】第三冊，頁一四。

28 《成佛之道》所說的「六前方便」：「密護於根門，飲食知節量，勤修寤瑜伽，依正知而住，知足，心遠離」等。（頁一九二至一九七）

29 印順導師：《修定——修心與唯心・秘密乘》，【華雨集】第三冊，頁一七。

不但如此，印順導師並舉《阿含經》說，修得禪定者，才能進而觀察思維，斷五蓋而入禪，修諸道品，爲解脫的證得而精進。[30]

四、爲得漏永盡。「漏」，爲煩惱的通稱，修學佛法的最終目的，就是爲淨除一切我執煩惱而得究竟解脫。「依定發慧，依慧解脫」，也就是說，悟得無常無我的空慧，雖然不等於禪定，但仍須要依禪定力而引發。

在上來所說四種修定功德中，前二種是共世間的，後二種是佛法不共世間的。同一共世間的修定所緣與同一共世間的定樂，只要有出世分別慧與究竟無漏慧，則此修定功德還是可以引向出世間。故《清淨道論》前後文之說法並無矛盾。

又，《清淨道論》中談論修定功德，其中的「現法樂住」解釋爲漏盡阿羅漢修習安止定時所得，這是合於「爲出世而修定，並且同時得定樂」之宗旨的；然而印順導師說修定的「現

[30] 此經中，有云「上座禪」之修持乃是：「若諸比丘，欲入上座禪者，當如是學：若入城時，若行乞食時，若出城時，當做是思惟：我今眼見色，頗起欲恩愛愛念著不？舍利弗！比丘作如是觀時，若眼識於色有愛念染著者，彼比丘為斷惡不善故，當勤欲方便，堪能繫念修學。」（劉宋．求那跋陀羅譯：《雜阿含經》卷九，【大正藏】第二冊，頁五七中）

法樂」通於世間，這也符應於《阿含經》以來以「現法樂住」涵蓋共世間定樂的說法。

問題四：就證果而言，修習止觀所得之慧與所證之果是否同時發現，還是先有觀慧後證果？

回答：

就題意分爲二項作答：

一、修習止觀中，在修習世間定時，則「止」的力勢較強；在修習出世間慧——觀無常、無我等觀智——時，若修行者的定力強，則將以導向出世間的定——正定力——而作觀，其時則「觀」的力勢較強；若不依根本定（四禪以上）力，而是從散心位上起觀，則將有「隨順奢摩他（止）勝解相應作意」或「隨順毗婆奢那（觀）勝解相應作意」的兩種不同「作意」，此又視禪者「定多慧少」或是「慧多定少」的情況而有差別。亦即：「隨順奢摩它（止）勝解相應作意」或「隨順毗婆奢那（觀）勝解相應作意」，是因爲「作意」修習時，就已有修止與修觀的著重點之差異了。

然而當在修證聖道而得果位的刹那，止觀之力則互不超勝，相爲依持，是爲止觀雙運、定慧等持而得的聖道。

二、有關於所修觀慧與所證之聖果，到底是諦觀斷染即得遍知作證——觀證同時，還是先觀後證？這在部派論義中，早有異見，也是極值得注意的重要問題。從現觀——「觀智當對現前之觀境」——而言，在見道位上是以無漏之智而觀四諦之境，此一聖諦現觀，大眾部以為一剎那之心一時可現觀四諦，故主張「頓現觀」；而一切有部則認為此是由八忍八智之十六剎那而有的次第現觀，應說為「漸現觀」。刻下不能廣為分析學派衍流及其中異義。

今循問題線索以答：依於《清淨道論》的論義，道智是在非前非後的同一剎那而現觀四諦的。論中曾進一步說明：四諦智的一一剎那中，其「遍知、捨斷、作證、修習」等的作用，即以遍知現觀而現觀苦諦，以捨斷現觀而現觀集諦，以修習現觀而現觀道諦，以作證現觀而現觀滅諦。此中，論典舉了幾個比喻，其一是「日出破暗喻」：譬如日出，非前非後，在出現之時而行四種作用——照色、破暗、現光、止寒；故道智亦復如是，……以作證現觀而（一時）現觀於滅。

對於「漸現觀」與「頓現觀」的兩種不同觀點，筆者依法義而來的理解是：凡夫由修道位上進證聖者果位時，若說前一凡夫位與後一聖果位是不同的，則於凡夫位中說證果，已墮於「因中無果」之斷見，於聖果位時亦將墮於「無因之果」的常見，若說前位與後位是相同的，則是「凡聖無別」論；緣起性空之中道法，應是「此有故彼有，此無故彼無，此生故彼生，此滅故彼滅」，從凡夫以臻聖位，落於時空中的前後此彼，不能認為這是自性的同一或別異法，是為「不常不斷、不一不異」的中道正見。

然而從時空的前後與位移來說，部派的異見亦是可以了解的，亦即：若有重於斷染證聖前後的「不一」者，說為有次第的漸現觀；若有重於觀智之知、斷、修、證的「不異」而現得者，則可說為「頓現觀」。

有關「頓」與「漸」的問題，是佛教修證的老話題，若執有自性見，則「頓」也不是，「漸」也為非，若了達「無自性空故待緣而起」的正理，那麼，在運用名句文身以依言會意的表述中，筆者姑引各個部派以及聲聞、大乘皆能「共許」的根本經典以為教證，作為本題答問的結語：「雖空亦不斷，雖有亦非常，業果報不失，是名佛所說」。

問題五：就上二書言，世出世間定的劃分與大小乘的立場有關係嗎？

回答：

無關。因為：《清淨道論》與《次第禪門》二書，雖各自宗本聲聞與大乘之立場有所不同，然而佛法之三增上學——戒定慧三學中，定學是共世間學，所以對於世間定與引向出世間而與慧相應的正定，向來都嚴加分別，故這是世學與佛法的差別，而非聲聞與大乘的區別。

準此，二部論書之中，都針對世間、出世間定而作分別與闡述。

問題六：《釋禪波羅蜜次第法門》中「禪」的定義界定究竟指什麼？不應當僅僅指靜慮吧？

回答：

有關於《釋禪波羅蜜次第法門》一書中對於「禪」的解釋，不僅指「靜慮」而言，吾人從本書第二章「釋禪波羅蜜名」（大正藏第四十六冊，頁四七七～）中可知，作者儘量蒐羅佛教中一切有關「禪」名義的各種說法，並以三個項目（簡別共不共名、梵漢音義與料簡）來詳加說明，全文字數頗多而文義淺白，請自行翻尋原典。

欲知作者本身對於「禪」定義的界定，應是在各章節文段的應用中，循其文義脈絡，前後聯貫以解讀之。然而無論如何，作者並不將「禪」局限於純定學，此從其將「禪」與「波羅蜜」連用，亦可知過半矣。筆者認爲：作者是取其兼備觀慧的共三乘之正定，而組成悲智增上的大乘禪（三昧）學。

——刊於《弘誓雙月刊》第六十一期，九十二年二月

大乘禪波羅蜜「止觀法要」之抉擇

——以智者大師與印順導師禪觀思想為主軸之比較研究

一、前言

從「傳承與創發」的角度來觀察漢傳佛教與印度佛教之間的互動，在止觀修持的吸收與轉化方面，南北朝到隋唐時代的各家禪學思想，最足以呈現中國人吸收印度（佛教）文化的成果。此中除了後來蔚爲中國禪學主流的禪宗之外，其它被尊爲各宗早期的開拓者，如三論的攝山諸師，天台的慧文、慧思，淨宗的慧遠、曇鸞等，都重視義學與禪觀的並修。而這其中又以智者大師的禪學體系與止觀教學，最有成就，也最爲著稱。[1]

[1] 見湯用彤：《漢魏兩晉南北朝佛教史》，與佐佐木憲德：《漢魏六朝禪觀發展史論》中說。

以「傳承與創發」來考察中國的禪學思想，筆者重視的是：其一，從「傳承」的過程，追溯中國佛教對印度禪學資料的消化與吸收，以見中國禪學思想與禪法技巧的繼承。其二，從「創發」的角度，考察理論建構與修行技巧的轉化。至於範例的選擇，則以智者大師與印順導師的禪觀思想爲主，主要的幾項選取考量是：

一、在外部條件上，有幾個相同而可以做爲比較的基礎，亦即：二人在佛教義學方面的成就相類，故加以並列討論。如：（一）在教典研讀方面，二人雖所生之年代相隔約千五百餘年，其間傳譯的典籍數量也多有增益，但是他們都大量地研讀了從印度傳來的龐大的佛教典籍；對於精微的佛法義理，也有全盤的掌握與深入。（二）在思想根源方面，二人都闡述龍樹菩薩的學說，對於《中論》典籍與中觀思想都有獨到的體會與發揮。（三）在義學成就方面，二人都建構一套判攝完整，體系分明的義學理論，如智者大師以「五時八教」之說，創立「圓頓止觀」的天台宗；印順導師從「大乘三系」之論，指歸依人菩薩行而學的「成佛之道」。他們的學說思想，都代表了漢傳佛教學者自成體系，卓然成家的成就。依此而建構的止觀之教，是在論義縝密精嚴，思想體系通貫的基礎上，關顧全局後所發的議論。因此，筆者想就兩位大師思想以爲主軸，了解漢傳佛教學者消化、吸收印度佛教義理後，各自的思想成就。

二、從內部分析所發現的義理差異部份，針對禪觀的範圍，發現二人的禪學立論與施設內容有異，故加以並列比較。如：（一）在禪觀學門的安立方面，智者大師多依《般若經》系與《大智度論》等對於定慧二學的說法，而印順導師則依據瑜伽行派典籍，以施設止觀修學的次第。（二）有關禪學的研究方法與解說方式，智者大師表現出「定慧等持」的特色，而印順導師則偏重於「定慧分別」的取向。[2]（三）對於修學禪觀的所緣內容，智者大師舉列的項目，多是《阿含經》中可見的修法，而印順導師在大乘禪觀的部份，則以《瑜伽師地論》「四種所緣境事」的分判而加以說明。

接著說明「大乘禪波羅蜜」與「止觀法要」論題的意涵：

智者大師與印順導師皆宗本大乘而勸發菩提心，[3]對於依定發慧的禪觀之學，皆說是屬於

---

2 對於「禪學研究方法」與「定慧解說方式」的進一步說明，相關於智者大師的部份，可參閱本書上篇第二單元之參：〈《次第禪門》與《清淨道論》禪學觀點釋疑〉，頁二三二至二三四。相關於印順導師的部份，則在拙著：《人間佛教禪法》，第三章第一、二節中有較多的論述，頁一八五至二三七。）

3 當然，智者大師與印順導師雖皆宗源於龍樹菩薩的《中論》，但前者指歸法華涅槃，以「真空妙有」為其思想特色，而後者則宗本「性空唯名」的緣起中道義，二人之思想顯然有別異之處。

菩薩道所當修之六波羅蜜行門，而且所引經文多出自初期大乘《般若經》與龍樹菩薩的《大智度論》等，所以「大乘禪波羅蜜」者，取其依於三昧以深觀諸法的（初期）大乘菩薩禪法之寓意。[4]而「止觀法要」者，乃因二人皆重視教法修學之次第，故在禪觀教學的施設上，也強調了依次漸修的基礎與進階學程。[5]有關於修學止觀的基礎，智者大師曾著《修習止觀坐禪法要》（一曰「童蒙止觀」，又名「小止觀」）、《釋禪波羅蜜次第法門》與《六妙門》等禪學作品；而印順導師雖然沒有相關的專著，然在《成佛之道》第五章的「禪波羅蜜」中，則有專門介紹的段落，而且對於禪修基礎與次第的強調與說明，在其諸多著作中多處可見。本文即是對於智者大師與印順導師在基礎禪觀思想與教學內容方面的比較研究。

最後說明本文的研究動機。在中國禪觀教學的發展史上，除了禪宗之外，天台教觀亦傳衍長久，紹述與學習者眾多；其中智者大師的《小止觀》，更是佛弟子禪修的入門教材，現今的佛學院，仍多有講授。今者討論其基礎法要的思想源頭與教典依據，俾使我人對天台禪

4 對於大乘禪法的內容與最高境界，二人之主張各有不同，詳見本文第三節以下之分析。

5 智者大師雖以法華三昧之圓頓止觀為究極，然而亦說漸次止觀行門，此則明載於《修習止觀坐禪法要》與《釋禪波羅蜜次第法門》之撰著意旨中。

學於印度禪學之「繼承與創發」，可以有更多的了解。

當代漢傳佛教，以印順導師的義學體系最為嚴整縝密，其思想也最具深度與廣度。筆者因此亟欲了解印順導師同在闡發龍樹中觀學的基礎上，對大乘禪波羅蜜思想，與智者大師之不同，究竟著眼於甚麼觀點。再者，印順導師因比智者大師晚出，其禪學的研究成果，更涵攝了瑜伽行派典籍的重要觀點。[6]探討印順導師禪學思想中源自瑜伽經論的部份，除了可見玄奘大師翻譯成果對後人禪學思想的影響之外，也能了解自智者大師之後，漢傳佛教全盤消化印度禪學並建構修行體系的成果，這是本文撰作的第二個動機。

二、研究概念的提出

（一）「治學方法」的兩個對比概念——「融貫」與「精嚴」

有關於本文的討論脈落，筆者針對智者大師與印順導師二人不同的治學風格，引入「融

---

6 對於印度佛教思想，印順導師在義理上重視的是龍樹中觀大乘的思想，但是對於禪觀內容的解說與施設，多有參考瑜伽行派之說法與觀點者。

貫」與「精嚴」兩個對比概念，以做爲說明的綱領。之所以提出這兩個概念，主要來自幾方面的綜合：

1、二人思想所宗的龍樹中觀學說，本身即展現了此一融貫與精嚴的特色。

龍樹（Nāgārjuna）菩薩，公元二、三世紀南印人，是初期大乘佛教的開創者，其治學深入南印佛教的「一切法性空」思想，對於西北印佛教所重視的「三世法相有」學說也很有心得。他面對當時印度佛教南北不同的學派思想，由慧悟而發爲論說，善巧地溝通二者，開啓了初期大乘中觀學的一代學風。他治學的特色是：「先分別諸法，後說畢竟空」，[7]也就是從精嚴分別諸法的基礎上，融通綜貫而臻於唯一勝義的畢竟空。在學理建構方面，龍樹菩薩的中觀論，融通南北空有之說於無礙，確立三乘貫攝的大乘法幢，其學說可稱爲精微而宏偉。

龍樹菩薩的著作很多，大要可分爲二類，一是「深觀」——抉擇深法，二是「廣行」——分別大行。前者是學理的敷演，用以開顯諸法的真實義，如《中論》的撰作；後者則導向大

---

[7] 如龍樹菩薩於《大智度論》中所云：「諸佛有二種說法：先分別諸法，後說畢竟空。若說三世諸法，通達無礙，是分別說；若說三世一相無相，是說畢竟空。」（龍樹菩薩造，後秦・鳩摩羅什譯：《大智度論》卷二十六，【大正藏】第二十五冊，頁二五五上）

乘菩薩行的實踐，這是在「畢竟空」的深觀上，勸勉菩薩行者投入利益眾生的大願廣行，此如《大智度論》中所說。

2、二人的治學方法，分別呈現重於融貫或重於精嚴的不同趨向。

上來指出龍樹菩薩「極精嚴而臻融貫」的學思特色，可以看出這是中觀大乘學者符應「中道」精神的最高成就。對於一般人而言，「中道」精神本來就是難以企及的，加上時代思潮與文化慣性等有形無形、外在內在因素的影響，則個人的治學取向，難免會有或偏精嚴，或偏融貫的不同。

智者大師與印順導師在思想上，雖然都讚揚並宗法龍樹菩薩的中觀學，對於經論的紹述，也多措心於《中論》、《大智度論》等典籍。但是進一步加以觀察，就會發現二人彼此的學問風格，乃至於治學成就，依稀見到各取龍樹菩薩「融貫」與「精嚴」的特色於一端；前者如智者大師，後者如印順導師。二人的差異，無論從中觀義理到止觀實踐，無論從理論架構到三乘貫攝，都能明顯的見到。但這並不是說，在佛教法義的了解與對各家義理的詮釋上，智者大師唯應用融貫方法，印順導師則皆出以精嚴態度；而是說，二人面對龐大紛雜的教理異說，在建構體系以統合安排，分判疏解中，各見其擅長一端的特色。如天台最著稱者，乃是其「圓教意旨」，而印順導師則自述其「長於辨異」。[8]

3、以義理與判教二例做為說明。

首先，在緣起性空的理觀方面，智者大師對於世俗與勝義的體會是：應於緣起勝義空，性空世諦假的空、假二觀之外，別立一空、假無二的中觀，而且認爲依中觀以見中諦，才能統合一切法。也就是說，離一切執著相即是空觀，即一切宛然有即是假觀，進而空假無礙（也就是雙遮雙照之「真空妙有」），則是統合全體而掌握中諦的中觀。這一體會，源於百界千如於一心中具——理具事造的性具思想，發而爲觀門，即是從空、假而入中，即真空而妙有。

但是印順導師則認爲：龍樹菩薩《中論》中所說的「二諦」，是在「世俗」中空去「自性執」，於「勝義」中空去「假有執」，二諦當體即中道義。也就是說，此世俗諦與勝義諦的提出，著重於從世俗的緣起幻有上，離去實有自性的妄執——世俗中空，當下即顯示勝義

8　原文是：「我雖然也覺得：『離精嚴無貫攝，離貫攝無精嚴』，而其實長於辨異。」（印順導師：《華雨香雲》〈我懷念大師〉，【妙雲集】下編之十，頁三〇三）

的寂滅性——勝義中空；所以緣起中道的正觀，是當下「即有而空」——世俗中空，更是當下「即空而幻」——勝義中空的中道。故離世俗、勝義即無中道，因爲這是「有依空立」的。

印順導師分析：「世俗諦中緣起法相不亂，以此爲門，觀察什麼是實有，什麼是非實有——假有，分別抉擇以生勝解。進一步，入第二門，觀緣起法中所現的幻相自性不可得；雖無自性而假相宛然，於二諦中得善巧正見。以緣起故無自性，以無自性故緣起；空有交融，即成如實觀。再進一步，入第三門，深入實相的堂奧而現證他。即有而空，還是相待成觀，不是真的能見空性。所以，即有觀空，有相忘而空相不生，豁破二邊，廓然妙證。不但空不可說，非空也不可說。《智度論》說：「智是一邊，愚是一邊，離此二邊名爲中道。有是一邊，無是一邊，離此二邊名爲中道。」」[9]

又說：「修行觀察，要依世俗諦；言說顯示，也要依世俗諦。言語就是世俗；不依言語世俗，怎能使人知道第一義諦？佛說法的究竟目的，在使人通達空性，得第一義；所以要通達第一義，因爲若『不得第一義』，就『不』能『得』到『涅槃』了。涅槃，是第一義諦的實證。涅槃與第一義二者，依空性說，沒有差別的；約離一切虛妄顛倒而得解脫說，涅槃是

[9] 印順導師：《中觀論頌講記》，【妙雲集】上編之五，台北：正聞出版社，頁三四一。

果，勝義是境。勝義，不唯指最高無上的真勝義智，如但指無漏的勝義智，那就與世俗失卻連絡。所以，解說性空的言教，這是隨順勝義的言教；有漏的觀慧，學觀空性，這是隨順勝義的觀慧。前者是文字般若，後者是觀照般若。這二種，雖是世俗的，卻隨順般若勝義，才能趣入真的實相般若——真勝義諦。如沒有隨順勝義的文字般若，趣向勝義的觀照般若，實相與世俗就脫節了。所以本文說，依世俗得勝義，依勝義得涅槃。因為如此，實相不二，而佛陀卻以二諦開宗。如實有論者的偏執真實有，實在是不夠理解佛法。」[10]

由此可見，印順導師認為二諦中道觀是：緣起即是性空，因為諸法空無自性，所以是緣起法，要由眾緣而現前。並明確地指出：「即一切為緣起法，由因緣生，非由空性生起一切或具足一切。然這裏要鄭重指出的，性空即緣起本相，不應作形而上的實體看，也不應作原理而為諸法的依託看；這是形上形下或理事差別者的擬想，而非緣起性空的實相。」[11]

上來所述二者對於二諦中道義的不同體會，智者大師以超越性的中諦來統攝二諦，於此可見其圓融貫攝的特色。亦即，雖然他也強調這統合而別於空、假二觀的中觀，是「即一即

10 同前，頁四五四。
11 印順導師：《中觀今論》，【妙雲集】中編第二，台北：正聞出版社，頁二〇〇。

三」且「即三即一」的觀照，但畢竟是多了一個不待空、假的中觀概念，這對於龍樹中觀思想而言，是一個以融貫見長的創見。而印順導師則是「以破爲顯」地見其精嚴析理的特色，他指出：既然是緣起（假有）的，就沒有常恆獨立的實在性可言，故當體即空（是爲性空）；依此「緣起性空」義，故不偏於有、無，常、斷，一、異，來、去之邊見，故云：「離此二邊，而言中道」。[12] 因此，「眾因緣生法，我說即是無（空），亦爲是假名，亦是中道義。」[13] 中道不須另立爲第三諦。進而言之，中道又分二種：一是「緣起中道」，一是「八正道中道」。緣起中道準前所述，是萬法生滅「實然」層面的分析；八正道中道，則是悟證實相的「應然」途徑。此中並無離於空、假的另一觀門稱爲中觀，而是直下離於情見，不落一邊，即名「中觀」。

這樣的手法，也可見於二人的判教思想。即，在判教方面，天台有名的「五時八教」之

[12] 如云：「我說一切法空，若言從緣生者，亦是空之異名。何以故？因施設故，世間出世間法，並是世諦所作，如是施設名字，即是中道。」（龍樹菩薩造，波羅頗蜜多羅譯：《般若燈論釋》卷十四，【大正藏】第三十冊，頁一二六中）

[13] 再續錄此句的下一偈是：「未曾有一法，不從因緣生；是故一切法，無不是空者。」（龍樹菩薩造，青目釋，鳩摩羅什譯：《中論》卷四，【大正藏】第三十冊，頁三三中）

判攝，多取「南三北七」[14]等各家之說加以融通而成。融通的手法是統涵諸說，分立偏圓，重視《法華經》的歸一顯實義，並與《涅槃經》之真常妙有合流，終於成就於一超越圓滿的「圓教」意旨。而印順導師則在三乘同證一法空性的基礎上，析分大乘佛法爲三系，而以「性空唯名」爲究竟。三系說法，近可溯及太虛大師所立的大乘三宗，[15]遠可對照於唐代圭峰宗密與宋代永明延壽的三宗判教。[16]這其中，印順導師對於正理的抉擇和取捨與太虛大師等有異，[17]他立足於析明「性空唯名」——「法空性無二」的正理，對於虛妄唯識學的涵攝是：

---

14 智者大師：《妙法蓮花經玄義》，【大正藏】第三十三冊，頁八〇一上。有關各家判教資料之羅列，可參閱悟殷：《中國佛教史略・原典資料彙編》，台北：法界出版社，一九九七年，初版，頁一九九至二〇四。

15 太虛大師所判的是：法性空慧宗，法相唯識宗，法界圓覺宗等三宗。

16 唐圭峰宗密的教判是：法相宗、破相宗、法性宗（總攝終，頓，圓）的安立；宋代永明延壽則稱為相宗，空宗，性宗。

17 有關於印順導師對於印度大乘三系思想，乃至中國台賢諸家教判的完整分析與抉擇，可參閱印順導師：《契理契機之人間佛教》〈印度佛教思想史的分判〉、〈從印度佛教思想史論台賢教判〉等，【華雨集】第四冊，頁六至三三。

認爲以識有遺境無，境無而識亦不起，最後到達心、境都無所得——「唯識無境，境空心無，能所雙泯」，也就歸入了極無自性的現觀中道——勝義空觀。他對於真常唯心——如來藏的涵攝是：「佛說法空性，以爲如來藏」，即於眾生位上的（無我）如來藏，乃法空性之所顯現。[18]在涵容而精嚴的判攝基礎上，不失大乘學者之特色，最終則歸趣於「一切眾生，皆共成佛道」的究竟一大乘說。

（二）「止觀法要」的四個議題——大乘禪波羅蜜涵攝聲聞的討論

上來分析智者大師與印順導師各自以融貫或精嚴的治學特長，吸收與發揮龍樹中觀學後，對於「中道正見」義理深觀方面的見地。而在「中道正行」的止觀實踐方面，有感於龍樹菩薩的大乘中觀學體精而用宏，智者大師與印順導師發揚其遺緒而各有見地，而本文只針對二人繼承印度禪學中「止觀法要」的部份，提出幾個討論的議題，以比較智者大師與印順導師立論的異同之處。以下分別羅列議題考量的著眼點：

---

18 印順導師：《成佛之道》，【妙雲集】上編第五冊，頁三七四至三八六。

1、對於印度禪學典籍的取材與抉擇

從「繼承傳統」的角度，筆者想了解的是，二人所建構的禪觀理論，對於印度傳統禪法的解讀與詮釋，涵融與抉擇的內容爲何？再者，因爲印順導師所出之年代較晚，故能參考到智者大師所未及見的，屬於唯識瑜伽系統的禪學典籍。這一項雖不具比較研究上的對等關係，但是對於了解玄奘大師譯經成就，對於中國禪學的影響，自有其對照上的意義。因爲這是繼鳩摩羅什的偉大譯業之後，國人對於印度佛學的另一個從翻譯、吸收到轉化的過程。

2、大乘禪波羅蜜涵攝聲聞禪法的觀點

大乘禪學在發揮自身特色與兼容聲聞教法這兩個面向上，筆者注意到的是：一、大乘禪法詮釋或涵攝聲聞道品的觀點爲何？二、如何掌握大乘菩薩道禪波羅蜜的精神？

第一個議題反映了印度初期大乘對於傳統聲聞佛教的態度，智者大師與印順導師依循《般若經》與龍樹《大智度論》的基本看法，也都各有偏重性的強調與發揮，這也是筆者想要討論的議題。

3、大乘禪觀所緣與次第的抉擇

緣起空慧的悟證，不是忽略現實境相的擬想或玄思，也不是住心不動的禪定，而是從如實知見諸法實相中的正見緣起，悟入空性。無論是阿含教典中說的：「不問汝知不知，且自先知法住，後知涅槃。」[19]還是《中觀論頌》中所云的：「若不依俗諦，不得第一義；不得第一義，則不得涅槃。」[20]二者都明確地指出：體證中道的空觀，須從緣起法相的正觀中修習與悟入，在聲聞爲主的《阿含經》中，必須先從緣生因果的正見正信──法住智中，趣入緣起性空的涅槃還滅──涅槃智；至於菩薩所學與所證的空慧，般若大乘仍是依於聲聞空爲基礎所作的深觀，故並非離此身心世界，而別有大乘的空觀與勝義。

從法住智、世俗諦到涅槃智、勝義諦，其間都關係到止觀所緣與禪修次第的抉擇，筆者在此想探討的是，同樣發揮龍樹菩薩思想與《般若經》義的智者大師與印順導師，二人對於此二議題的觀點，其異同爲何。

4、菩薩初學三要門的取向

19 劉宋・求那跋陀羅譯：《雜阿含經》卷十四，【大正藏】第二冊，頁九七中。

20 龍樹造，青目釋，姚秦・鳩摩羅什譯：《中論》〈觀法品〉第三卷，【大正藏】第三十冊，頁三三上。

有關發揮大乘禪法精神而兼容聲聞教法的議題，筆者注意的是：聲聞道強調發出離心，以離苦爲要，這是從觀「無常故苦」及「諸受皆苦」，而產生深切厭離心的解脫道心髓。故聲聞行人修習止觀，首要是「少事少業少希望住」，無論是增長義學知見的讀經研教，還是平常日用的應有作務，只要是會干擾到禪觀進境，都必須儘量減少。這樣的心行，有如出淤泥而不染的君子，但是對於世間的改善與眾生的關懷，卻不會有積極投入的意願。

而菩薩道的心要，在《大般若經》中曾說到：

> 若菩薩摩訶薩，以一切智智相應作意，大悲為首，說諸靜慮無量無色時，不為聲聞獨覺等心之所間雜；持此善根，以無所得而為方便，與諸有情平等共有迴向無上正等菩提。[21]

菩薩發心修行以「一切智智相應作意」，「大悲爲首」，「無所得爲方便」的三心爲綱要，不讓定樂與急求急證的聲聞心干擾了度生的願行。此中，「一切智智相應作意」是菩薩發願成佛的志向；「大悲爲首」——緣苦眾生發大悲心，是菩薩不共聲聞的主要特色；「無

---

[21] 唐・玄奘譯：《大般若波羅蜜多經》〈善現品〉，【大正藏】第七冊，頁四七三中。

所得為方便」是以性空慧行利濟眾生事的善巧。就此可以簡約為「信願」、「慈悲」與「智慧」的菩薩三要門。《大般若經》重視廣明一切菩薩學行，也勸學一切菩薩行，然而初心學人畢竟有根機與好樂的不同，所以在實踐上，多從一門而後入無量門。

就此，筆者想探究的是：智者大師與印順導師各自建構的大乘禪法，必當是由淺而深的系統理論，但不知其於初學菩薩行人，對三要門的取向為何。

以下將從「思想特色」中「融貫」與「精嚴」的兩個對比概念，針對智者大師與印順導師的禪學思想，展開「止觀法要」四個面向的討論。

三、對於印度禪學典籍的取材與抉擇

（一）天台教下的止觀實修教材

1、依據天台教判以撰著禪修教材[22]

---

[22] 智者大師的禪學著述，親自撰著者少，講說述義而由弟子筆錄者多，故引發學者討論。彼等在智者親自撰作或學人筆錄中，考察其內容是否存有後人增減的部份。本文取智者大師的思想特色及其禪法精神的

考察智者大師的禪學思想，發現是依於天台「五時八教」[23]的判教架構所做的說明。他將止觀教學的內容，按照頓、漸、秘密、不定等「化儀四教」[24]與「化法四教」[25]的綱目，分別撰著發揮而成。此中，《摩訶止觀》闡述止觀之圓頓義，並說明修持要點及其殊勝之處，《釋禪波羅蜜次第法門》（簡稱《次第禪門》）詳明止觀的各種所緣與漸次修習方法，《六

重點，故不在此議題上繼續分判與細論。

23 面對佛教中不同意旨的諸多經典，今人多從歷史的角度，解說學派思想的演變，而智者大師與其同時代的佛教徒，則多從「所有教典皆是佛說」的詮釋角度來了解，故智者大師提出佛陀衡時應機而「五時說法」與「法儀八教」的說法，反映的是當時人對於佛法的共同觀念。

24 所謂的「化儀四教」是：1．頓教，即佛陀以自內證之法，以直接教示眾生。2．漸教，乃施設有次第相之教法內容，以教示眾生。3．祕密教，佛陀應眾生之不同根機而施予個別教化，這是因材施教，學者彼此互不相知的教法。4．不定教，佛陀以一音演說，眾生雖同一聽法，然隨各人根機與能力之不同，所體悟的內容則不一定。

25 智者大師將教典內容依天台義旨而做深淺的分判，內容分為：藏教、通教、別教、圓教等四種，此與「化儀四教」並稱為天台八教。此中，「藏教」為小乘三藏；通教以（共）《般若經》為主；「別教」則是不通二乘之大乘法，如方等大品；「圓教」，天台宗認為這是教化最上利根之人，故名「圓」，此以《法華經》、《涅槃經》為主。

妙門》則以安般念為所緣，強調以同一所緣（安般念），可以善巧地分別修止與修觀，並作實例說明。[26]

而這三本取向不同的著作，智者大師都一本其融貫的治學特色，以天台的圓教意旨，說：「圓教但明一實諦，……實是一諦，二諦三諦，一諦離合之相也。」[27]準此，這三本禪書對於禪觀之教的開演與次第，雖然有「圓頓」、「漸次」與「不定」的不同，但這是以圓頓教——「摩訶止觀」為本的據理演繹與應機分說。又如說：「通則名異意同，別則略指三門，大意在一頓」，[28]亦即：雖然三書之標名有別，各類之修法有異，但都是本於（《摩訶止觀》）圓頓義所開演出來的「離合之相」而已。

再者，以「化法四教」開演禪法義者，則是《四念處》一書。智者大師以藏、通、別、圓之四法，就同一「四念處」觀門作總相與別相觀，以演繹四類根機不同的禪觀修行與境界。

---

26 針對止觀教學，「祕密教儀」是因機施設，故其法門傳授，祕而不顯，但是具體之止觀內容，則其他三書已涵蓋殆盡。

27 智者大師：《摩訶止觀》，【大正藏】四十六卷，頁一一八中。

28 同上，頁三下。

復有《修習止觀坐禪法要》（以下稱《坐禪法要》），[29]此書向來被簡稱爲《童蒙止觀》或《小止觀》，但是其內容並非別於前書而另有撰述，而是取自《摩訶止觀》上編第四卷的「方便門」，針對初學者入門實修的需要，將一些修行項目廣爲開演，詳加解釋；這是台家所謂「通漸教」的禪法說明，也可以說是（圓頓）止觀實修上的節要本。所以綜合《摩訶止觀》、《次第禪門》的行文與《坐禪法要》的前言，可得知此《坐禪法要》，含有相應於圓教而由淺入深的「淺顯義」，相較於頓證而依次增上的「次第義」，相對於深廣而接引初學的「基礎義」，相比於與提綱挈領的「法要義」等四種意涵，所以不純粹只是接引初機而已。

2、涵攝聲聞禪法而指歸圓頓止觀

上來從一一禪書的重點，了解智者大師禪學思想的各個面向，在此則統整所有禪書中所提到的禪法項目，以分析其援引印度傳統禪法的情形。

---

[29]《修習止觀坐禪法要》，向來被簡稱《小止觀》或《童蒙止觀》，但是考察此書的撰作意旨與所述內容，則不僅只是接引初學的意義而已，故筆者認為直接截取篇名數字，簡稱「坐禪法要」或較為妥切。

在所有的天台禪籍中，如：四禪、四無量、四無色定、十六特勝、九想、八念、十想、八背捨、八勝處、十一切處、九次第定等，都是引自「藏教」——聲聞《阿含經》中的禪法名目。[30]而《六妙門》中安般念的定慧所緣，與身、受、心、法之《四念處》觀門，以及《釋摩訶般若波羅蜜經覺意三昧》中，以七覺意所開展的「覺意三昧」，明顯可見其取自《阿含經》。當然，其中也另有菩薩不共聲聞的，大乘特有的諸多三昧法門。

論者一般皆言智者大師的《次第禪門》等，是源自《般若經》的禪法內容，但是筆者在此之所以上溯《阿含經》，主要是強調智者大師立本於天台的完整判教體系，其在具體禪法的施設上，仍不失從「通教」——三乘所共的禪法內容，以臻「圓教」——止觀的「頓證」境界。這是不離龍樹《大智度論》，而又涵攝聲聞禪法的修持內容，且能另行發揮天台不共餘宗之修證義——「圓頓止觀」。

---

30 智者大師援引《阿含經》禪法內容後，在處理上是依據「化儀四教」的原則而做定位（如上一節中說），在解說上是以世、出世間法為區分的標準。詳細內容可參閱本書上篇第二單元之參：〈《次第禪門》與《清淨道論》禪學觀點釋疑〉答問之一、二、五題等。

（二）人間佛教的止觀實修原則

1、以定慧分別方法釐清止觀知見

如上來第二節中所分析，印順導師治學偏重於法義的精嚴簡擇，故其禪學著述的重點，就在以「定慧分別」的方法，對諸多止觀法門做精嚴的解析與論議。對於印度傳統聲聞、大乘的諸多止觀行門，印順導師的論述可以分為二種，一是在論究法義的專著中，針對禪法的學理，而作深入的解析；這是著眼於佛法的宗教特質，從「依教起修」與「以觀證教」的原則，來解說止觀的定義與特勝，此如《性空學探源》、《空之探究》中說。二是依三學增上的修道次第，從實修實證的角度，建構止觀修學的體系；此如《成佛之道》中，以三類教法為綱領，解析人天、聲聞與大乘等三個系統的禪修要點。

佛法不共世間的修持特色，就是在這「依慧明定」以入勝義空觀的禪修精神，對於傳統止觀法門，印順導師指出：從《雜阿含經》與《中阿含經》的對比中，無論在禪法的修持或說明上，都可見到佛教界在定慧修持中的不同傾向。如《雜阿含經》多重觀慧，故重視與慧相應的觀門，如「三三昧」的解說等；而《中阿含經》則以對治眾生的煩惱為主，故對於能幫助離欲的禪定次第著墨最多。所以《雜阿含經》「重在真慧的體悟上，並且是相互融通的」，《中阿含經》「已為組織的說明，多論四禪、八定或九次第定，重在修行次第，重在禪定的漸離上。」[31]

而印順導師又以「定慧分別」的原則，運用在兩方面的解析上面，一是簡別定、慧二學的特性，指出佛法不共世間的特色，是以觀慧證入無我空慧的智證，而不是修得甚深禪定的身心凝然或神通妙變。二是分析佛教界修持與研究禪法的方向，向來有此「定慧分別」及「定慧等持」的兩種不同學風。

印順導師所論之禪法內容，在定學上，除了大乘不共的禪波羅蜜之外，也包含了四禪、四空定、八背捨、八解脫、九次第定，二甘露門、五停心等聲聞定學；在慧學上，從聲聞的色界、緣起、三三昧，到中觀大乘的人、法二空觀門，以及諸多勝解方便的淨觀（如觀佛等）法門等，亦都是組成禪學體系的要素。只是沒有像智者大師一樣，另立一超越的禪觀證境來包涵一切（禪法）而更超越一切（禪法）的「圓頓止觀」法門。

---

31 拙著：《人間佛教禪法》，頁二九八中有較詳細的分析。其中摘引印順導師說法之文段，見《性空學探源》，【妙雲集】中編之四，頁七三。

2、分立三類教法而指歸無量三昧

印順導師認爲：「佛法的多采多姿，適化無方，凡不能統攝總貫，不能始終條理，都會犯上偏取部分而棄全體的過失。」故以「綜貫一切佛法，而歸於一乘」的立論宗旨，[32]以撰作《成佛之道》。在人天禪法部份，他以《阿含經》中所說的世間四種正見，在慈心與淨戒的基礎上，介紹禪修的方法。在聲聞禪法部份，則依《阿含經》中所說的修定六種前方便，建議修持能夠開發無漏慧的七依定，在觀慧上則說四聖諦、十二緣起等觀門。在大乘禪波羅蜜部份，以大乘瑜伽行派的根本論《瑜伽師地論》中，修習八斷行以滅五過失的方法，進修九住心次第的定學，觀門則依龍樹中觀義，以二諦觀門之原則入大乘我空、法空二種觀門。

大乘與聲聞，雖然定慧二學的基本原理相通，但是二者因目標與發心有所差異，故大乘不共聲聞的止觀二學，也就多有不同。印順導師在其《成佛之道》中，還原《阿含經》的意旨，明列聲聞乘的修定前方便——準備工夫，並以「同歸於佛道」的思想主軸，分別依《阿含經》與大乘相關的經論內容，平均敘述聲聞與菩薩的止觀行持內容，完整地呈現了三乘禪

---

32 有關於印順導師三機教判的依據與立論分析，詳見拙著：《人間佛教禪法》，頁二五九至二七二。印順導師：《成佛之道》自序，【妙雲集】中編之五，頁一。

法的各別風貌。此中可以注意的是，在大乘觀門中，《成佛之道》本於大乘《般若經》、龍樹《中觀論》的意旨，說依俗證真、觀空得證的般若波羅蜜法，與智者大師另立一「中觀」以統合而超越「空觀」與「假觀」的「一心三觀」圓頓法門，顯有不同。

在大乘禪波羅蜜部份，印順導師採取的是瑜伽大乘的定學次第，相較於智者大師所說諸頓漸禪門的內容，取材則已擴大包含到瑜伽大乘的禪學。由於瑜伽行派之文獻譯出較晚，以致於智者大師未及見之，故在這一點上，二者當然是不具比較意義的。但是本文著眼於印順導師的禪學思想體系，對於翻譯文獻的引用與涵攝諸家禪法的角度自應予以重視。可以說，印順導師已汲取了玄奘大師譯經的成果，在禪學研究與修行法門上，乃成爲繼智者大師以來，對於印度禪學有所學習又有所創發的另一個代表。於此，也可以與西藏宗喀巴所著《菩提道次第廣論》比較，以見中國與西藏佛教對於印度大乘佛教奢摩他（止）與毘婆奢那（觀）取材與觀點的異同。

印順導師立足於瑜伽大乘的定學基礎——禪波羅蜜，與中觀大乘的觀慧原則——般若波羅蜜，而在菩薩道所行的諸多三昧中，則重行發掘《阿含經》中早被忽略與忘失的修持方法——無量三昧。如經中云：「有無量心三昧、無相心三昧、無所有心三昧、空心三昧。……

有法種種義、種種句、種種味；有法一義種種味。」[33]又云：「若有比丘得無量三昧，身作證具足住，於有身滅、涅槃，心生信樂，不念有身。……現法隨順法教，乃至命終，不復來還生於此界。」[34]

《阿含經》中列出四種三昧，然後進一步解釋其間異同之處，即：就禪修所觀境的不同而言，「三三昧」依三法印以成觀，而「無量三昧」以（眾生）「苦」爲所觀境，如是乃通於（觀眾生苦而起願欲以救拔之的）大乘觀門。然而就空相應緣起而無諍的「同一義」而言：有情自體非能獨立存在，截然對立，而是相依相成的（故無自性）。故普緣有情的慈悲——無緣慈，也是能契入空性的。故印順導師強調：無量三昧不祇是色界禪定而已，它與三三昧，同是「空於貪、瞋、癡，而能得無我、我所的解脫。」[35]

事實上，《阿含經》文確已明白表示，若修無量三昧——觀無量而破我、我所執，不樂著於身，則必得涅槃而不復還此界中；可見修學無量三昧，能與其他三三昧同樣達到「證解

---

33 劉宋・求那跋陀羅譯：《雜阿含經》卷二十一，【大正藏】第二冊，頁一四九下。
34 同上，頁一二八中。
35 印順導師：《佛法概論》，【妙雲集】中編之一，頁二四一。

脫」的效果。故若修學此一（與三乘同證法空性的）觀門，即能彰顯佛陀慈悲護生的本懷，掌握慈悲普覆的菩薩道心髓。這通於大乘的「無量三昧」觀門，亦將順向於圓滿的佛果。

如果說，智者大師從圓融的治學手法，提出有別於龍樹中觀大乘的一心三觀、一念三千、圓頓止觀之圓教義，是禪學思想上的創新與變革，那麼印順導師從精嚴的治學特色中，重新發掘龍樹《大智度論》中，菩薩不廢聲聞禪法的「無量三昧」，則應屬禪學思想上的復古與回歸。

四、大乘禪波羅蜜涵攝聲聞禪法的觀點

龍樹菩薩生於印度大小乘佛教思想並行的時代。他長於南印，久受大乘思想的薰陶，又在北印的說一切有部出家。但是在教理上，他反對北方佛教一些主張法為實有的觀點，也不喜將法義做瑣碎支離的討論，[36]他也批評南方佛教有些方廣道人執理廢事，成為惡取空者，故其溯源《阿含經》古典的緣起觀，從緣起的寂滅性中，貫通一切法空的究竟義。也就是說，在這佛教的轉變期中，龍樹菩薩綜貫印度南北佛教的長處，取法北方毘曇論典的精嚴，以《中

---

[36] 如《發智論》、《毘婆沙論》等。

論》的撰作來把握緣起法空慧的甚深義——中觀；再者，取法南方大乘經對於佛陀度生悲懷的體會，故仰讚菩薩道的大悲發心與長久願行，故依據《般若經》以開演《大智度論》中菩薩的六波羅蜜行門；可以說，這是在發揮一切性空而一切幻有義理的同時，也完成了三乘同歸的大乘菩薩道思想。

當時中印的佛教，在龍樹菩薩「大小共貫，菩薩為本」的提倡下，大乘佛教乃在聲聞佛教的氛圍中，得到了很好的開展。但是龍樹菩薩為主的性空大乘，是大小共行的，是「教通三乘，但為菩薩」的；此一大小共行的見解，就是承認小（聲聞）果的究竟，故龍樹菩薩指出，不能因為《法華經》的孤證而說二乘將迴小向大，決定成佛。在這一點上，智者大師與印順導師都與龍樹菩薩不同，兩人都提倡「我說諸眾生，皆共成佛道」的「一大乘究竟」思想。

反觀中國，佛教傳入時，正值印度大小乘思想各擅勝場之期，所有印度前後期傳出之思想，差不多同時來到中國，所以中土諸祖師也就認為：不同的教說，皆是佛陀因應不同根機的一時之教。在這樣的認知前提下，南北朝、隋唐時期完成的印度佛學中國化過程中，智者大師成為一個具體而微的典型代表，他將所有印土傳來的各期佛教思想，以佛陀畢生因應各類根機的「五時說法」，與藏、通、別、圓的「化法四教」，來總攝佛教中大、小，空、有等諸多異說，再分眾生根機而立「化儀四教」。而印順導師所生之時代，接觸到了日本佛學界習自西方的文獻考古與原典語文研究的成果，故從歷史先後發展的時序，來說明佛教中大、小，空、有思想的沿革；故其五期三類的判教理論架構，[37]就加入了思想產生的時間考量。然而大乘佛教對於聲聞佛教的態度，無論是智者大師的「同時說」，或印順導師的「前後說」以為前提，筆者想進一步討論的是，二者取捨聲聞禪法的立論觀點為何。

（一）大乘《般若經》對聲聞教法的觀點

大乘空義的代表經典《般若經》中，有一段談論大乘菩薩行人勸學聲聞教法的記載，經云：

---

37 此五期分類是：「一、聲聞為本之解脫同歸；二、菩薩傾向之聲聞分流；三、菩薩為本之大小兼暢；四、如來為本之菩薩分流；五、如來為本之佛梵一如。這五期中，一、三、五，表示了聲聞、菩薩、如來為主的，也就是修聲聞行，修菩薩行，修如來行，有顯著不同特色的三大類型；第二與第四期，表示了由前期而演化到後期的發展過程。」（印順導師：《契理契機之人間佛教》，【華雨集】第四冊，頁六）

菩薩摩訶薩常行……禪那波羅蜜，……以方便力斷眾生愛結，安立眾生於四禪、四無量心、四無色定、四念處，乃至八聖道分，空、無相、無作三昧。……自行禪那波羅蜜，教人行禪那波羅蜜，讚禪那波羅蜜法，亦歡喜讚歎行禪那波羅蜜者。……自入初禪，教人入初禪，讚初禪法，亦歡喜讚歎入初禪者。二禪、三禪、四禪亦如是。自入慈心（中），教人入慈心，讚慈心法，亦歡喜讚嘆入慈心者；悲、喜、捨心亦如是。自入無邊空處，……；無邊識處、無所有處、非有想非無想處亦如是。……自修空、無相、無作三昧，教人……。自入八背捨……。自入九次第定。……若菩薩摩訶薩行出世間……行禪那波羅蜜，禪那不可得……。[38]

在經文中可以很明顯地看到，菩薩自修與教人的禪波羅蜜內容，如四禪、四無量、四空定等，皆是傳統聲聞所修的定法；而在觀慧所緣的部份，如四念處、八正道、乃至三十七道品、三三昧等，亦皆同於聲聞道品的觀門。

既然與聲聞修學同樣的定學與觀慧所緣，然則大乘的禪波羅蜜，與聲聞的定慧二學又有甚麼不同呢？經中進一步指出其不同處在於：

---

38 後秦・鳩摩羅什譯：《摩訶般若波羅蜜經》卷八，【大正藏】第八冊，頁二八一上至二八三上。

云何名禪那波羅蜜？須菩提！菩薩摩訶薩以應薩婆若心，自以方便入諸禪，不隨禪生，亦教他令入諸禪，以無所得故，是名菩薩摩訶薩禪。[39]

原來菩薩同學聲聞禪法，但不是與出離心相應，而是與薩婆若心——菩提心——相應的。由於以利樂眾生為優先的緣故，在其中展現了雖入禪而不為禪力所拘的方便力，這是菩薩不廢止觀基礎，卻又更深化、廣化的大乘禪波羅蜜殊勝義。

對於上來的經說，龍樹菩薩在《大智度論》中相關的疏解是：

問曰：「三十七品是聲聞辟支佛道，六波羅蜜是菩薩摩訶薩道，何以故於菩薩道中說聲聞法？」答曰：「菩薩摩訶薩應學一切善法、一切道，如佛告須菩提，菩薩摩訶薩行般若波羅蜜，悉學一切善法一切道，所謂乾慧地乃至佛地；是九地應學而不取證，佛地亦學亦證。」[40]

這一段答問，是龍樹菩薩針對當時教界一種錯誤觀念的回應。原來，在大乘教中也有一

---

39 同上，卷五，頁二五〇上。

40 龍樹菩薩造，鳩摩羅什譯：《大智度論》卷十九，【大正藏】第二十五冊，頁一九七中。

種固執印象，那就是認為：三十七道品是聲聞法，六波羅蜜才是菩薩所修法。然則於大乘《般若經》中，為何說菩薩亦應具足三十七道品功德呢？龍樹菩薩的看法是：「因為菩薩須成就一切眾生，故應廣學一切善法，善學一切道品；於九地前但學一切，忍而不證，直至佛地方得功行圓滿。」這是為何在《般若波羅蜜經》等大乘經法中，佛亦教授四念處、八聖道分道品；更沒有說三十七道品唯是小乘法的原因。所以在《大智度論》中接著反問：「在何處的大乘經說只有聲聞、辟支佛才修三十七道品法，而菩薩不修學呢？」[41]

龍樹菩薩進一步發揮三乘共貫的學法理念是：

佛以大慈故說三十七品涅槃道，隨眾生願，隨眾生因緣，各得其道。欲求聲聞人，得聲聞道；種辟支佛善根人，得辟支佛道；求佛道者得佛道。隨其本願，諸根利鈍，有大悲無大悲。譬如龍王降雨普雨天下，雨無差別，大樹大草，根大故多受；小樹小草，

41 《大智度論》卷十九：「復次，何處說三十七品但是聲聞辟支佛法非菩薩道？是般若波羅蜜摩訶衍品中，佛說四念處，乃至八聖道分；是摩訶衍三藏中，亦不說三十七品獨是小乘法。」（同前，頁一九七下）

根小故少受。[42]

佛陀以大慈悲心，而對所有大小乘行人皆說三十七道品涅槃道，唯視眾生個人的本願力、慈悲心與根機差別等種種差異，而各得其所，各趨所向。就像龍王興風降雨而普潤一切一樣，雨量並無差別，惟視草木本身樹根的大小而所受有別。三乘聖賢亦復如是，世尊普同宣說三十七道品涅槃道，唯視眾生悲心之有無、願行之大小、根機之利鈍，而或得聲聞果，或入緣覺乘，或行菩薩道而進證圓滿的佛果。

從上來《般若經》文與《大智度論》義的並列中可以發現，經文中特重於說明：大乘禪波羅蜜是菩薩行人用以為度生的方便，這是修學禪定而不為禪力所拘的特勝；而論義則只就眾生發心的不同，做「佛以一音演說法，眾生隨類各得解」的平面解釋。雖然其義可以相通，但前者卻比較具體地指出：大乘行者與聲聞行人，雖然修學同一禪觀所緣，但卻更深化、廣化的關鍵所在。

（二）化儀四教以大涵小，修在圓頓

42 同前。

智者大師立足於「圓頓止觀」的究竟圓滿義，以統攝所有大小乘的教法，如說：「通則名異意同，別則略指三門，大意在一頓。……聽者因何作觀？……六根淨位，能以一妙音，遍滿三千界，隨意悉能至，則能傳秘教。」[43]對於修習傳統聲聞禪法，並且顯發大乘禪波羅蜜義的觀點是：

菩薩所行禪定，云何名波羅蜜？答曰：「因中說果故，隨分說故，頓教所明發心，畢竟二不別故，以如是等眾多義故，菩薩所行禪定，亦得名波羅蜜。」[44]

由此可知，智者大師貫攝聲聞禪法於摩訶止觀——圓頓止觀，從佛陀的圓音演教中，所有教法將隨眾生的根機，而有深淺、頓漸的不同解悟與行證。所以智者大師依此義旨，傳下篇幅龐大、羅列眾多而敘述詳盡的漸次禪觀典籍，如《次第禪門》、《四念處》等。而在大乘不共聲聞的禪波羅蜜方面，則強調：於菩薩因行中說佛果位，在因緣各別中分別說禪修所緣，在依於最高圓頓意旨而勸發大心等的意義中，顯發菩薩禪波羅蜜的殊勝義。

---

43 智者大師：《摩訶止觀》卷五上，【大正藏】第四十六冊，頁三下。

44 智者大師：《釋禪波羅蜜次第法門》卷一上，【大正藏】第四十六冊，頁四七九上。

智者大師所承繼的是《大智度論》中，大乘行人涵容聲聞禪法的觀點，並以天台的圓教意來顯揚佛陀「以一妙音，遍滿三千界」的「秘密義」，但是上智上機者，並不從漸次門入，而是直修頓超的證圓教義。

（三）三機設教依上攝下，重視基礎

印順導師從「佛在人間」的立場，肯定依人身行菩薩道而向於佛乘的「人間佛教」，在《成佛之道》中闡揚的大乘要義，是以悲心實踐為原則的般若空義與菩薩廣行。對於傳統聲聞禪法，則從「依下起上，依上攝下」[45]的（五乘）三乘共學的觀點，認為此亦是大乘菩薩行人所應修學的禪法。此中，印順導師引《法華經》三百由旬涵蓋在五百由旬中的譬喻，說明其間的意義：

在佛法的三類中，也是「依下」士法「能起」中士法，依中士法能起「上」士法。[46]從相攝來說：如三層塔的建立，有中層就有下層；有最上層就一定有中下層。所以在

---

45 印順導師：《成佛之道》，〈聞法趣入章〉第二，【妙雲集】上編之五，頁五二至五四。

46 同上，頁五三。

佛法中，「依上」士法，「能攝」得中下士法；依中士法，一定能攝得「下」士法。如《法華經》中說：二乘為三百由旬，大乘為五百由旬。然五百由旬中，就含攝得三百由旬；三百由旬，就是五百由旬的中站。這一相攝的見地，為貫攝一切佛法，善巧一切佛法所必須的。[47]

單就禪定境界的次第引生而言，三乘共法中，從欲界未到地定，乃至色、無色界等四禪八定的定心次第，也都是三乘禪觀之學的基礎；此一聲聞禪法，並不障礙大乘的修學，甚至更是貫通大乘的禪定（禪波羅蜜）與智慧（般若波羅蜜）之教法施設。不但如此，他更強調菩薩爲了度眾生，故須修學禪定——三昧力，養成堪忍性，以助成菩薩道的事業。如說：

為什麼要修止而得禪定？因修止而能得定，就能成辦種種有義利的事業。所以說：「制心一處，無事不辦」。修止而得住心時，身心引發輕安，身心都輕快舒適，而有行善離惡的力量。眾生一向在散亂心中，對欲境的抗拒力，煩惱的制伏力，善事的進修力，都非常薄弱，總覺得有心無力，如逆水行舟那樣的艱難。……如修止而能住正定，「依

47 同上，頁五四。

住」心而發生「堪能性」，就是從身輕安而生身精進，從心輕安而生心精進；過去無能不堪的情形，全部改觀。依止這樣的堪能性，就「能」勇於進修，作「成所作」的「事」業。……大乘行人，依定才能引發身心輕安，引發神通等功德；能深入勝義，更能作饒益眾生的種種事業。總之，佛法的殊勝功德，都是離不了定的，所以應專心修習禪定。[48]

印順導師將聲聞定學視為共三乘的基礎，這已通於《般若經》中所說的，不廢聲聞禪法，而且用為基礎，以深化菩薩行的大乘禪波羅蜜。所以在《成佛之道》的「禪定度」，按照次第進修，步步增上的原則，說由勤修八斷行，滅除五過失，以修得九住心的大乘奢摩他法門。

五、大乘修觀所緣與次第的抉擇

佛法以有情為本，關懷生命的終極問題，因為眾生不但常覺受到身心與外境的制約，又時時懍於生存的迷惑，畏懼死亡的可怖。佛陀處理這些問題的方法是：先認清問題癥結，接

---

[48] 同上，頁三〇五至三〇六。

著才能真正解決問題。所以，既然感覺「自我」不得自在，又有死亡的恐懼如影隨形，那麼就應該直接觀察身心境界的真相，並思維害怕死亡的原因。佛陀如實觀照身心的真相——諸法實相，終於得到緣起無我——性空中道的智慧，也就解脫了因爲執著常見、我見所引生的煩惱，並亦解脫了生死流轉的鎖鍊。

（一）《中論》與《阿含經》同一修觀所緣與次第

本著「無我觀智，要與無明我執同一所緣」的原則，佛法觀慧修持的所緣，對象是：一、在現實身心方面，如對境起識的所依根——「六處」，心識及其作用憑藉的五蘊，以及組成身心要素的「六界」，這「三處」的觀察都是重要的觀門。二、在業果相續與還滅解脫方面，也同樣依於有情身心，加入了時間與因果律的考察，在三世流轉中，作四聖諦與十二緣起的綜合觀察。

綜上所述，這「三處觀」與「聖諦觀」，是《阿含經》中主要的觀慧所緣境。運用覺觀力而符應於現實身心經驗中，所得的緣起無我空慧；這樣的手法，避開了形上的玄想，直接從生命的組成因素與動態呈現中，如實觀照其間因緣生滅（緣起），而又必然趨於寂滅（性空）的法則，這是佛法不共世間的特別之處。

在佛陀所開示的修道項目中，第一個就是「四念處」。如《阿含經》中所云：

有一道淨眾生，度憂畏，滅苦惱，斷啼哭，得正法，謂：四念處。……悉斷五蓋，心穢慧羸，立心正住於四念處，修七覺支，得覺無上正盡之覺。……云何為四？觀身如身念處，如是觀覺（按：受）、心、法如法念處。……[49]

這是從觀察自身的身、受、心、法——「四念處」而起修的禪觀，也就是將注意力集中在我人身心活動的觀察上，以覺知一切都是因緣生滅的生命真相，也就能正確地把握身心不淨、苦、無常、無我的特質，更能糾正誤認身心（乃至世間一切）是淨、樂、常、我的顛倒之想。有了正確的覺觀，才能滅除憂惱怖畏，以臻正覺的圓滿菩提，故經中云：此「四念處」亦名為「一乘道」。

緣起空性的智慧為三乘所共同，大乘菩薩與聲聞行人由於悲心深淺不同，在悲心充溢的

[49] 東晉・瞿曇僧伽提婆譯：《中阿含經》〈念處經〉卷二十四，【大正藏】第一冊，頁五八二中。

菩薩心行中，因其勝解空慧而能廣觀諸法（非唯自身），所以能不畏生死，不厭五濁；[50]菩薩解救眾生苦難的意欲，比解除自身苦痛的心念還更迫切而列為優先。故可以說：菩薩以娑婆為道場，以眾生（的苦難）為所緣，以無量的觀察方便而入無生，以無盡的度生悲願而廣行善法，並願與一切眾生同離苦難，共證菩提。菩薩在空相應緣起的深觀中，因為照見（自身）生死如幻，所以無懼於菩提道長；因為悲心充溢，所以無畏於輪迴路險。這番識見與身手，同立於緣起空性慧的基礎上，而比二乘行人更為深刻而廣大，故並非自外於二乘之空，而別有所見。

所以龍樹菩薩所著之《中論》，其中道正觀的所緣境，仍然不離《阿含經》以來的教說與觀門。印順導師於此曾做分析：

依《中觀論》義，不但廣泛的從相續和合中現觀一切法空，更應勝解一切法空而反觀自我（不但是內心），觀無我無我所。如《中論》說：「若無有我者，何得有我所？滅我我所故，我執得永息」。若但觀法空，易起理在我外的意念，故必須從法空而反

---

50 五濁：劫濁、見濁、煩惱濁、眾生濁、命濁，本指滅劫時世間所起之五種濁染；此喻指娑婆世間之穢惡不淨也。

觀到我空。以我性不可得，故離法執而離我執，由是薩迦耶見不起，無我無我所。《金剛經》先明法空，也即是此義。生死的根源，即無明，或薩迦耶見，或識；必審觀無自性而離此顛倒戲論，始有解脫分。[51]

從《中論》所列觀門的內容與次第來看，廣觀法空的基礎仍是從觀生死輪迴——緣起因果開始，決非離緣起相而談一切法空性的。如全論二十七品中，初二品以緣起法的「八不」性質[52]提揭其「中道」義，也就是從因果相關，如環無端的緣起相中，總觀諸法無自性空；再從緣起還滅相中，進觀諸法的不生滅性。後二十五品的觀門內容，則別觀四諦，分別是以六情（六處）、五陰（五蘊）、六界為所緣，而觀照世間苦的自性空，並觀察惑業、三毒、三相中，作業受報的無我、無我所，人法皆空。

（二）「一念三千」以修心為要

---

[51] 印順導師：《中觀今論》，【妙雲集】中編之二，頁二五二。

[52] 八不說，即《中論》「觀因緣品」中說：「不生亦不滅，不常亦不斷；不一亦不異，不來亦不出。」（龍樹造，鳩摩羅什譯，【大正藏】第三十冊，頁一）

智者大師禪觀之教，亦得自《般若經》與《中論》。若溯其源流，則從北齊慧文禪師開始，其讀《大智度論》中的「一切智實一時得」之說，以及《中論》所說：「眾因緣生法，我說即是無（空），亦爲是假名，亦是中道義。」之偈，即悟入一心三觀，圓融三諦之旨。慧文以傳慧思而弘化南方，再傳至隋智者大師，從禪出教，宗本《法華經》、《涅槃經》，後開一代天台教觀之學。其所明之圓頓止觀，曰：百界千如，三千諸法，即空、即假、即中，皆具足於介爾妄心之中，名爲「一念三千」。[53]此「三千諸法」即是一切法，而「介爾有心，即具三千」。如說：

此三千在一念心，若無心而已，介爾有心，即具三千，亦不言一心在前，一切法在後；亦不言一切法在前，一心在後。[54]

---

53 「一念三千」中，三千之數可分解為：一、十法界：地獄、餓鬼、畜生、阿修羅、人、天、聲聞、緣覺、菩薩、佛，每一法界即具十法界，故十界互具成百界；二、又有三世間：五陰世間、衆生世間、國土世間，三、十如是：如是相、性、體、力、作、因、緣、果、報、本末究竟等。三世間各有十如是而成三十。百法界中，一一有三十，總為三千諸法。

54 智者大師：《摩訶止觀》卷五上，【大正藏】第四十六册，頁五四上。

此一念心，不縱不橫，不可思議，非但已爾。佛及眾生，亦復如是。華嚴云：「心佛及眾生，是三無差別。」當知己心，具一切佛法矣。[55]

一念（心）具十法界，……法性自爾，非作所成。[56]

此中，「縱橫」是時間的先後（縱）或同時（橫），「具一切法」的「具」是「即」的意思。也就是：此一念（法性）心，在聖不增，在凡不減，顯現與不顯現，亦是無有差別，法性平等不二，具足一切法而泯然無別，故一念心即一切法。

而此具一切法之一念心，智者大師說是：

其實只一念無明法性十法界，即是不可思議一心，具一切因緣所生法。一句，名為一念無明法性心，若廣說四句成一偈，即：因緣所生心，即空、即假、即中。[57]

何故名爲「無明法性心」？因爲眾生之迷染以無明爲本，無明所造之極重惡業爲地獄

---

55 同上，頁九中。
56 同上，頁五一上。
57 智者大師：《四念處》卷四，【大正藏】第四十六冊，頁五七八下。

報；聖證以法性爲本，法性圓證即爲佛。而十法界不出迷、悟，染、淨，亦不外無明、法性，故無明即法性，法性即無明，故名「一念無明法性心」。從「無明」這一面來說，眾生心「具」不思議佛法；從「法性」這一面來說，眾生心「具」生死雜染。智者大師即依於此義，說斷煩惱是「不斷斷」，因爲法性具惡，故無可斷也；修行是「不修修」，即性是修，故無別修也。

而天台學又本於龍樹學，故以「一念三千」爲因緣所生法，即空，即假，即中。亦即：

> 若法性無明合有一切法陰界入等，即是俗諦；一切界入是一法界，即是真諦；非一非一切，即是中道第一義諦；如是遍歷一切法，無非不思議三諦。[58]

祇此「一念無明法性心」中，具足一切法，相依相即，非一非異；其中雖有迷悟（陰界入俗諦）、諦觀（一法界真諦）與修證（中道第一義諦）等表象的差別，但是即三而一的純一實相，豈有或三或一之隔別？故三諦即是一諦，一實相之外更無別法。

天台宗在「三諦圓融」，「一念三千」的思想基礎上，建立圓教的「性具說」。亦即：

---

58 智者大師：《摩訶止觀》卷五上，【大正藏】第四十六冊，頁五五中。

法界諸法中之每一法，本來即圓具十界三千的迷悟因果，此即「性具」義。於此「一念三千」流露出了圓融高妙的理境。以此反映在止觀修持方面，天台重視的是心地法門，如說：

> 諸佛解脫當於一切眾生心中求，眾生心亦當於諸佛解脫中求。……一切世間中無不由心造諸陰，只心作耳。觀無明心畢竟無所有，而能出十界諸陰，此即不思議。……別則隔歷，圓則一念具。觀此一念無明心，即是眾生，眾生即法性。[59]

也就是說，心、佛、眾生既然即三即一，則真如之理（性）本來具足迷悟之諸法，故諸佛聖者之解脫境界，亦當於（眾生）一心中求之，此可謂「理具三千」；而世間一切亦由於心而造作諸五蘊（陰）世間等，故此「理具」而常隨緣現起，且諸相宛然，謂之「事造三千」。而所謂終日隨緣，終日不變，即是此「理具三千」與「事造三千」之同一，也就是「性具」[60]而現爲「事造」，故理事不二的奧妙之理；法界中性具九法界而不斷，這才完成了圓教義的最高理境。

---

59 智者大師：《四念處》卷四，【大正藏】第四十六册，頁五七九。

60 性具，天台家認為這即是吾人本有之真如法性，又作本具、理具、體具。

然而此等玄深之理，奧妙之境，需有高層次的禪觀能力方能悟入，智者大師認為並不適合初學者修習，故云：「止觀法門實非淺，……說易行難，豈可廣論深妙。」[61]所以秉持「一念三千」的要旨，智者大師指導初學從「觀心法門」的基礎方法，做「一心三觀」的修持，而所觀之心，更強調在種種心之中，直下去觀第六意識的一念心。故云：「行者於初坐禪時」，用繫「心」，隨「心」的定學準備工夫，進而修「隨心所念，一切諸法，悉知從因緣生，無有自性，則心不取」的「體真止」，經過一連串的歷境緣心之修持，「從所念一切諸法，念念不住」中，到達「能了知一切諸法，皆由心生，因緣虛假不實，故空」的境界。[62]於體悟諸法假而無實中，從假觀以入空觀，是名「二諦觀」。然而「若住此觀，則墮聲聞、辟支佛地」，故應善知「前二觀是方便道」，進而「雙照二諦，心心寂滅，……於一念中具足一切佛法，……行於中道正觀」，[63]至此，才是完成了從「一心三觀」以臻「一心三諦」的圓頓

61 智者大師：《修習止觀坐禪法要》，【大正藏】第四十六冊，頁四六二，中欄。
62 同上，頁四七二中。
63 此段原文敘述之篇幅較多，為避免過多的支離，以順行文之語氣，在此只摘引重要文意，而以上下引號標明方式以註明原文。其總出處見智者大師：《修習止觀坐禪法要》，【大正藏】第四十六冊，頁四六七至四七三。

證境。可知天台禪法，從初學經歷久修，以至於得證，在整個過程中，都是以修心爲先、爲要的禪觀法門。

（三）「成佛之道」以修身爲先

從「四念處」起修，在「法住智」的基礎上進證「涅槃智」，這是聲聞禪法的重要次第，也是《阿含經》中處處可見的教說。印順導師禪學思想中的慧觀法門，紹述《般若經》與龍樹《中論》的般若性空見，而遠承《阿含經》以來，共三乘的止觀修學傳統。他認爲緣起法不能泛談、泛觀，尤其是離開現實的色身，很容易掉入心念的玄思冥想中。故稱讚龍樹菩薩能夠「繼承佛說的獨到精神，以爲初學的，應先從觀身下手。」[64]故說：

> 惑業由分別，分別由於心，心復依於身，是故先觀身。[65]

佛法「空」義，主要體悟眾生與諸法的空寂性。……因爲生死是由於惑、業，惑、業由於分別，……而「此惑亂的妄分別，是由於心」而有的。但是於此不能忽略身心的緣起性，

[64] 印順導師：《成佛之道》增注本，【妙雲集】中編之五，頁三五二。
[65] 同上。

故「心又是依於身的。」[66]

在此強調的是，在理論上，雖然一切有為法皆同一法空性，以次第或不定的觀察，都同樣能體悟緣起性空的正理，但是佛陀所說「四念處」的修道項目，不僅只是平列禪觀所緣，更是先後覺觀的次第。觀身為先有兩個殊勝，一是為了破除眾生向來對自身嚴重的愛著，所以用觀身的不淨、無常，來對治此一妄執。依觀身為基礎，方能觀察到更飄忽細微、變動迅速的「心」的本質，心的功能（分別作用），心的效果（惑業）等諸多內容。

筆者曾就此做進一步的分析：「原來，身念處之所以在先，除了須要打破眾生對身體的牢固執著之外，還來自『心剎那不住』之原理——跳躍不停，剎那不住的心法，比色法的運作速度快了很多，根本就不是初學者粗糙的念知之力所能把握的。而身的覺受比心法穩定，也較易為下手觀處，更由於身比心粗顯，身、受交感，待到觀身漸細漸穩——即由最粗顯的身姿，至身息，身的四大、三十二分身等，漸進而微觀身識相應之苦、樂、捨等覺受之變化無常，以及隨覺受而起之心念的起伏無常，以證入蘊等身心之法無我的空性智慧。此乃『身、

66 此段上下引號中文字，為原文摘引，出處同上。

受、心、法』四念處的殊勝所在，適宜用爲最佳修觀次第。」[67]

也就是說，「身」之於「心」，因其相對的穩定性，對於初學者或念力不足者，較易於觀察。進而言之，色身必然敗壞，必趨於死滅，眾生雖然或有戀著者，但是並不太容易對之生起常恆想，反而是對於心意的剎那變易，念念不住，初學者雖不容易把握——散心位上觀心，但是久學而能住心於定者——定中意識位上的住心一境，（其它雜念不生的）一念不起，若此時不能再依身而觀察，體悟到心色的緣生相依性，不能嚴格地簡別此中是定中一念不起的無住無念（無分別定），還是離六種相不見的無分別智？[68]則很容易忽略「心依於身」的緣起觀照，而做跳躍式地玄想，墮入離色、心——五蘊、六處而計有常住、永恆「神我」的玄想戲論中了。

印順導師貫通《阿含經》與龍樹菩薩《中論》的共義，著重佛陀「依身起修」的四念

---

67 拙著：《人間佛教禪法》，頁二四三。

68 此六種不現的無分別智是：一、是心識能取、所取的二取相不現的「無所觀」；二、是能詮、所詮的言說相不現的「無言說」；三、是依以認知的（六）根不現而無住；四、是六根不起，則境無所現的「無境」，五、是根境無住無現，故識則「無所了別」。六、器世界本為衆生之所依住，無分別智現前，器世界不現，故經云「無依處」。（詳見拙著：《人間佛教禪法》，頁二二六至二二四）

處，認爲這是共三乘的止觀修持法門，並指出應該先以「修身」爲善巧，方能避免掉入「以定爲慧」，或執著一超越色心之「神我」的邪見中。而這正是他與智者大師在禪觀見地方面的最大歧見。

六、菩薩初學三要門的取向

（一）大乘禪法以三昧行門爲特勝

菩薩所發之心爲上品菩提心，他雖然與聲聞一樣，也體會到三界流轉，輪迴生死的苦難，但是在「未能自度先度人，菩薩於此初發心」的悲心驅策下，因不忍眾生苦，故論修行則以「利他」爲先。所以，聲聞與菩薩的差別在於，前者重於解脫（自利），而後者則重於從度生（利他）中完成自利。聲聞行人在未得解脫以前，厭離心太深，不注重修學利他的功德；證悟以後，論利他也不過隨緣行化而已。然而菩薩在自利解脫之前，初心初學即著重慈悲的利他行，以後隨法空慧的漸學漸深，則更能發揮般若利生的大用。此中，禪修有助益於菩薩行的是，發揮「依住堪能性，能成所作事」的力量。

初期大乘佛教雖然涵攝聲聞教法，也提倡四禪八定的定學，與觀名色、緣起的慧學，但是從諸多大乘經中勸修種種三昧的文獻可知，大乘的禪波羅蜜更重視在「三昧」的修持。「三昧」意爲等持——平等持心，是禪定（住心一境）的特質之一，故三昧包含在廣義的禪定中。在《阿含經》中，三昧皆隨修觀的所緣境而立名，如三三昧——空、無相、無願三昧；[69]此中，「空」的要義是無我、無我所，廣義應用於身心的淨化，則是遠離一切煩惱的空寂——涅槃。故一切無我、無我所的觀察，都是相應於空——破我執的禪觀，這也是經中常說的：「無常故苦，苦故無我、無我所」的深觀。經中雖然依於無常、苦、無我的修觀所緣不同，而立爲三解脫門——三三昧，但這其實是於同一緣起法空性，而作三個不同角度的覺觀與悟入。在《大智度論》中，龍樹菩薩進一步指出，這也是同歸於一法空性的大乘深觀，故三三昧實同緣於一實相，三法印亦即是一實相印。如說：

69 有關於空、無相、無所有（無願）三三昧的修持，在《阿含經》乃至《大智度論》中，皆對於「異名異義」與「異名同義」的各種説法提出介紹與解釋；這可視為是最初時，或取為禪觀所緣的彼此不同——異名異解，但是最後所得境界，實為同歸於空義的體悟——異名同解。如説：「觀諸法空是名空，於空中不可取相，是時，空轉名無相；無相中不應有所作為三界生，是時，無相轉名無作。」（龍樹菩薩造・鳩摩羅什譯：《大智度論》〈釋初品中三三昧〉卷廿，【大正藏】第二十五册，頁二〇六上至三〇七下）

涅槃城有三門，所謂空、無相、無作。……用實觀得入三涅槃門。問曰：何等空涅槃門？答曰：觀諸法無我、我所，空；諸法從因緣和合生，無有作者，無有受者，是名空門。……摩訶衍中是一法，以行因緣故，說有三種。……摩訶衍義中，是三解脫門，緣諸法實相，以是三解脫門，觀世間即是涅槃。何以故？涅槃空，無相、無作，世間亦如是。問曰：如經說涅槃一門，今何以說三？答曰：先已說，法雖一而義有三。[70]

印順導師亦曾歸納二十幾種專以「三昧」爲名的大乘經爲例，指出它與通泛的禪波羅蜜不同，這是專門修持某一所緣，而得三昧力之扶持的，由此可見三昧法門在大乘經中的地位。[71]

大乘的智證，三昧（定）與般若（慧）是合一的。此中三乘的差別是，聲聞行者修禪而攝心入定，以靜坐爲主；其入定時，五俱意識不起（即沒有見色、聞聲等作用），唯有定中意識的內心明淨而得心一境性。但是菩薩行三昧禪觀的特色則不偏於靜坐，而更重視在行、

---

70 同上。

71 印順導師：《初期大乘佛教之起源與開展》，頁一二一四，一二一六至一二一八。

住、坐中修習心念的等持——三昧力，以入於唯一實相的甚深觀慧——般若。

基於以上的討論，更接續前段所說「三三昧與無量三昧同證一涅槃門」的分析，就此進一步發揮：在大乘重視依三昧而修觀慧的諸多法門中，依一實相印的深觀而修的三昧，是重於智慧的，而依於緣眾生苦起大悲心而修的三昧，是重於慈悲的；大乘禪觀承襲聲聞教法並加以發揮，前者是三三昧觀門的深化，後者是無量三昧行願的發揚。尤其是大乘諸多緣眾生以發菩提心的度生三昧，是重新闡發被聲聞遺忘了的，佛陀度生的悲心與願行。

（二）圓頓止觀以信願行入法華三昧

以信願、慈悲、智慧的菩薩三要行而分，意欲求成佛道的信願，初學者從念佛（五分法身）功德，乃至於念佛相好，增長信心的行法，這是重於信願的三昧行門，這在《阿含經》中也可以尋得思想的源頭，如以增長信心、消除怖畏的六念（乃至十念）法門等。[72]

---

72 又作十隨念，在《增一阿含經》卷一中載有念佛、念法、念僧、念戒、念施、念天、念休息（即止息心意之想動）、念安般（觀息）、念身非常、念死等十念。在《清淨道論》修定篇的四十種業處中，亦有十念法。

智者大師在《摩訶止觀》中勸修四種三昧，其名稱以修持時的姿式立名，[73]它們的所緣境是：「常坐三昧」則「專稱一佛名字，慚愧、懺悔，以命自歸」；「常行三昧」源出「般舟三昧」，以口稱、心念等觀彌陀佛；「半行半坐三昧」則懺悔、懸幡、供僧、持咒、念佛等；「非行非坐三昧」則請彌陀、觀音、勢至三聖等。故知此四種三昧是念佛（乃至菩薩）、見佛相好，從信願心入門的三昧法門，如說：

觀佛相好……，是為見應佛相好，上求下化，發菩提心。[74]

書中說，依此等懺悔，稱名，觀像成就，再進一步體悟到：從念佛到觀佛（法），是從非心非色，斷盡妄識而得的覺觀，如此才能證入佛果的究竟等覺。如說：

我當從心得佛？從身得佛？佛不用心得，不用身得；不用心得佛色，不用色得佛心。

---

[73] 如說：「勸進四種三昧，入菩薩位。說是止觀者，夫欲登妙位，非行不階。……行法衆多，略言其四：一、常坐，二、常行，三、半行半坐，四、非行非坐。」其中的坐或行等，皆是修持時之姿式。（智者大師：《摩訶止觀》卷二上，【大正藏】第四十六册，頁一一上）

[74] 出處同上，頁六中。

何以故？心者佛無心，色者佛無色，故不用色、心得三菩提，佛色已盡，乃至識已盡。[75]

在本文的第五節中，針對天台禪法的主軸脈絡與重要理路，分析其重視「修心爲要」的禪觀所緣，與如何從「一心三觀」到「一心三諦」的理路。智者大師雖然建構了此一修持法門，但是也站在大乘佛教學者涵納一切的立場，廣說共三乘的禪法所緣與止觀次第。但是在實修中，不可能寬泛地念住於一切所緣而修。筆者乃從《摩訶止觀》中，找到了天台圓教大乘以觀相的信願門起修的線索，於此進一步考察天台法華三昧的內容，可以清楚地了解此一法門的具體內容。

在《法華三昧懺儀》中，[76]智者大師明確地教導依懺悔、念佛等，以入於一實相境界的信願三昧行。於此，再分事修與理修，如云：

欲修大乘行者，發大乘意者，欲見普賢菩薩色身者，欲見釋迦牟尼佛、多寶佛塔分身

---

[75] 同上，頁一二中、下。

[76] 據載，智者大師曾於光州大蘇山中入此法華三昧。關於法華行門，更說有智者大師作品傳世。然今之《法華三昧懺儀》一卷，若根據遵式〈法華三昧懺儀勘定元本序〉內容加以推論，則本書之現存本已非大師所作之原貌，而應有後人增刪之筆。

> 諸佛及十方佛者。……欲得……淨一切煩惱，滅一切障道罪，現身入菩薩正位，具一切諸佛自在功德者，先當於空閑處，三七日一心精進，入法華三昧。[77]

這是「事修」法華三昧，是「欲見普賢菩薩色身、釋迦及分身之諸佛等，乃至欲滅一切障道罪，及欲於現身入菩薩正位者」的大乘信願行。其修持的具體方法是：以勤修懺悔、勸請、隨喜、迴向、發願等行門，入於甚深之妙樂禪定，並進而觀照六根觸境生識皆空，以了達實相三諦之正觀。如說：

> 行者初入道場，當具足十法：一者嚴淨道場，二者淨身，三者三業供養，四者奉請三寶，五者讚歎三寶，六者禮佛，七者懺悔，八者行道旋遶，九者誦法華經，十者思惟一實境界。[78]

而「理修」則是反觀禮佛之心，其心性乃不生不滅，以其本來即爲一常相故。如說：

> 如禮佛時心性不生不滅，當知一切所作種種之事，心性悉不生不滅。如是觀時，見一

---

77 智者大師：《法華三昧懺儀》，【大正藏】第四十六冊，頁九四九中。

78 同上，頁九五〇上。

切心悉是一心，以心性從本已來，常一相故。行者能如是反觀心源，心心相續。……是名理中修一心精進法。[79]

從上來的說明，可知智者大師法華三昧的內容，可溯源於聲聞禪法中六念（乃至十念）的修法，這是大乘的信願三昧行門，是以念佛、懺悔、增長善根以趨入於佛乘爲特色的修持。

（三）人間佛教以慈悲行修無量三昧

印順導師依於大乘《般若經》中所說的菩薩三心：「一切智智相應作意，大悲爲上首，無所得爲方便」，[80]而開演菩薩道的行門。他又曾闡發《華嚴經》「入法界品」的深義，來說明般若入世無礙的妙用。他指出：大乘的真諦是以出世之心廣行利生之事，更是從助人的世間事業中直入解脫。在《印度之佛教》中，以淺白的文字說明菩薩的三種精神，即是「忘

79 同上，頁九五〇上。

80 如經中說：「若菩薩摩訶薩，以一切智智相應作意，大悲為首，說諸靜慮無量無色時，不為聲聞獨覺等心之所間雜；持此善根，以無所得而為方便，與諸有情平等共有迴向無上正等菩提。」（唐・玄奘譯：《大般若波羅蜜多經》「善現品」卷四八七，【大正藏】第七冊，頁四七三中。）

己爲人」、「盡其在我」與「任重致遠」的偉大情操。[81]

此中，「忘己爲人」乃因大乘行人的悲心深切，故常懷忘己爲人的無限精進力；菩薩之所以要修學止觀，不是爲了耽戀禪悅之樂，也不是只顧自己的解脫，而是藉著禪觀修持，用以調伏自身的煩惱，並鍛鍊心性使之堅強與堪忍，如此方能成就利生助人的大悲願行。

而「盡其在我」是：「菩薩比聲聞更難，他是綜合了世間賢哲（爲人類謀利益）與出世聖者（離煩惱而解脫）的精神。他不厭世，不戀世，儘他地覆天翻，我這裡八風不動；但不是跳出天地，却要在地覆天翻中去施展身手。……菩薩是強者的佛教；是柔和的強，是濟弱的強，是活潑潑而善巧的強。」[82]

在「任重致遠」的部份，則著重在鼓勵行人發長遠心，不求急證。因爲「從一切法性空的體會中，繫縛與解脫的對立並不存在。這不但是理論上的善巧，更是真能表現於實際事行的。非但體悟性空如幻的聖者，能觸處無礙地入世度眾；就是初學者，也不妨在世間利生事

---

[81] 於此略說此三種精神的意義，其詳細說明與進一步發揮，請參考拙著：《人間佛教禪法》，頁三六九至三七四。

[82] 印順導師：《以佛法研究佛法》〈大乘是佛說論〉，【妙雲集】下編之三，頁一九八。

業的進修上，達到解脫。用不著厭離世間，隱遁山林，急求不受後有的涅槃。這生死與涅槃的藩籬，就此打通；大乘的積極入世精神，由此確立。」[83]這是大乘行人溯源於聲聞《阿含經》中，與三三昧同登一解脫門的無量三昧的實踐，也可以說是從慈悲三昧門起修的大乘菩薩禪法。

此中，無論是念佛相好，依於信願而修持的法華三昧，還是緣眾生苦，起慈悲心而護生的無量三昧，從三昧事行以通達空慧理證的進境方面，智者大師說的是：

> 心如夢幻不實，寂然如虛空，無名、無相，不可分別。……雖不得心非心相，而了了通達一切心非心法，一切皆如幻化，是名觀心無心，法不住法，諸法解脫，滅諦寂靜。[84]

也可等同於印順導師所說的：

> 知「一切法如夢」，為性空無我之緣起，實無生死可厭，涅槃可求（離聲聞行）。得

---

83 拙著：《人間佛教禪法》，頁三七三、三七四。

84 智者大師：《法華三昧懺儀》，【大正藏】第四十六冊，頁九五四上。

無常無我之正見，立「菩薩大願」，願為一切眾生而「受生」死（是菩薩行）。[85]

其間二者的不同，是在於依三昧起修的觀門所緣不同，智者大師明言，依於「觀佛相好，發（菩提）心」[86]的信願門而起修，還是要進一步觀察「若見如來，知如來無如來，若見相好，知相好非相好，如來及相，皆如虛空。……雙照生滅不生滅，即一而三，即三而一。」[87]而印順導師從慈悲門起修，之所以能發長遠心，不求急證的行菩薩道，主要還是從緣起空慧中，體悟到「實無生死可厭，涅槃可求」，所以雖然從不同門出發，但是從理悟的角度而言，二者皆同入於一實相印中。

（四）從信願易行道轉進慈悲難行道

大乘菩薩道的六度行門中，以「摩訶般若波羅蜜」統攝其它五度的利生善德，佛法不共世間的特色，就在這緣起空性的智慧。在菩薩三要門中，也以般若行統攝信願與慈悲，所以

---

85 印順導師：《青年的佛教》〈青年佛教運動小史〉，【妙雲集】下編之五，頁一一。

86 智者大師：《摩訶止觀》卷一下，【大正藏】第四十六冊，頁六中。

87 同上，頁六中至七上。

無論是法華三昧的信佛功德，念佛相好，還是無量三昧的愍傷眾生，廣行利生，都以發菩提心為始初，而終於匯歸到一實相印的中道——中觀般若。

在理論的實然與理想的應然中，菩薩因為能深觀緣起法性的相依相攝，更能善觀緣生法相的如幻如化，所以應當廣學一切善法，廣度一切眾生。統攝在智慧門中的信願行與慈悲行，在理境上雖可融會在即一即三，即三即一的高妙理境中，但是落實於現象界的實踐，卻也不能不加入時間因素的考量。故龍樹菩薩在《十住毘婆沙論》中，提出「易行」與「難行」兩個概念，在實踐時間的先後順序上，對信願行與慈悲行提出解說。

首先，是以行人乘船的安樂與容易，或是步行的遲緩與艱難，來譬喻修行菩薩道有易行與難行二種。這一比喻，重點不是從眾生或智或愚的不同根機，而說法門內容或修持進程的難易，而是針對修持過程，相較於身心的因苦而說難，於因樂而說易。亦即，易行道較為輕鬆且免於勞苦。如云：

佛法有無量門，如世間道有難有易，陸道步行則苦，水道乘船則樂；菩薩道亦如是，或有勤行精進，或有以信方便易行疾至阿惟越致[88]者。[89]

再者，說明信願易行的菩薩道，其修行的具體內容是：念佛、禮拜、懺悔，回向等；不但禮一佛，更要禮拜十方佛，以此生起對於佛（及諸大菩薩）功德的好樂信受之心。於此能增長功德，身心調柔。徵諸法華三昧的行門內容，就忠實地表現了此一信願易行門的修行特色。如說：

若菩薩欲於此身得至阿惟越致地，成就阿耨多羅三藐三菩提者，應當念是十方諸佛稱其名號。……皆應憶念禮拜，以偈稱讚。……應憶念恭敬禮拜，求阿惟越致地。[90]菩薩能行如是懺悔、勸請、隨喜、迴向，……福力轉增，心調柔軟，於諸佛無量功德，清淨第一，凡夫所不信，而能信受，及諸大菩薩清淨大行，希有難事，亦能信受。[91]

---

[88] 梵語abhisambuddha之音譯（巴利語同），意譯為現等覺，此指成就正覺之聖者境界——佛陀果位。

[89] 龍樹菩薩造，後秦・鳩摩羅什譯：《十住毘婆沙論》卷五，〈易行品〉第九，【大正藏】第二十六冊，頁四一中欄。

[90] 同上，頁四一中至四五上。

[91] 同上，卷六，〈分別布施品〉第十二，【大正藏】第二十六冊，頁四九中。

第三，龍樹菩薩接著將大乘的可貴精神，菩薩道的慈悲心髓，在信願、易行的基礎上，轉入慈悲心、難行道的行持。如說：

菩薩信諸佛菩薩無量甚深清淨第一功德已，愍傷諸眾生無此功德，但以諸邪見，受種種苦惱故，深生悲心，念是諸眾生，沒在苦惱泥，我當救拔之，令在安隱處。……菩薩是求佛道，度苦惱眾生，……是故常應一心勤行，無令放逸。[92]

從信願門入大乘者，已能於諸佛所中累積信心與淨福，但反觀諸眾生，仍被無明邪見所障蔽，仍然沉沒於諸多苦惱的擾害中，故心生愍傷，起意欲救拔想。龍樹菩薩說，即此一念慈悲心，發起精勤勇猛，以實際的行動，投入上求佛道，下化眾生的具體實踐中。

最後，菩薩道的易行與難行，並非修道時序上的先後必然順序。龍樹菩薩指出，大乘以慈悲利濟行爲菩薩道心要。如佛之所說，大乘行法誓度無量眾生的莊嚴願心，是難能可貴的，卻也是最爲艱難久遠的任務。部份心志怯弱者，發願求成佛果的深智與功德，卻也常有不堪負荷的擔憂，與欲辭勞苦的放逸。龍樹菩薩提醒此一要點，而後再爲說信願易行法門，因爲

---

[92] 同上，頁四九中—下。

此中仍有增長意樂，勸發來學的寓意與功能。如說：

問曰：「（菩薩）至阿惟越致地者，行諸難行，久乃可得。……是故若諸佛所說，有易行道，疾得至阿惟越致地方便者，願為說之。」

答曰：「如汝所說，是傳弱怯劣無有大心，非是丈夫志幹之言也。何以故？若人發願欲求阿耨多羅三藐三菩提，未得阿惟越致，於其中間，應不惜身命，晝夜精進，如救頭燃。……行大乘者，佛如是說，發願求佛道，重於舉三千大千世界，汝言阿惟越致地，是法甚難，久乃可得；若有易行道，疾得至阿惟越致地者，是乃怯弱下劣之言，非是大人志幹之說。汝若必欲聞此方便，今當說之。」[93]

故以大乘菩薩的正常道而言，慈悲難行道是直入，信願易行道是迴入，而終究將匯歸於一大乘的「成佛之道」。

這裡需要特別注意的是：上來的說明，是從禪學學理的角度，分析禪觀行法的內在意涵，並非意指智者大師修持「法華三昧」，就等於是大乘行人中的怯弱志劣眾生。再者，也有文

[93] 同上，〈易行品〉第九，【大正藏】第二十六册，頁四一上—中。

本資料可以體會，印順導師在強調人間慈悲行的同時，仍然重視清淨信願心的培養。此從他一篇示論學僧的文章中可以得見，如說：

以念誦、懺悔等來培養宗教情操，而將自己安立於僧團中，安立於聞思經教的慧學中，不求速成，以待時節因緣。[94]

以智者大師而言，其一生勤學法義，禪教並舉，度眾無量，所創說之天台教觀，性具、圓頓思想，更是中國人心靈中，圓熟智慧的高度成就。這樣一位偉大的宗教家與思想家，若說是怯弱志劣眾生，這將是極為荒謬的錯誤結論。

七、結論

本文從「傳承與創發」的角度出發，以印度聲聞與初期大乘佛教的集大成者——龍樹菩薩為介面，討論兩位發揚龍樹中觀學的漢傳佛教思想大師，各自對於大乘禪波羅蜜「止觀法要」的抉擇與立論。為了方便說明，筆者以概括化約的方式，提出了「融貫」與「精嚴」的

[94] 印順導師：《教制教典與教學》〈論僧材之培養〉，【妙雲集】下編之八，頁一五三。

兩個對比概念，以標舉兩種不同的治學風格。

以下運用這兩個概念，針對主文四個禪學主題的分析，歸納爲兩個結論，分別標舉智者大師與印順導師的禪學思想特色。

（一）融貫且創新超越的天台止觀

1、架構「化儀四教」綱領，以融貫一切聲聞、大乘禪法

天台收攝各類禪法於「化儀四教」中。但是「四教」的各別名目，則並非由智者大師首創與率先使用，而是流傳在當時的各種教判；只是智者大師能融貫「南三北七」的各家說法，建構一套「化儀四教」的綱領，依於《般若經》、《大智度論》整理聲聞、大乘諸多禪法的基礎，巧妙地建構一套詮釋理論，對於諸多異說做「各就其位」的收納，並自成體系地提出合理的解釋。

2、寓創新於融貫，提出「圓頓止觀」的特見

智者大師的「融貫」手法，不是舊名目的堆砌，而是賦予各種修持異說的新詮釋，在價

值定位的同時，更體悟到一種超越舊有的禪法——全體的，圓頓的修持理境——摩訶止觀。這是智者大師的思想創見，也是天台止觀的精髓——既「超越於內」，又「不出其外」的圓頓止觀。

3、融貫信願行門，創修法華三昧

天台性具思想的理境高蹈而玄妙，其入門起修之方法則平易簡要，表現了智者大師應用「理具」與「事造」原則，在實修方法上的善巧施設。對於諸多信願三昧行法的處理，智者大師以一貫的融會手法加以歸納與解說。

再者，就其專一弘傳的「法華三昧」而言，大師原師承自南嶽慧思，而後在光州大蘇山入此三昧，有其個人之實修體驗；從禪觀所緣的施設而言，他擷取《法華經》、《觀普賢菩薩行法經》等大乘經典的精華，再設計出一套完整表現大乘三昧與法華正義的修行儀軌，這是以傳統信願行的禪修所緣爲基礎，再成一融貫後的創新，終於爲諸多的大乘三昧，再增添一項新的行法——「法華三昧」。

（二）精嚴而「新義如舊」的人間佛教

相較於智者大師諸多融貫而超越的創見，印順導師治學的成就則在另一方面。他精嚴分判定慧差別，在禪法的簡擇上，重視古義之重光。比如，重新發揚被聲聞禪法所忽略的無量三昧，並以之貫通緣起性空的三乘共觀，勸修此一彰顯大乘不共的慈悲心要。

再者，注意到龍樹菩薩般若深觀的修慧所緣，遵循《阿含經》「四念處」中依身起修的禪觀次第，故在《成佛之道》中特別回應此一禪修所緣，實屬舊義的轉向與回歸。

第三，在器世間的認同上，也做一價值回歸的轉向，這就是「人間佛教」思想的精神。亦即，總結佛陀一代時教與龍樹菩薩的義學成就，為人菩薩行者做出「人間佛教」的價值定位。所謂的「人間佛教」，是價值認取的轉向，這不是指異熟果報生於人間，而在人間行一切人間法，而是重新彰顯「諸佛皆在人間成佛，終不在天上成佛」的深義，[95]對於身在人間卻厭棄人間，欲求他方（淨土）的修行心態，提醒佛弟子：重新回歸佛陀的本懷，深入大乘的心髓。

無論是「無量三昧」的提出，還是「修身為先」與「人間佛教」的兩種轉向，都是佛法

95 經云：「佛世尊皆出人間，非由天而得也。」（東晉．瞿曇僧伽提婆譯：《增一雜阿含經》卷二六，〈等見品〉第三十四，【大正藏】第二冊，頁六九四上）

傳統的舊說，故印順導師的禪學思想，正如其在〈平凡的一生〉中之自況，可說是「新義如舊」。[96]此中的「舊說」，是指佛陀本懷與大乘心髓；而「新義」，則是結合中國傳統人文精神而有的「新」。放眼今日，南傳佛教棲心聲聞，西藏佛教意趨天化佛乘，印順導師則迴異南傳與藏傳，以大乘人菩薩行爲中心思想，強調以「建設人間淨土」來取代「求生他方淨土」的心態轉向，呼應儒者「此時、此地、此人」的現世人文關懷，這是蘊育於淳樸剛毅的漢傳佛教大傳統中，復接軌於《阿含》與龍樹「緣起中道」義的新精神與新創見。

（三）離精嚴無貫攝，離貫攝無精嚴

從大歷史的角度觀察，智者大師的天台教觀思想，在思想義理與禪觀實踐方面，展現了漢魏兩晉南北朝佛教的總成果，這是漢傳佛教吸收外來文化後的高度思想成就，也是依於精嚴而開出融貫超越的治學成果。而印順導師正爲承受百年西風東漸的漢傳佛教，示範一個吸收異文化的態度——無精嚴則無以言貫攝，無論是整理故珍，還是面對新局，切莫籠統含渾，雜亂拼湊，更不應無視於先人辛勤耕耘的成果，否則將被世界時潮邊陲化。

[96] 印順導師：〈平凡的一生〉，《華雨香雲》，台北：正聞，頁一〇九。

漢傳佛教爾後將需要積極與西方文明深度對話，更必須與南傳、藏傳佛教攜手弘化，在尊重多元與齊頭並進的同時，「離精嚴無貫攝，離貫攝無精嚴」的精神，或將是使漢傳佛教能夠與當代對話而回應普世價值，又能夠發揮自家文化特色，並維持本身主體性的一項重要原則。智者大師與印順導師的治學典範，值得大家效法與學習。

九十二年三月二十二日　完稿於弘誓學院法印樓

——第四屆「印順導師思想之理論與實踐」學術研討會，弘誓文教基金會，九十二年三月二十九、三十日

◎參考及徵引書目：

一、藏經

- 東晉・瞿曇僧伽提婆譯：《增一雜阿含經》，【大正藏】第二冊。
- 後秦・鳩摩羅什譯：《摩訶般若波羅蜜經》，【大正藏】第八冊。
- 龍樹造，後秦・鳩摩羅什譯：《大智度論》，【大正藏】第二十五冊。
- 龍樹造，後秦・鳩摩羅什譯：《十住毘婆沙論》，【大正藏】第二十六冊。
- 龍樹造，青目釋，姚秦・鳩摩羅什譯：《中論》，【大正藏】第三十冊。

二、智者大師著作（出自【大正藏】第四十六冊）

- 《摩訶止觀》
- 《修習止觀坐禪法要》
- 《釋禪波羅蜜次第法門》
- 《六妙門》
- 《四念處》
- 《釋摩訶般若波羅蜜經覺意三昧》

● 《法華三昧懺儀》

三、印順導師著作

● 《般若經講記》，【妙雲集】上編之一，台北：正聞，一九八八。以下同。

● 《中觀論頌講記》，【妙雲集】上編之五。

● 《中觀今論》，【妙雲集】中編之二。

● 《唯識學探源》，【妙雲集】中編之三。

大學院校禪修教學之理念與方法

說明：本文為應邀參加九十五年四月，於中國杭州舉辦之首居「世居佛教論壇」的會議論文。論旨從佛陀教法的普遍性，分享筆者近年在大學教授佛教禪修的教學方案與經驗。其中專門之禪學理論，於本書〈結期精進之禪觀所緣〉一文（頁三五至七三）中，有較完整而詳細的分析。故本文只節錄佛教禪修涉及生命教育、大腦科學等學門領域之討論，其餘介述禪修意義與方法之段落，只保留章節名稱，內容請讀者參閱前文。

佛法，不祇是一套知識性的學問，它更是讓生命活得更燦爛、更光明的人生智慧！佛法，不應祇是佛教徒的「專利」，任何人都可以從其中汲取養份，豐富人生！

筆者於大學院校講學之際，深覺佛法中洞觀的智慧與深徹的慈悲，青年學子們縱然只是淺嚐一二，也能受惠無窮；而且佛陀的教法本來就具有超越性與普遍性，只要講授者如實運用得宜，絕對不會引起宗教、宗派上的對立，更不會讓無信仰者有威脅感或排斥心。故在大學授課時，嘗試將佛法的精神特色與禪修的具體技巧編入教材，在教學的過程中，也得到同學們很好的回響。

一、佛教的禪修鍛鍊能補生命教育之不足

臺灣教育當局近十年來，開始重視「生命教育」課程的設置，主要是著眼於學校教育除了重視知識的傳授，亦不應忽略生命價值與生活目標的啓發，故明令各級學校應以「生命教育」爲教育重心，並規劃具體教學方案，期能培養青少年具備良好的品格，於人於物感恩惜福，有能力面對人生困境，並充份發揮生命的價值。

筆者於二〇〇二年應邀於臺北師範學院講授「生命教育」課程，二〇〇二年起於東吳大學擔任「佛教經典選讀」課程。前者是師範教育的師資培育課程，授課內容不宜涉及特定宗教教義的傳授；後者雖名爲「佛教經典選讀」，但這並非宗教學院或佛學院所開設的課程，而是隸屬於哲學系的大學通識教育課程，選修的學生多數是法商學院的中高年級學生，應重

視佛法義理對於學生生命意義的啓示與生活價值的發揚。從廣義而言，二者都可視爲「生命教育」的課程。

生老病死，是生命的必然歷程；順逆窮通，更是人生際遇所不免，而現代生活又充滿著緊張與壓力，在在都需要清明的心智與良好的情感調節能力。筆者認爲，理想的「生命教育」，在人生哲學與宗教信仰的追求上，肯定多元價值；在認知判斷與情緒調理的學習上，重視彈性處事與應變的能力。而培養學生堅定自身的人生目標與尊重多元，善處多變的世態，都是「生命教育」所應用心之處。而筆者認爲，在根本原則與當機應用的中間，更可提供一種訓練，它雖不是價值肯定，但卻有助於實現人生理想的能力；雖不是喜樂境界的本身，卻有增益吾人調理心緒的能力。此即是專注力和因專注力而增強的意志力。正確的觀念，如果沒有專注力的對焦與意志力的堅持，則無法實現；而情緒的起落，如果沒有能力轉念與超越，則負面情緒將益形惡化。

傳統的教學重視知識的傳授與灌輸，但是「知道」並不等於能「做到」，知識學習過程中，當我們能清楚地專注於一個學習的情境或對象，並且能以意志力堅持長久的時間，才能提昇學習的品質與效果。所以，沒有專注力與意志力的輔助，是不可能有好的成果的。再者，情緒管理更不單純只是心理認知的層面而已，如面對至親的死亡，理智告訴自己哀傷無益，而情感上卻難以平靜如常，只有透過專注力來轉移思慮的對象，不再陷溺於無謂的哀傷，並以堅強的意志力保持心念的平靜，才能真正面對並超越一切的挫折與困難。

在佛教的戒定慧三學中，禪定力的鍛鍊，就是重視專注力的練習與培養，以及從中增進意志力的堅強，這些對於學習知識，調理情緒，都有很大的助益。因為專注力愈強，則情緒的自我調理能力也就愈強，學習知識的效果會愈好。而當我們能免於躁動情緒的困擾，也就更有能力與勇氣，來面對並處理人生中的許多危機與困境。

至於具體教材的施設，筆者以佛教傳統禪法中的「安般念」與「慈心念」，作為練習專注力的對象，並說明此一能力的理論內容、實際功效與操作技巧，並附帶提及專注力對於增強意志力的助益。

二、培養專注力之重要性

大家都同意，學習有助於心智的成長與能力的增進，而近年從腦神經科學的研究成果中得知：大腦中的神經元，會因為學習而形塑成新的連結，而且會因頻繁的使用而變得更為強韌。腦神經科學知識的進展，使吾人對於原有的教育與學習功能，增加了具體的科學佐證。[1]

早年有一個錯誤的觀念，以為大腦的結構與內容，在童年初期就已固定不變。然而現在已經知道：出生時腦部配備的神經元，在人的一生中都會繼續編織路徑；腦部會劃分出多少位置給身體與心理的活動內容，端視生活中身心的活動方式與內容，並且一生都持續不斷地在腦部留下印記與影響，進而造成神經路徑的改變，此稱為「神經可塑性」。[2]腦神經的此一特性，終生都在持續進行，個人的選擇意向與持續意志，更是驅策身心活動的主要因素。這其中，大腦反映的不只是身心訊息的改變，更能具體反應物質與心理互動的結果；也就是說，引導性心靈力量，是形塑大腦路徑的重要因素與力量。[3]此中，專注力與意志力在神經路徑發

1 有關於種種大腦功能的詳細說明，請參考Susan A. Greenfield著，陳慧雯譯：《大腦小宇宙》（The Human Brain：a Guided Tour），臺北：天下文化，九十一年十一月。

2 「神經可塑性」，即腦部各區域的互補彈性現象。腦部某區域之功能，能被鄰近或其它區域所取代。腦部功能未必特定屬於某一區域或某一神經群，當某一區域之神經群損傷時，其它細胞會逐漸學習，然後取代受損細胞的部位，例如中風者之運動功能的恢復作用。

3 有關於心念影響大腦，也就是精神活動影響大腦皮質的詳細說明，請參考Jeffrey M. Schwartz & Sharon Begley 著，張美惠譯：《重塑大腦》（The Mind and the Brain），臺北：時報出版，九十二年四月，初

生系統功能的改變上，扮演了重要的關鍵角色。

「注意力」是對於某個目標的警覺、專注作用，這是大腦的認知作用之一，也是認識過程的要素。普通說是「注意」，深刻而言，即感官與事物接觸時，如眼見色、耳聞聲等，大腦因此一接觸而反應和警動，才發而爲辨識、了別的作用。大腦此一警動反應作用，即是「注意力」。引起我人產生認知者，是大腦藉由眼耳鼻舌身意等感覺官能，接觸色聲香味觸法等對象，所產生的種種認知活動。這些訊息，平常像排山倒海而來似地充斥在我們的周遭，但是只有主動的認知，與透過專注力長時地保持覺知，才會對於對象有清楚的認識與掌握，否則雜蕪的外界訊息，並不會特別引起我們的注意或重視。

一般人平常的心念非常散亂，感官被外界的諸多境相所牽引，導致心意散動浮躁，這對於需要專心才能有成果的學習活動是不理想的；再者，人的情緒若常常易受外界的干擾，則也是非常令人苦惱的。故筆者參考佛教的禪定之學，設計簡單易學的練心方法，鍛鍊專注力與意志力的增進，以助益於知識的學習與情緒的平穩。

本文所討論的「專注力」，屬於人類的精神活動。在英文中，mind 指意識、思維和感受

版二刷。

等能力；heart 則有具象的「心臟」義，和抽象的「心情」義；head 是大腦、頭腦義。而中文的「心」，一是指「心臟」，屬於五臟之一的生理器官；二是指思想、意念、精神作用的「心」，名為心意、心念、心識等。雖有以上二種之分，然而中國傳統醫學中，「心」為五臟之一，而且被認為是主管思維和意念的處所，例如稱精神疾病為「失心瘋」。西方醫學與中國不同，自古以來即以頭部或大腦做為思想的中心。簡而言之，西方人將 mind 關聯於 head，中國人則把 mind 關聯於 heart。[4] 依於中文之慣用義，本文出現之「心」，皆指思想、意念等精神活動。

將心念投注於某個目標的警覺、專注作用，在佛教中稱為「作意」；它是心所之一，[5] 是心的精神作用，也是認識過程中的要素。如《中阿含經》云：「若內眼處不壞者，外色便為光明所照，而便有念，眼識得生。」[6] 耳、鼻、舌、身、意、識亦同。此「念」，即是「作意」，

4 參考朱師建民：《形上學》「心靈與身體」，九十三年三月，未刊稿。

5 「心所」，又作心數、心所有法、心所法、心數法，從屬於心王，是與心相應而同時存在的種種複雜的精神作用。

6 晉・瞿曇僧伽提婆譯：《中阿含經》「梵摩經」卷四十一，【大正藏】第一冊，頁四六七上。

淺說是「注意」；深刻的說，即根境和合時，心反應而警動，才發爲了別的作用。此心的警動反應作用，即是「作意」。

有關增強專注力的方法，在佛法中稱爲「禪定」之學。「禪定」（dhyāna），是梵語「禪那」的音譯，加上漢語「定」的義譯而成的梵漢合稱詞。意指心念專注於一個特定對象——所緣境，並停息所有的散動亂想，以達到專一安住、平和安穩的精神狀態。所以禪定有「心一境性」——心念專注於一個選定的對象而無散亂的特性。在佛教的修行系統中，心念專注的程度，又分有四禪八定等淺深次第不等的定境。[7]

一般人的心念常是散亂而浮燥的，這種散亂的心念狀態，易使吾人意志渙散無力，不但受制於情緒的波動，煩惱的擾亂，也無力於知識的學習與善法的進修。若能習禪而得定，不但能使身心輕安，情緒平和安寧，而且在學習專注力的過程中，也就連帶的增強了意志力。以此兩種能力來學習知識、調理情緒，才能獲得良好的成果，這即是修習專注力——禪定所得的益處。

---

7 佛教分各種淺深程度的定境為八種，即「四色界定」與「四無色界定」。其中的詳細說明，可參考本書上篇第二單元之壹：〈阿含定慧二學之「綜合說」與「分別論」〉，頁一七一至一七七。

我們都曾遭遇悲傷或挫折，多數人偶而也會陷入情緒的低潮，但是並非每個人都會因爲負面情緒而陷入憂鬱，或讓負面的思維擾亂正常的生活。以憂鬱症患者爲例，當其情緒低潮時，常會引發強烈的「憂鬱思想模式」，例如認爲自己倒楣而無價值，梗在眼前的問題永遠無法解決；種種的負面思維與焦慮情緒，一發不可收拾，遂引發成憂鬱症。嚴重患者的這些反應，幾乎成爲自動制約的習慣，一旦遇到困難與打擊，負面思維就一再重複而成爲惡性循環。

我人宜透過專注力的鍛鍊，養成清楚覺察思維內容的能力，更進而以堅強的意志力，將專注力轉移到健康而且正面的思考內容，如：尋求支援，放下心中憂傷的重擔等等。以專注力覺察思維與情緒的內容，進一步轉向到正確的觀念與健康的心情，並且以意志力任持之；於此，縱然有哀傷的情緒生起，都將是短暫而局部的反應，不致於導致新的循環或惡化。

以專注力——禪定爲基礎的學習方法，讓學員更清楚知道自己的思維，尤其是警覺到，憂傷的情緒是會惡化的。透過專注力的鍛鍊，使我們在剛開始感覺煩躁不安的情緒生起時，就立刻警覺，並以「只是覺察而不加以反應」，或是以正面健康的思維來轉移與替代，如此運用純熟之後，不但可以避免與不愉快的思想或記憶強力掛勾，更能避免陷入憂鬱與自傷的惡性循環中。

佛教的禪定之學，即重視依於正確的方法，有次第地練習與增強專注力，以發展自我引導的意志力，這樣才能進一步運用清明的觀察力，成辦一切善法。此中需要注意的是，定學不是佛教修行的最終目標，佛法的重心在於「般若」（梵 prajñā 智慧）的觀照，稱為「慧學」，亦即「觀慧之學」。慧學藉由禪定為輔助，以觀慧力對於觀察對象（所緣境）加以推究與觀察，進而現見諸法的自相與共相，證得緣起無自性的般若智慧。

三、佛教傳統禪法之抉擇與特色[8]

1、傳統禪修法門之內容與特色

2、抉擇適合在一般學校教授之禪法

---

8 此段可參閱本書，頁四三至五二。

四、「安般念」之修行方法與特色[9]

筆者依循佛陀教法的殊勝處，與個人實際之教學經驗，在大學院校的禪修教學中，主要以「安般念」與「無量三昧」為主。此乃著眼於佛陀超越宗教、宗派、文化、各種信仰傳統，而能普遍一切的修行教法；而此又可說是佛教經典所明載的，最傳統、最古老的修行法門。

「安般念」，即是以呼吸做為靜心修定的對象，它的重點是「觀察自然的呼吸」。其具體的練習技巧是：將鼻孔以下的「人中」區域，作為觀察的範圍，專注地覺知氣息在此一區域通過時，空氣接觸皮膚所產生的磨擦、長短、冷熱等感覺。至於身體的其他部位，無論有任何苦樂覺受生起，身外的周遭環境，無論有任何動靜，都一概不予理會。一再警覺地防止心念飄忽遊離，忘失了專注觀察（人中範圍的）呼吸。只要一覺知自己失念或散亂，就一次又一次地將注意力帶回到呼吸的觀察上。

至於練習的時間，筆者安排在每次上課開始時，以十分鐘的時間帶領大家練習，並請學員在其它空檔時間常常練習。只要能持之以恆，專注力就能加強，對於學習能力的增進與情緒的調和平穩，將有很大的助益。

---

9 此段可參閱本書，頁五二至五五。

之所以選擇「呼吸」作爲練習專注力的對象，主要的優點如下：

1、此一禪修所緣具普遍性

其實藉以練習專注的對象種類很多，在各種宗教或修行系統中，都有自己的修練方法，然而無論是持誦還是憶念，多以信仰系統中的神、佛爲念誦的對象；有一些持誦咒語的方法，甚至強調其中的加持與神秘力量。然而校園中的「生命教育」課程，並不適合全套模仿或挪用，因爲容易使學生陷入宗教信仰的認同或排斥的困擾，而且如果太強調神秘的加持或感應力量，將貶抑或否定自我的覺知與專注能力，喪失自信心而完全依賴外在的力量。

在現代心理學中，也討論到許多透過靜坐來改變意識狀態的方法，其中以「超覺靜坐」（transcendental meditation，簡稱 TM）較爲風行而廣爲人知。[10]此一方法雖然強調「不是一種宗教，而是一種哲學或生活方式。」（Harold，al.1975）其過程也不採用宗教儀式，然研究的學者認爲，它仍然帶有幾分神秘氣息。它的方法是：「學習者必須先行拜師，經接受後，由教師秘密傳授一個咒語（mantra）。咒語通常只是一個不帶意義的單字。」據研究者認識

10 「超覺靜坐」由印度教士馬哈瑞希（Maharish Mahesh Yogi）於六〇年代創立。

的「一位美國普渡大學的教授，學習超覺靜坐，從教師處領受的咒語是 FLOG。有一天突然發現，原來是 golf（高爾夫球）的倒寫字。此一發現，咒語就失靈了。咒語的功用是供靜坐時重複默誦，目的在於使自己意識集中，不為外務分心。」[11]

故筆者認為，即使是超覺靜坐，都還有神秘而接受咒力的局限，因此，以人人都具足的自然生理的呼吸現象，做為練習專注力的對象，不陷入宗教對立與神秘氛圍，應是一個較為理想的方法。

2、利於作情緒之覺察與調理

脊椎動物神經系統的一部份，包括交感與副交感神經系統，其作用不受大腦控制，專門支配腺體、內臟、心肌等非自主活動，以維持身體的恆定狀態。其中的交感神經系統，受刺激時會釋出正腎臟腺素，負責控制內臟運動及其分泌活動，會使脈搏加快、呼吸增加、腸胃運動變慢、瞳孔放大等，並加強個體在危急時的應變能力。而副交感神經的作用則與交感神

11 所以在七〇年代以後，哈佛大學醫學院之Benson氏，將TM加以簡單、科學化，並付之以現代醫學的量化研究。詳見張春興：《現代心理學》，臺北：東華，一九九二年七月，初版五刷，頁二〇四至二一一。

經相反，專司生理非自主活動的抑制功能。

我們的呼吸跟情緒有相互影響的關聯，當情緒起了變化，呼吸也會跟著加快。呼吸的生理現象，也能少分的自主控制。以「呼吸」做爲專注的對象，可以覺察情緒反應呈現在呼吸的狀態——平穩的情緒有平靜的呼吸，焦慮緊張的心情則會產生呼吸較爲急促的反應。所以，長的、短的呼吸，急促的、平緩的呼吸，在在都反應了吾人的情緒狀態。觀察並覺知呼吸的狀態，有助於情緒的自我覺知與調整。一般人也都知道，當生氣或緊張時，如果做幾次深呼吸，對情緒的平穩就會有幫助。

3、所緣境易於取得

筆者的教學內容中，特別提醒學生要「觀察自然的呼吸」。所謂「自然的呼吸」，是去接受當下所呈現的呼吸狀況——自然而平常的呼吸狀態。這不是說大家平常的呼吸是不自然的，現在要去學習自然的呼吸，而是強調以平靜安穩的心念，去接受當前每一個呼吸的狀態；或許它現在是急促的，伴隨著你激動的情緒；或許是緩和的，伴隨著你平和的心情。而我們只是觀察它、接受它，不加入好惡的評價，不刻意追求讓自己舒服的呼吸，也不刻意排斥讓自己難受的呼吸。訓練自己清楚地覺察內心所有情緒反應出來的呼吸狀況，覺察它，面對它，不逃避，不控制。「觀察自然的呼吸」，其重點是不以控制或調整呼吸的方法來平撫情緒，只要我們能將專注力安穩而堅定地放在呼吸的覺知與觀察上，心緒自然能平穩下來。

這個方法非常簡單，但是要達到心念專注的程度，仍需要耐心的練習。平時也應當常常提醒自己不隨妄念奔馳，時時將散動的思緒，帶回到呼吸的觀察上來。經過多次練習，當我們生起妄念時，就能很快地覺察，進而不與妄念的內容相應。如果每一個妄念生起，都能如是地轉化，而不與之相應，則妄念就像清晨的薄霧，很快就會被東昇的太陽照射得煙消雲散。

專注力的培養，使我們能客觀地覺察自己的感覺，提醒自己不做不當的情緒反應或負面的思維。只注重知識的學習是不夠的，更需要運用健康的情緒力量來強化好的認知，而這些能力的獲得，須要具足好的方法，並且持之以恆地以好的方法來練習。

專注力愈強，那麼，情緒的自我調理能力就會愈強，學習知識的效果也就會愈好。當我們能免於躁動情緒的困擾，也就更有能力與勇氣，來面對並處理人生中的許多危機與困境。

五、「慈心念」之修行方法與特色[12]

六、結語

以上所述，係筆者在大學校院教授「生命教育」與「佛教經典選讀」課程中，禪修教學單元設計的理念與內容。人們每天都會有無數紛雜的心念內容，浮現在明了意識中，其中大部份的思緒都沒有被轉化為行動，或甚至完全沒被注意到，其中的關鍵在於專注的覺察力。一個人的選擇，取決於心理的價值認定，並伴隨專注力與意志力的輔助。只有於我們有益的思維，才是需要重視並實踐的；而實踐的關鍵，就在於智慧的判斷與定力的任持，這些能力都能透過有效的學習與鍛鍊而獲得；修學佛教的禪修法門，能讓我們有效地調理自己的思維與情緒。易言之，這是學生可以獲得身心受用的教學內容。復因該教學內容並無鮮明的宗教色彩，因此未招致不同宗教背景的學生之排斥與反感。

差堪告慰的是，截至目前為止，學生的反應都非常良好，東吳大學通識課程的修習上限是七〇人，「佛教經典選讀」課程每學期開一次，一學年計開兩次，這意味著一年的修學人

12 此段可參閱本書，頁六一至六六。

數是一四〇人。每次線上選修報名人數都是額滿，還有一些學生向筆者反應：雖有心選修，卻因額滿而有向隅之憾。

筆者開設這門課程，是來自東吳大學哲學系前系主任葉海煙教授的推薦。東吳大學是基督教會所創辦的學校，能夠開設這門課程，反映校方的寬宏大度。另一方面，學生之中也不乏其他宗教背景的人，他們能接受這門課程，這也意味著佛法確有它「跨宗教」而不凌奪其他宗教的特質。

回想兩千六百年前，印度大陸以婆羅門教爲主流宗教，東方則有各種沙門團，思想、修行各執一說。佛陀出生於這樣的文化背景之中，在他成道以後，四十五年間大轉法輪，整個過程大體平和、穩定，沒有異教迫害、傾軋的嚴重問題，這應歸功於佛陀「平和無諍」的人格特質；而此一人格特質，依然是來自佛陀對「法」的體悟。佛陀說法，與其說是「另立宗教」，不如說是讓來自不同宗教背景的人，都可依佛法而轉化生命，淨化生命。

在宗教中立的台灣大學院校與中、小學，因近時開放「生命教育」的學習，已有一些宗教「磨刀霍霍」，而積極培育「種籽部隊」，開拔到校園中，將校園當作宣教佈點的好場域。佛教固然事事「不與人爭」，但在如火如荼的「生命教育」熱潮裡，似亦不宜無動於衷。

但若同樣以傳教心態，搶奪信徒，則正是「生命教育」的極壞典範。因此筆者認爲，佛法內涵的「生命教育」，或許可多措心於其「超宗教」的特質。以上所述禪修教學方案，其內容固然是純度極高的佛法，卻正符合這種無排他性的「超宗教」特質。因此筆者拋磚引玉，就教方家！

——中國首屆「世界佛教論壇」會議論文，
九十五年四月十三至十五日

【附錄】：學生學習心得與迴響摘錄

1、具體教學目標

筆者在課程中試圖以深入淺出地方式表述佛法，並教授靜心觀照身心萬物的方法，讓學員學習到：如何透過知情意的訓練，讓自己活得更加喜悅、更加平安。

而課堂教學則從兩個主軸進行，一是智性的法理講授與思辨討論，二是禪修的技巧操作與實際演練，俾使學員從知解與實踐的雙軌學習中，開啓增長智慧與慈悲的能力。

2、學員學習心得整理

然則學生能從此一教學內容中，得到什麼益處呢？在本文之末，歸納學員期末學習心得報告的幾個面向，這些迴響，多少可以反映以上所述禪觀教學的效果。

(1)通識課程之設立，有助於增長學生生命境界之提昇。

學生甲：

「如果不是因為學校有規定一定要修滿幾學分的通識課，我想我也不會主動翻到通識課的選項吧！不過我覺得學校這樣的做法很好，不然我們的腦袋裡裝的全是錢、企業、消費者行為之類的東西，完全沒有一點關心到人與人間的相處，或探討人心底最深處的想法的東西，這樣我們學到最後就算學校成績高人一等，但在待人處世或最基本的讓自己快樂都做不到，何來成功呢！」

(2) 透過實際的禪修練習，才能得到它的益處。

學生乙：

「首先，這堂課讓我收穫最多的，就是『禪修』的技巧，並且真正體會到其所帶給我的益處，讓我體驗到以前從未有過的感覺。一開始，我實在不懂老師為什麼要在課堂上花時間讓我們實際演練如何靜坐，反而是不同於以前其他科目老師的授課方式只是站在講台上講課而已。記得我一開始接觸靜坐時，總是會像毛毛蟲一樣忍不住亂動，常常幾分鐘後就開始感到厭煩，不然就是覺得好想睡，後來在老師的帶領下，我試著讓自己的心靜下來，就算是一分鐘也好，雖然心裡偶而還是會想東想西的，但是讓心裡沉靜下來，感覺還是很好的，尤其是在心情煩躁或不知所措時，精神無法進入穩定狀態，這時候，靜坐反而可以舒緩我的心情，釐清許多無所謂的心思，讓自己的心沉澱下來，不受到外在環境事物的影響，好讓我可以重新調整自我狀態。

「由於靜坐，讓平常總是因為課業而給自己好大壓力的我，學習到另一種放鬆壓力的方法，雖然靜坐只是一個很簡單的動作，但是它卻帶給我很大的效果，在那短短的二十分鐘，什麼事情也不必想，也不用去特別擔心什麼事情，就是有一種放鬆心情的感受，心裡好舒服、好安靜，覺得好像在休息，而且靜坐完後精神可以比較容易專注。很謝謝老師總是在課堂上帶領我們靜坐，讓我學習到用另一種不同的方式去體驗生活，我不僅漸漸體會到靜坐的好處，也很開心我學會將它融入在自己的生活裡。我愛上每堂課二十分鐘的靜坐！」

(3) 學習「安般念」法門，有助於情緒之穩定。

學生丙：

「在這大二的下學期中，在我身上發生了許多大大小小令我覺得煩悶的事情。與父母間的摩擦、社團上的力不從心、財務上的不順利等，不順利的事一件接著一件，風波不斷，一直在想我以往的快樂跑到那裡，跟我玩起了捉迷藏。為了社團忙得焦頭爛額、課業上的瑣事也不斷，回到家後再加上父母親的不諒解。日積月累的疲累，在那一陣子真的是壓得我喘不過氣，只想找一個無人的地方，好好的躲起來，把自己放逐在無人之地，安靜一下，只想聽聽自己的聲音，純粹的放鬆一下。

「剛好選了佛教經典選讀這門廣博科目，雖然只有短短的幾十分鐘的靜坐時間，但那時是我感到最為輕鬆的時刻，那時的我，不用聽別人的怒罵，不用聽別人的批評。我只是純粹的放鬆，專注在自己的呼吸上，腦中的惱人聲音，在那時，終於離開了我片刻，覺得人生還是有寧靜的時候。恰好那時老師也講到，人要懂得放下，再怎麼的去生氣他人，怨恨別人，到頭來，傷害的也是自己，那人並不知道你在氣他，仍舊生活得快快樂樂，何必把自己弄得如此的不堪。」

學生丁：

「安般念，也是我真的覺得很受用的功夫。由於我是個只要有什麼事還沒做完，心中就會一直掛念的人，所以常常有時候，總會在不該想這些事的時候不斷地想，導至聽課或做事的時候無法很專心。但自從開始學習安般念後，每當這種情況發生時，我就會先用安般念讓自己靜下來。如此，只要心靜下來了，什麼事都好處理。」

學生戊：

「這學期的課程，讓我最感興趣的部分，便是上課前十分鐘的打坐了，我本身是一個急躁的人，沒有辦法長時間的集中注意力在一件事情上，在老師教打坐的一開始，老實說，真的沒有辦法在閉著眼睛的時候，做除了睡覺以外的事情，老是點頭點到不行；但是後來，照著老師的聲音想像，將注意力集中在人中，慢慢地我比較不會打瞌睡了；而且當打坐完以後，總是會覺得頭腦變得清晰了一點，好像在打坐時思緒稍微被整理了一番。因此，除了在課堂上以外，回家後，尤其是考試壓力很大時，我都會稍微花個幾分鐘時間靜坐一下，想一想老師說的話。」

學生己：

「最喜歡的是禪定！雖然只有短短的十幾分鐘，不過在老師的引導之下，雖然有時會被一些外來的因素影響，但是都能夠再把注意力抓回來！而且每每做完一次禪定，感覺身體變得很輕，本來身體有些因為運動所產生的疲累或疼痛，會突然就消失不見，非常的神奇！」

(4) 學習「慈心念」法門，有助於增長善心。

學生庚：

「練習慈悲觀也很有趣，練習中我經常會想到和家人相處的情形，是不是因為一時口快又說了什麼傷人的話？或是家人做的某件事一直讓我不開心呢？是不是有什麼爭執呢？和朋友相處的情形又如何呢？感覺起來像是分心，不過我卻也檢討了自己一貫的作風和不好的行為，總之對我而言還挺有效果的。祝福別人，就會想到我的行為是否也符合這樣的心念，祝福自己，就會想到這一路上栽培我的人（有時候心理會突然很感動）。」

學生辛：

「老師所教的修慈悲觀，讓我重新檢視自己的憎恨、憤怒、不平等負面的情緒，讓我能從中得到解脫，就像老師說的，如果真的不能原諒別人，也應該善待自己，並衷心的祝福自己喜歡和不喜歡的人得到幸福。」

(5) 不強人信佛的授課方式，學生較能接納。

學生壬：

「我並非佛教徒。很感謝老師在上課時，並不會一昧的宣傳佛教的好，……故上課時讓我不會覺得有無形的壓力，或是任何被強迫的感覺。這點，真的是我要謝謝老師的！畢竟每個人總會不自覺的想把自己認為是最好的東西，讓其他人也一起分享，但是常在無形中，造成他人的壓力而不自知！

「此外，禪定及聽經文是我最喜歡的一部份了！我其實心情很容易被影響，情緒起伏之大，有時連最親的家人也覺得無法承受，甚至連自己也討厭這樣無法控制的自己，但是我發現，學了禪定，讓我在心情波動過大時，有了穩定的力量。直到現在，當我生氣或憤怒之時，我會先深呼吸，閉上眼，然後靜靜的觀察自己的呼吸，就像上課學習的一般。……謝謝老師這一學期的辛勞，我覺得我學到的這些，將會讓我一生受用無窮。因為情緒問題已經困擾我多時了，我從來沒有想過這個問題是可以被解決的，直到上了這門課……。」

學員癸：

「人人都有信仰宗教的自由，老師沒有強迫同學都要信仰佛教，在課堂中也沒有要我們以信佛教為出發點，光這一點我就很欣賞老師了，因此整學期下來，學到的東西都很有用。老師教我們如何禪定，這也是我的第一次經驗，那短短的幾分鐘真的是能讓我好好靜下心的時刻，整個人的心思已經徹底的沉澱了，這種感覺是以前都感受不到的，因此還蠻感謝老師有這樣的機會能讓我靜靜的沉澱心思。」

學員子：

「我覺得老師真的很不簡單，把教學跟弘法的尺度拿捏得宜是很重要的，如果要弘法的話，學生必定會非常反彈的，學生會以違反宗教自由來防衛自己吧；若是以教學觀點來說服別人的話，學生會比較容易接受，覺得老師跟學生滿近的，沒那麼嚴肅。」

(6) 整體教學印象

學員丑：

「老師教法確實特殊，與我之前去寺院聽人講經之情況，全然不同。回憶那時，我是被家人硬抓去聽經的，那位比丘功力深厚，沒多久我便呼呼入睡，因為實在是只有四個字能形容——枯燥乏味。然而老師在第一堂課卻能夠吸引我，因為老師第一堂課便放音樂，有幾首歌是較為特殊較能讓我接受，不知不覺被這門課吸引，算是被這些音樂給誘拐而接受。後來，老師開始教禪定，這部分我倒認為受益匪淺，這種培養專注力的方式正是我真正需要的，因為我讀書、上課總是容易為外務所中斷而無法繼續，有時恍神更是猶如一具空殼般。這方法確實好，雖未能有極大的成效，但是漸漸的練習，卻也有些成效。讀書前自己先禪定一下，也可使心靜下來，儘快進入狀況。」

學員寅：

「在還沒有修過這堂課前，我一直以為佛學就是佛教，雖然對佛教沒有特別喜歡也不排斥，但終究以為它只是種偶像崇拜的信仰，也許就是去廟裡拜拜佛、誦誦經而已。……經過這學期後，終於對佛教或者說佛法有初步的認知。……觀呼吸和慈悲觀的練習，前者真的可以讓我們轉移注意力，在我們為某些事放不下時，或者對別人正在氣頭上時，趕緊轉換我們的心情。雖然好像沒有其他的效果，但練習後至少能讓我的心情很平靜，那天的心情也很愉快。而慈悲觀的練習，練習時我總有種說不出的感覺，跟著老師唸出來的口號，似乎真有股力量從我們身體散發出去，是一種很特別的感覺。」

(7) 願意將此方法再傳出去

最後，以一位師範學院同學的心得作結束，他雖然不是佛教徒，但希望將來當老師時，也將此方法教導學生：

「上完老師的課，我覺得，比我原先所想的，收穫更多。……首先，我知道，打坐原來可以集中一個人的專心、注意力還有精神，我後來曾經在一個人很煩的時候，就坐著集中呼吸在人中，一直一直反覆做，雖然問題不會因此解決，但是，卻可以讓我清靜一下，暫時什麼東西都不想。我在想，要是我以後當老師的時候，我也要教我的學生，做這個動作，這不只可以幫我穩定他們的情緒，這對他們未來未知的某一天，應該會有幫助。」

以上節錄學員的學習心得，印證了佛陀教法具普遍、超越性的優點，因爲，聽聞佛法義理，無關乎是否爲信徒；修習禪觀定慧，也不必然就要歸依。若在聆聽智者綸音中，憬然有悟，在息心澄慮及從容行止中，恬然輕安，則已然接通了這宇宙中大智慧、大慈悲的訊息與心源。

冥契經驗的宗教對話

——「宗教的靈修傳統」綜合座談引言

感謝主辦單位邀請筆者參加本次研討會之綜合座談！

主持人陳主任德光教授細心地爲本次座談會設定了三個子題：

一、您個人宗教靈修的經驗

二、靈修與現代人的生活

三、靈修與宗教交流

爲節篇幅，筆者以下的引言內容，將省略證成之論據，只針對上述三個子題，略述筆者的看法。又，佛教向以「定、慧」二學或是「止、觀」二行，指稱修道內容，今依大會用語，以「靈修」統稱（涵蓋佛教在內的）所有宗教的修行內容。

第三個引言：「靈修與宗教交流」，若當作討論的主要線索，可以聯結（或涵蓋）前面兩個引言的討論，然而此中所引發的問題不少，而且極易引起歧見。例如：

一、從靈修經驗的有無問題，可以探討的是：沒有靈修經驗的人（研究者）有能力討論或研究靈修問題嗎？憑藉著一己的靈修經驗，能有跨宗教（靈修）的研究能力嗎？縱若提出說明，這些說法能有普遍的解釋效力嗎？

二、屬於個人私秘經驗的靈修行爲，必須互動交流的理由何在？有否可能產生不利於己或不利他者的後遺症？在肯定靈修（及其團體）能淨化身心、樂生合群的正面功效中，能否關注到它所可能產生的負面影響？

三、範限在「靈修」主題而有的宗教交流（對談），對各宗教靈修系統所追求的終極目標而言，它們的最終境界有共通性嗎？——是否如朱熹所說的「理一分殊」，條條大路通羅馬？而牽涉到研究心態及方法論的不同，有「己正他邪」的外道、異端之說，有「他偏己圓」的判教之論，有「多元價值並存或殊途同歸」的相對之言；面對這些紛陳之詞，靈修對話能有排解梳理之道嗎？靈修話題的宗教對話，所要達到的功能（或目的）又是什麼？

以下是筆者對這些問題的看法：

一、筆者認爲，相較於無有靈修經驗者而言，擁有靈修經驗者，對於靈修問題，會有較強的解說能力；然而超理性的靈修經驗，並不排除人類運用理性來加以探索、解說的可能性；即便受到思維與語言的侷限，這些探索、解說，亦有少分或多分逼近真象，顯現真理的可能性。所以，無有靈修經驗的人，對靈修經驗，也可以從旁觀察個案，或是廣爲蒐尋資料，以適切的研究方法，作出學術上的貢獻。

二、普世性宗教所印證認可的靈修成就者，其外顯行爲，不但不是「非理性」的身心失調或情緒失控者，反而有著高度自制的能力，與潔淨的人格道德。所以，雖然各宗教的靈修傳統，對人間現世有予以肯定或予以否定的差異態度，但是都有「透過靈修能淨化身心」的共同觀點，肯定靈修成就者的智性光輝與慈愛心行；亦即，宗教靈修雖屬超道德的心靈境界，但恰好也能成就道德之善。

靈修活動對現代人有舒解身心壓力的功效，然而靈修者絕不能輕忽道德操守，扭曲或抹煞倫理價值。吾人樂見「靈性復興」時代的來臨，重視的是它帶給人類身心淨化、社會和諧的助益；但也因此，吾人不能不關心那些不當的靈修觀念或行爲，它們業已引生了破壞社會秩序的弊端，諸不見假借靈修之名而攫取金錢、權利、情色的種種醜事，時有所聞。

三、在各宗教與教派內部，向來都有分辨自宗靈修境界的真僞、高下之議，而此是否適用於跨宗教間靈修境界的比較研究？值得深思。

面對不同宗教中各類的冥契經驗，筆者認爲：「此乃詮釋方式不同而非經驗類型不同」的前提，將具有比較宗教學研究上的意義。吾人若嘗試對各宗教的靈修境界，簡別其特性，並判斷其淺深層次，這樣的研究極具挑戰性，而其結論也最易引起爭議。彌平爭議的方式，或許是宗教信仰終極境界的「理一分殊」或靈修（修行）成就的相對論，但這種說法，很難獲得連筆者在內的各宗教人士的同意。

無論如何，以靈修內容爲主題的宗教對話，在交流中應避免自讚毀他式的宣教語言，此中較好的進路可能是：對自身信仰的靈修（修行）傳統，多作自我批判的反省與檢討。宗教人士熱心從事靈修對話的終極目的，或可定調爲：秉持宗教廣慈博愛的特德，以自我批判，自我改進的誠意，在紛擾爭鬥的人世間，先做好「靈性提昇」的表率，解除因宗教偏執所引起的傷殺與動亂，進而攜手共同奮鬥，締造世界和平的光明願景。

發表於「宗教的靈修傳統」國際學術研討會，
輔仁大學，九十一年十一月二十四日
——刊於《弘誓雙月刊》第六十期，九十一年十二月

靈修：一條美麗而險惡的幽徑

——掀開錢、權、性糾結不清的神聖帷幕

繼靈鷲山住持釋心道、攝理教教主鄭明析性醜聞之後，連最八卦的璩美鳳受害事件，都有宗教軋上一腳。它們的共同點就是：創辦人都因擁有苦行或靈修經驗，而獲得了信徒的絕對信任，從而出現錢、權、性糾結不清的現象。

「阿梵達」，這個糅和佛教慈悲觀、心理治療法與商業行銷術的靈修團體，發源於美國，卻在台灣因性醜聞而一夕成名。其實在美國，這種似宗教非宗教的靈修團體多矣。二十世紀人類文明發展，因偏重物質科技，產生種種弊端，於是許多人轉而走向了心靈、精神方面的探索之路。近數十年來，試圖透過禪修、靈療以改變觀念、個性、甚至命運的修煉方法，方

興未艾。他們意圖透過「靈修」、「冥想」的技巧，以追求世俗生活的富足與幸福。

現代社會是個開放、自由、享樂的個人主義時代，許多新興的靈修團體也投其所好，提倡心靈的自由與釋放；不但不重視戒律，不願被傳統、權威、教條限制，甚至有號召掙脫一切的束縛，「享受情慾」、「任意自在」者，蔑視倫理，放縱欲樂。

其實，內心倘清淨淳厚，必能表現出行爲的端正莊嚴；外在的合理規範，又有助於內心的清明覺照。對於禪修，佛陀雖強調其「淨心」之效，卻仍提示修持者須佐以外在的清淨行，因爲如果不依於慈心與戒德而修禪，必然弊多於利，甚至會產生種種炫異惑眾的嚴重後果。這不是泛道德論，而是對單重「靈修」而不重「戒行」的修持團體與個人，具有相當重要意義的針砭。

以美國靈修團體爲例，相關資料顯示，靈修者因爲不能恪守基本道德規範，爲靈修的個人和團體帶來心靈的衝擊和無限的傷害。

《心靈幽徑》的作者 Jack Kornfield 歸納了他觀察後的結果，指出靈修者的四種偏差行爲。亦即，靈修老師和團體在以下四個主要領域裡，常陷入困境之中：

第一個困境來自於「權力的誤用」。有時老師爲了自己的目的而操縱學生的生活，決定他們的結婚、離婚乃至生活方式，甚至虐待那些不依照其意願行事的學生。這權力的濫用，會隨老師的自我膨脹而變本加厲，也會隨著團體中階層的設立而更加嚴重。在這其中有受寵和失寵的學生、有可得救與不可得救的學生，有秘密派系及威脅、恐懼，以此創造出依賴與精神上的獨裁。

第二個困難的領域來自「金錢的詐取」。初步禪修所產生的身心眩神經驗，令人嚮往和迷醉，會讓他們毫不吝惜地拿出大量金錢來，所以精神團體的金錢收入甚豐。在一些極端的例子裡，東方和西方的修行方法和精神教誨，都曾被用以做斂財的工具。此外還有秘密銀行存款，高生活水平，以及詐騙學生金錢等等行爲。

第三個主要的困境是「性造成的傷害」。情欲耽溺所產生的困局，在精神修煉團體中也一樣無法避免。老師的角色在僞善及秘密進行的性行爲中被誤用，這通常以剝削、私通、虐待，或任何其它危害學生肉體和精神的形式進行。有些靈修導師將「性」做爲禪修指導的一部分，有時秘密的性行爲假借經典或特別教誨之名而行，將令人感到困惑的性與靈修的教學合併在一起。

第四個困境是「酒精或藥物上癮」。有時這行爲是暗中進行的，有時卻公開進行；在最糟的情況下，酒精和藥物上癮會強化或合併了性和權力的誤用。

以上所引內容，相當完整地敘述了靈修者——尤其是教師——因爲道德上的過失，或沒有依戒修行，所產生的種種罪惡。

相對於美國這種開放的社會而言，東方社會對於權威對象一向有高服從性——尤其是對於修行教師或靈修道場，向來少有對於可疑的事行提出質疑或討論的習慣；只有等到醜聞惡化、擴散而爆發時，才來收拾善後。這種在遮掩與傳聞中不了了之的方式，也增加了更多無辜者在同一個教師，同一個道場摔跤受害的機率。

然而靈修團體往往張起神聖的帷幕，標榜其空靈超絕，局外人又如何檢驗其是否可能潛藏罪惡？很簡單！錢、權、性常是糾結在一起的。無論靈修團體是以佛教、其他宗教或非宗教形態出現，無論其當事人是僧侶、神長還是俗人，在靈修團體中，只要嗅出這三者之一的不尋常徵兆，最安全的方式，就是趕快「全身而退」，因爲，其他「茶壺裡的風暴」，已可思過半矣！

九十年十二月二十九日　于尊悔樓

——刊於九十年十二月三十一日《中國時報》

「慈心禪」爲何不以亡者爲所緣

——覆陳素卿仁者函

素卿仁者惠鑒：

收信吉祥！

首先要致以歉意，這封回信拖得太久了。接到來信時，正忙於編寫下學年任教課程之講義，接著又南下主持一次禪修，以致拖延至今，很抱歉！

據仁者提問之意旨，回答如下：

行者於修法之初，首要的是確立目標。仁者問及爲何「慈心禪」不能以亡者爲所緣？此中，需注意的是修慈心禪之目標乃爲「修定」與「以慈心祝福（現生之）有情」。

禪定之基本原理是：取一所緣而攝心專念，因心意淺深不等之專注程度，而得各種階次之定境成就。於此，會因選取之所緣境——業處的特性不同，而有各別應注意之事項。若論「慈心禪」，則對於無三禪定力之學人而言，在取相專念的過程中，因不得（三禪）定心之故，多屬假想觀。

既依想蘊取相，則於「隨順勝解相應作意」之初步修心階段，則尚無妨。然而若欲修定（慈心——三禪）成就，則對於禪相的確認，就必須深究。意即：所取之相需為（有情）現存之相，當慈心——三禪成就，則必於禪定中清晰地呈現所取之影像相——禪相，故若取亡故有情之前生影像，則此為禪修者之記憶，是想蘊中之影像，而非彼有情今時之真實影像，故慈心禪之所緣不得現前，所緣（禪相）不現則不能得定，此為慈心禪無法成就之緣故。

若必意欲以慈心禪祝福亡者，則應於定中見彼今生之相，再取其相而修，方得定成就，吾等對於亡故有情之祝福，方為適切有效。

故修慈心禪，一可依之得禪定，二可利益現生之有情；然而以亡者為對象而修，因無法取得彼有情今時之相——無禪相故，不但不得定，也無法真正利益亡者。

準此，佛弟子意欲祝福亡者，慈心禪並非適切之行法，應以善行功德「回向」之法，其中之感應與福利，於經中記載甚多。此中，佛陀教導目連尊者以供佛齋僧之福，回利亡母之故事，爲最著稱者。

職是，仁者修持時，可依善法欲之不同目標，選擇適切有效之修法行之。

因我事忙，若以信函討論禪修問題，將不免耽擱時日；若求迅速，則不妨以電話溝通，就像禪修時的小參，立刻說明，即時解決，或許不致於延擱仁者之提問。耑此覆函，

即請

暑安！

性廣合十（九十三年八月二十四日）

——刊於《弘誓雙月刊》第七十一期，九十三年十月

下篇　人間關懷

西方「動物解放」理論評介

——以 Peter Singer 的《動物解放》為主

一、前言

人類對待動物的倫理思維，屬於環境倫理學討論和關懷的議題之一。本文所介述的「動物倫理」理論，以 Peter Singer（以下稱辛格）主張的「動物解放」理論為主。針對辛格所提出的看法，西方哲學界的討論相當熱烈。唯無論是贊同者或反對者，都無法不重視他的觀點。文末並舉 Holmes Rolston III（1932～）從環境整體論觀點對辛格的主張所提出的若干質疑，並以筆者的評議作總結。Holmes Rolston III 可說是「環境倫理學」的拓荒者，他的名著 *Environmental Ethics : Values in and Duties to the Natural World* 中，即主張應以非人類的「生態中心」觀點，重新建構對（人類之外的）動物的道德考量內容。兩人同樣反對人類中心主義，但對動物倫理的看法卻顯著不同，這是值得探索玩味的。

筆者重視此一論題的因緣，應追溯自個人參與護生社團的理念，「中華民國關懷生命協會」是臺灣第一個草根性的保護動物組織，於一九九三年元月創會之初，筆者即襄助創會理事長昭慧法師推動協會事務；二〇〇〇年，筆者更接任理事長一職。

在實際投入動物關懷乃至爲動物福利爭取立法的社會運動中，我們會發現：即使是東、西方保護動物組織所依憑的理論有其差異，雙方仍然可以共同合作，來爲苦難蒼生謀取福利。有關佛家「護生」與「動物權」觀念的不同，昭慧法師已有兩篇論文作過分析，在此基礎之上，筆者更希望多多涉獵東、西方哲學界看待動物的各種理論，故選擇此一動物保護界的經典名著《動物解放》，作爲研究並評論「動物倫理」諸家學說的第一步。

二、《動物解放》理論訴求重點

作者關懷動物遭受人類侵害所導致的痛苦與不幸，並致力於防止類似事情的惡化，而《動物解放》一書，其主旨即在討論人類對待非人類動物的暴行，並進一步徹底而深入地提出「人類應該如何對待非人類動物」的具體建議。此中「動物」的定義，原應涵蓋人類與非人類在內，但作者常用此名詞以指謂「非人類的動物」。

儘管作者仁厚之心躍然紙上，但全書的寫作卻不是訴諸感性的呼喚，而是訴諸綿密的論證與事實俱在的如山鐵證。在一九七五年本書初版的序文中，作者就指出：他關懷動物的苦難，並不是訴諸感情，而是以理性爲論說的支柱，以建立人類合理對待動物的道德原則。他並於前後兩篇序文中透露其寫作意旨，即：任何解放運動，都意在結束某種不平等與歧視，例如種族歧視或兩性不平等。故作者談「動物解放」，意在改變人類累積千百年對於動物的歧視與偏見，而將人類的道德關懷推向一個更廣闊的族群——非人類的動物。

本書開頭第一章就先爲「動物解放」的主張，展開無比犀利的綿密論證。作者先談物種歧視之理由及其後果，並將此諸理由逐一予以反駁，進一步證成其「一切動物均爲平等」的結論，以此作爲其他章節列舉殘虐動物的現實情狀，並加以指控的理論基礎。

作者首先提到「動物解放」在實行上的三點困難：

一、被迫害者不能組織起來以對抗迫害。此爲最明顯而又最重要的困難，故吾人必須組織起來，爲這些不能言說、行動的動物爭取其生存權益。

二、所有壓迫階級的成員，皆因壓迫動物而受益——如攫取動物毛皮血肉，與利用動物從事各種殘忍的實驗等。要說服他們，要求其放棄從動物身上所獲取的利益，顯然非常困難。

三、人類侵凌動物的習慣很難打破——這不僅是飲食的習慣，還包括思想及語言的習慣。即使是如此困難，作者仍然展開了以下有關「動物解放」的精彩辯證：

(一)以「平等」原則，做為考量動物利益的道德前提

1、「平等」是一個道德理念

首先，作者以「平等」觀念做爲倫理學系統中的基本原則，並從效益的角度來評斷道德的行爲，亦即：一個行爲所影響到的每個對象的利益，都應該受到考慮；不但如此，對於賦予他們的利益的重要程度，應該與其他對象的利益等同考量。而且，這「平等原則」，不是對於實然現象所作的描述，相反的，這是一項「有關我們應該如何對待他者（包含人類與其它動物）」的應然命題。

此中，作者引述了幾位效益主義（utilitarianism）哲學家的觀點，以佐證他的看法，顯然作者的道德觀是基於效益主義的立場立論。

作者同時也申明，所謂「平等」的基本原則所要求的，並不是平等的或同樣的待遇，而是平等的考量；也就是說，運用平等考量對待所有生物時，可能因生物對象的不同，其待遇方式以及權利（福利）內容可能並不一樣。

2、從人權到動物權

作者提出質疑：以人類社會爲例，如果我們不認爲應犧牲智力較低者的權益，以成就智力較高者；則在生物世界中，我們又豈能賦予人類爲了同樣目的而利用非人類（動物）？而且，根據平等原則，吾人「考量他者利益」（無論此利益內容爲何）的根本原則，必須施用於每一個對象，而不應衡量對方是人還是其它生物，或者它們有什麼能力。

作者認爲，假如我們追求黑人、婦女以及其他受壓迫人類群體的平等，卻拒絕對非人類的動物給予平等的考量，則我們的立場會站不住腳。因爲縱使是人類，也有各種智力、體能等的差異性，故「平等」是一個道德理念，當我們的論斷，超越了所考慮對象的現實差異，就可將之推展而擴及到非人類的動物，也給予他們一個平等的考量。亦即，平等原則的自然引申，將打破「物種歧視」（speciesism）的謬論。

3、「平等」理念在動物方面的實際運用

作者提醒：運用「平等」理念於不同生物時，所產生的待遇方式及權利內容，並不需要相同。所以他設定了兩項原則，作爲「平等」理念實際運用於動物方面時的判準：

1.「不妨礙」原則——人與動物雖然有別，然而並不妨礙「把平等之基本原則延伸到人以外的動物身上」的主張。

2.「不相同」原則——把平等的基本原則從一個群體延伸推廣到另一群體，並不表示就是用完全相同的方式來對待他們，亦不表示將賦予相同的權利內容，這必須視其個體差異而定。

4、有關「權利」的說明——回答「動物是否有權利」的質疑

作者特別強調，雖然 Bentham 使用了 right（權利）的字眼，但這只是一個求取方便的簡稱，實際上，他的論證所涉及的是「平等」而非「權利」，他真正重視的是人和動物在道德上應該獲得的保障。故作者認爲：可以用 Bentham 的論證方式，而證明「動物也應該享受平等」，卻無須陷入有關「權利」之終極性質的哲學爭議中。

(二)以「感受痛苦的能力」，做爲動物應受到平等考量的關鍵特質

說到動物對於痛苦的感受能力，現在一般都不再懷疑，然而作者爲了求得論證的完整性，仍然從主張「動物只是機器，沒有感受痛苦的能力」的最極端觀點開始討論，針對不同程度的「動物無痛苦，或縱然有痛苦，吾人也無法確知」等的說法，提出反駁意見；他指出，要否認動物能感受到疼痛，無論在科學上、哲學上都沒有堅強的理由。只要我們有「感同身受」的同理心，只要我們不懷疑其他人會感到疼痛，便不應該懷疑其他動物會感受疼痛。

再者，由於「痛苦」雖有導致痛苦的客觀因素，卻牽涉到強烈的主觀感受，然則痛苦的輕重應該如何判定？由於物種的結構不同，同一物種的個體亦難免有個別差異，感受痛苦的內容與程度自亦有所差別；故作者在此提出「等量痛苦」（the same amount of pain）的判準，若不同的痛苦承受者，雖承受不同強度的刺激，卻可引致等量痛苦的感覺，此時應依承受者的感覺爲判準。

作者也意會到，當人類與動物的利益有衝突時，平等原則無法告訴我們該如何做，而不同物種成員的痛苦，也或許無法做精密準確的比較。但是作者強調，精密準確並不重要，縱然以人類的利益爲先，我們也必須改變人類對待動物的方式。亦即：無論在飲食習慣、動物

實驗、狩獵捕捉、穿戴皮毛，以及對待野生、飼養動物等的方式上，我們都必須立即改變態度，以防止對動物造成痛苦。

（三）以「尊重動物的生命」，打破物種歧視——「人類生命神聖觀」的迷思

本段之中，作者連帶討論到有關「殺死動物」的問題。作者認為，高舉「人類生命神聖不可侵犯」，而卻不反對殺害動物，這種心態基本上都是物種歧視；而要避免物種歧視，唯有承認在一切相干方面均相似的生物，便有相似的生命權利——這是突破人類物種界線的觀點。也就是說，我人必須將動物列入道德關懷的範圍之內；然而作者也指出：拒絕物種歧視，並不涵蘊一切生命都具有同等的價值。話說回來，即使人與動物在某些方面的價值不相等，但是殺死動物依然是錯誤的行為。（就此，作者在此並沒有提出證成的理由）

就對待動物的態度而言，在「造成痛苦」與「殺死生命」二者之中，作者所著重的是前者的討論，「解放動物」的重點也在於此。他強調的是，唯有改變我們的生活方式、飲食習

慣，以及改變政府的政策，才能停止實驗動物與養殖動物所遭受到的苦難。

作者說：「如果這兩種（按，即經濟動物與實驗動物的解放）由官方提倡，並且幾近普世接受的物種歧視做法能夠廢除，則廢除其他的物種歧視的做法，也就不會太遠了。」（原著頁二三）

三、建構理論，回應質疑

（一）不同範疇的相同基礎：感知能力

本章首先以「種族主義、性別歧視與物種歧視」三個不同範疇，剖析人、女人與動物具備相同的感知能力（sentience），故同樣應受到平等對待。作者依目前普世反種族主義、反性別歧視之共識，進一步推論：同理，人們亦應反對物種歧視。

作者以為，反物種歧視最重要的具體表現是「不讓動物受到痛苦」。為了證成此一結論，本文依邊沁所主張的效益論，循「人與動物平等」之思維脈絡，展開「三種情況，一個模式」的辯證。

種族主義、性別主義與物種主義，都因偏袒自己利益，而違反平等法則。原來效益論的「平等」原則，認為對每個個體的利益，應作平等的考量。此一原則施用於一切對象（包括人類與非人類），以感知能力的極限來構成界線，而非膚色、性別、智力或理性等之判準。易言之，平等是道德理念而非事實論斷；感受痛苦的能力，爲一個生物是否有權利受到平等考量的關鍵（充分必要條件）。

作者附帶針對「動物權」一語之哲學爭議，表明其看法：論證涉及的是「平等」而非「權利」。「權利」乃圖求方便而簡化的政治語言而已，「權利的存在」仍靠「感受痛苦與快樂的可能性」（感知能力）來證明，故無需陷入「有關權利之終極性質」的哲學爭議。

（二）動物感知能力之證成

此一平等原則若於動物可以有效使用，首先必須面對「動物不會受到痛苦」的觀念而作澄清，是故作者歸納三種質疑而作邏輯嚴密的反駁，以證成「動物亦會受到痛苦，亦應適用於平等原則」。

反方：笛卡兒（Descartes）的主張：動物只是沒有意識的機械，沒有思想、沒有感覺、沒有任何形態的心靈生活。

作者：動物有感知能力。對人而言如此，動物亦然。

推論：1. 設身處地觀察：動物處在我們也會感到疼痛的情境之中，有何行爲徵候？

2.有完全理由相信以下事實：動物與我們一樣是生物，長著一樣的神經系統，運作方式一樣，同樣情境會產生同樣感覺。

反方：人與動物不同：人有行為表現方式（語言）。

作者：1.黑猩猩亦可學會一套語言。人與動物的界線已模糊。

2.語言能力與感受痛苦的能力沒有關聯性。

推論：1.疼痛之情狀較為原始，與語言無關。

2.表達疼痛的訊號不祇語言，且語言可以撒謊，並非最好的證據。

3.嬰、幼兒亦不會語言，卻不可否認其會感到疼痛。

反方：人與動物不同：正常成人具有之心智能力，會使其在某些狀況感受到痛苦。故動物實驗不用正常成年人而用動物有其非關物種主義之理由。

作者：依然有物種歧視。

推論：1.同樣的論證使我們有理由用在幼兒、智障人身上。若將此三（動物、幼兒與智障人）之同一範疇而作區別，就是物種歧視。

2.有些情境，動物比人更會承受「不明狀況」的恐怖，如戰俘知其將會被釋放，野生動物則不明被捕後之命運。

（三）利益衝突時的抉擇

作者質疑人類本位論時，他依效益論所建構的平等原則，依然會受到質疑。例如：這種平等原則，將如何運用於利益衝突之時？

縱使同意動物也有感知疼痛的能力，質疑者依然會辯稱：當二者利益衝突時，效益論的平等原則無法告訴我們該怎麼做。在這方面，作者並未直接辯證「人與動物之利益孰為優先」的難題，但他依然強調：即使將人類利益置於優位，才同意防止對動物造成痛苦，吾人都應劇烈改變對待動物的方式。

（四）殺害生命的複雜課題

平等原則是否可用於殺害生命的情境中？

這是另一個複雜的課題。作者不直接談殺生問題，因為作者最大的期望是「不讓動物受到痛苦」，而前述「對疼痛與快樂做平等考量」之單純原則，已足以指出並抗議人類對動物的一切主要虐待行為。

但作者依然譴責兩種「殺生正當論」的理由：一、人類生命神聖觀：殺害無辜人命在一切情況下都是錯的。智障、重殘、衰老、癡呆都不例外。作者認爲，這種唯獨人命神聖的觀念，顯係物種歧視的主張。二、人類智能優越觀：人類擁有自覺能力、人際關係……等等與動物不同，並較之爲優越。作者認爲這也是錯的，因爲，無論判準爲何，均不足以與人類物種之界線完全吻合；因其判準（如自覺能力）可據以證明某些高等動物較某些智障、殘障人類的生命更有價值。

但面對殺生問題時，作者提出的是「價值」論。他認爲，拒絕物種歧視，不等於一切生命都具有同等的價值。他所主張的平等原則，與感受疼痛能力之外的其他能力無關，殺死生命則與能力有關；對動物生命，應如同對在心智能力上居於同等層次的人之生命一樣尊重。而殺死一個已在展望、計畫、追求某個未來目標的生物，不啻剝奪了他實現一切努力的機會。

由於作者認爲：「即使無痛殺死動物，亦屬過錯」之想法，對「依疼痛與快樂做平等考量之單純原則」的結論，嚴格而言並非必要，所以作者顯然不會強烈反對基於仁慈心，不忍動物受到無意義之痛苦的安樂死。

（五）虐待實例之選擇

基本上，本書並非資料大全，故未蒐羅一切動物受苦之實例。然則為何本書只選實驗動物與經濟動物的兩種虐待實例？茲簡要歸納作者意見如下：

1. 面對物種歧視的偏見而有的醫療科技、集約農業等制度化的運作，我們生活於社群共生結構中，理應無法卸責。

2. 遭荼毒動物之數目與痛苦程度，已達到令人震驚與髮指的程度。

3. 我們必須改變政府的政策，我們的生活方式、飲食習慣。

4. 倘二者能廢除，則其他物種歧視做法的廢除，也就不遠了。

第六章辯證諸如植物有否疼痛之類疑難雜問，係延伸以上議題的補充論述，茲不贅述。

四、Holmes Rolston III 的質疑

辛格的主張，在西方哲學界產生了廣大的迴響，有贊成的，也有反對的；大部份都針對人類與動物間的互動關係立論。而 Holmes Rolston III 卻另從整體環境倫理的觀點提出討論，故相當有另類角度的討論價值，故本文只列舉 Rolston III「生態中心」的立場，對辛格所作的一些批評反對意見。茲綜合其對應觀點如下：

一、Rolston 認爲辛格既主張「平等考量動物利益」，卻又可以贊同有差異地對待牠們，這是文字遊戲。利益不應該脫離該生物的生態整體而加以分析。由於生物各有其價值（內在的、工具性的、生態系的），其價值多元而互異，這種價值的尊重、珍視，遂從未兌現成平等權利，或福利上的平等考量。

二、辛格只護衛感覺敏銳而有意識的高等動物，卻將低等動物與昆蟲、植物排除於道德考量之外，這樣會忽略了：問題不祇是「牠們會受苦嗎？」而是：它們是活生生的嗎？是否有任何價值？在倫理考量中的角色如何？

三、Rolston 希望保衛一種客觀的道德，以客觀事物爲著眼點，因爲環境倫理學不祇是心理的事，也是生物的事。更且辛格將道德局限在痛感與快感上，暗示了一種享樂主義的價值論，彷彿痛感是自然唯一的反價值，而快感是唯一的價值。而 Rolston 的環境倫理學卻是全面的，痛感與快感只是一個較大圖像的一部分，是來自（也有助於）生態系層次上更多的價值。即使痛感與快感在較高的生命形式，是一個主要的演化成就，然而在生態系的層次，自然發展出了一個繁茂的社群，它有點不在乎個體的痛感與快感。

四、辛格主張，物種本身不是有意識的實體，因此超出個體動物之利益外，物種是沒有利益可言的。然而 **Rolston** 卻認爲，物種是一條生命的延續線，沒有一個個體的生命可以逃過死滅的結局，然而物種卻可以，它藉著個體生死的替換，而維持其整體的長久存在。保護整體的生命形式，是比保護個體的完整性，來得更爲重要的。

很顯然的，**Rolston** 是依生物體之內在價值與生態系之系統價值，以論人類對彼等所應盡之義務。他當然不能滿意只由「痛感或快感」來決定倫理行爲的答案，認爲這樣既無法給予生物體與生態系一個更寬廣的道德視野，而且也會因爲只重視個體的感覺，而忽略了個體是在物種的延生或生態系的創生下，方才得以存活或延續的事實。

然而筆者認爲，這樣對辛格的指責，也是有欠公允的。

第一、人類的道德感，豈不是源自於異地而處的同理心嗎？如果不那麼在意客體的痛感與快感，那就不啻是去除了這一層最素樸也最堅強的道德感情。然則道德感還剩下什麼？是某種被宣稱具足「價值」的意識形態，無條件就可以指揮得動的忠僕嗎？

第二、**Rolston** 所稱生物體或物種的「內在價值」論，既然是自存於客體之中，無法透過人的主觀心來加以衡量，然則主觀的道德感情，又要如何投射到一個與主觀心毫無交集的客觀價值上呢？

第三、Rolston 認爲，在生態系的層次，有點不在乎個體的痛感與快感，這是他主觀心的認定，還是完全無關乎主觀心的客觀事實呢？如果是後者，他如何可能透過主觀心以認知：生態系的層次會「真的」不在乎個體的痛感與快感？這變成只是他個人對那與主觀心毫無交集的客體之猜測而已。如果是前者，那諸如生物體「是活生生的嗎？是否有任何價值？在倫理考量中的角色如何？」這些他所認爲重要的問題，又與新格認爲個體痛感與快感的認定最關重要，有什麼不同？它們同樣只是主觀心的認定罷了。

同樣站在行爲主體（人）主觀心理投射的立場，Rolston 重視的是「整體的生存」，辛格重視的卻是「個體的感覺」。筆者以爲，Rolston 對生態環境總體價值的寬闊視野，確實是對人類沙文主義的當頭棒喝。但是辛格的主張，卻可能更符合人類道德感情自然流露的原理。最起碼，道德感情的萌發，也還是要從有痛感與快感之「個體」的同理心開始，才能漸次擴大到對其他生物體的關懷吧！

五、結論

本書以「感知能力」此一中介概念，嵌結「種族、性別、物種」三個不同脈絡，以證成三者的「平等原則」：在「免於痛苦的待遇」方面，（非人類）動物應受到平等的對待。

即便是「無痛殺死生命」，作者依然不依物種主義，採用兩套判準來看待人與動物，而同樣是採取「感知能力」此一中介概念，來看待人與動物無痛死亡的問題。但其「殺死生命與能力有關」之理論，則未建立如同「感知能力」這般經過綿密辯證，強而有力的中介結構。顯然作者只是附帶一提，認為這部分對本書的主體結構，沒有太大的影響。

經過作者的反覆辯證，確實具有強烈的說服力，足以證明效益論的「平等原則」，其判準在於「感知能力」，而不在於其他能力。但是對於「效益論的平等原則如何用於利益衝突時」此一尖銳的質疑，則作者未曾直接作答。

筆者認為，單以「感知能力」作為中介概念，至此已不足以解決此一質疑，還須加入道德能動者方面當前生命境界的因素，而作多元性的考量。由於佛家重視個別差異，因此配合著道德主體的生命境界，提供了多元方案的自他互動之道：一、凡夫境界：在正當自衛原則下，對他者施以不得已的傷損或殺害，其業力較故意殺害者為輕；而在利益衝突還可以忍受的原則下，亦不妨犧牲自己的利益以利益他者，這將可感得美好的果報。二、聲聞聖者境界：即使利益衝突已到了不可忍受的程度，依然會放捨自我利益之欲求，最起碼要做到「無損他者」的程度。三、菩薩境界：除了消極的「無損他者」之外，尚要積極地滿足他者之利益，即使利益衝突已到了不可忍受的程度，也不例外。甚至可以在悲心充溢的心境中，爲動物的福利而犧牲自己，此亦即「但願眾生得離苦，不爲自己求安樂」的境界。

我們可以說，佛家的道德理論根源，是從「緣起」正見而有的「護生」行動，在具體的道德規範——共世間法上，亦符應一般世間的道德要求；而大乘不共法中，菩薩爲人而忘己，利他而捨生的偉大心行，則是超道德的自我完成。

佛家這種斟酌道德主體的生命境界，所提出的多元倫理判準，似可補充其不足。

——刊於《弘誓雙月刊》五十九期，九十一年二月

Rolston論大自然中的價值

——一個整全生態系統的環境倫理觀點

一、引言

「維護自然環境」之所以在當代成為熱切討論的話題，應是人類有鑑於科技進步與工商發展，對自然環境造成的嚴重破壞之後，亟欲尋求解決之道而有以致之。當代西方學界針對環境問題所做的種種倫理思考，以大地倫理、系統價值理論、深層生態學，及新興的女性主義生態哲學等，最具代表性。而因爲深層生態學採取了東方文化的自然哲學觀點，所以較爲佛教界之所熟知。

本文介紹的便是著名的環境倫理學者羅爾斯頓（Holmes Rolston III）的理論，他採取進化與創造觀點，從「非人類中心」立場，來肯定大自然有其自存、客觀的價值，以建立其自然生態的「系統價值」理論。

（一）作者簡介

Holmes Rolston III 爲國際著名的環境倫理學家，曾經研究過物理學、生物學、神學與科學哲學，擔任過牧師。自一九七五年發表〈存在著一種生態倫理嗎？〉的學術論文以來，其思想即引起廣泛之注意，現爲美國科羅拉多州立大學哲學系終身榮譽教授。羅氏出版過諸多環境倫理學專著，如：《科學與宗教：一個批評性的反應》（一九八三）、《哲學走向荒野》（一九八六）、《環境倫理學：大自然的價值以及人對大自然的義務》（一九八八）、《保護自然環境》（一九九四）；其中《環境倫理學》一書尤爲著稱。

（二）本文參考版本

1. Holmes Rolston III, Environmental Ethics : Values in and Duties to the Natural World (Temple University Press, 1988)。以下引文將簡稱 E.。

2.Holmes Rolston III, 'Environmental Ethics : Values in and Duties to the Natural World'（From : Edited by Earl R. Winkler and Ferrold R. Coombs, Applied Ethics : a Reader [Cambridge , Massachusetts first published 1993], pp.271-292）。

3.王瑞香譯：《環境倫理學——對自然界的義務與自然界的價值》，臺北：國立編譯館，一九九四。

4.楊通進譯：《環境倫理學——大自然的價值以及人對大自然的義務》，北京：中國社會科學出版社，二〇〇〇年。以下引文將簡稱C.。

Rolston III所著《環境倫理學》一書共九章，第七至九章係將「環境價值理論」實際應用於公共政策、企業倫理等，屬於實用層面之探索，本文主要依據前揭第二項《應用倫理學文摘》所引，著眼於前六章，因爲這一部分的陳述，才是作者環境價值理論最重要的章節。

（三）論據與大意

核心概念：肯定「自然的價值」，從而導引出「人類（對自然）應盡義務」之結論。

章節大意：第一至五章環繞「義務」的基本概念，討論人類對高等動物、有機生命、瀕危物種、生態系統等應有的對待之道；第六章依於前五章的討論基礎，建立環境倫理學的理論——大自然的系統價值（價值在整體自然生態中）；第七至九章則將「環境價值理論」實際應用於公共政策、企業倫理等實用層面中。

本書不僅建構了環境倫理學的理論，也針對實踐部份，加以詳盡的說明，它以哲學的思辨方式闡述了自然的客觀價值，依此推論出人對大自然應負的義務，以及應有的態度；並進一步將其理論系統應用於政策抉擇、商業活動和個人生活領域中，並提出環境倫理與現實生活相互結合的具體途徑和實踐原則。較諸西方眾多環境倫理學的單篇議題和論述，本書涵蓋範圍的完整與討論議題的豐富，是無與倫比的。它帶引吾人全面了解並關懷環境倫理的諸多面向，是一部相當值得精讀的環境倫理學經典之作。

原著序文中，作者表示，吾人尚未擁有一套適合這個地球及其生物群落的倫理學，所以他在著作中，依次擴展倫理學關懷的範圍，進以探索自然界所擁有的價值。先於「導論」中，簡要說明自然界的價值以及人類應有的順從自然之道（第一章）；其次，論述人類面對有感動物、生物體、物種、生態系等多重層次的大自然，應予尊重（第二—五章）。從以上的討論基礎，他重新審視生態系統的完整與多樣，創造與進化，以提出環境倫理學的理論——自然生態的「系統性價值」（第六章）。作者認為，環境倫理學與價值理論，必須被應用於我們的社會抉擇與公共政策（第七章），以及工商企業之上（第八章）。本書並以一個整全的世界觀作結，將人類定位為這個進化歷史中，多層次生態上適意的居住者（第九章）。

二、內容述介

一、導言

1、環境倫理的兩個基本理論

⑴「人類中心」的環境倫理學：屬於一種傳統道德（traditional moral）的擴張主義（expansionism）。——這是以人類為中心，而朝向完全道德認知方向擴張的倫理學。

⑵「非人類中心」的環境倫理學：Rolston 即屬之，這是一種以生態科學為基礎的環境倫理學觀點。

2、Rolston的觀點——非人類中心的環境倫理學

基於關照整體生態系統的觀點，提出：自然界本身，即擁有自有自存、客觀的「內在價值」。Rolston 認爲，自然界這客觀的內在價值，是「改變了傳統道德態度和信念的基本原理」。

(1) 環境倫理學必需基於一個非人類的客觀觀點

環境倫理學尋求一種與傳統倫理學脫離關聯的，超越人類文化基礎的倫理學；因爲在以人類利益爲前提的倫理中，「環境」是工具性、輔助性的。故吾人必須重新評估自然——包括野生的自然和與文化混合的自然——並藉此以區分責任。

只有當人類在談及環境時，不光只是想到如何利用環境，而會思及適當的尊重與義務，我們才能談論一種自成一體，而以自然爲依歸的環境倫理學。（E. p.1）

(2) 肯定「自然」所擁有的「價值」

人類也許是事物唯一的「衡量者」，但並不因爲如此，人類就是事物唯一的「衡量標準」。再者，也不因爲「價值感」是吾人所經驗的，故吾人所賦與事物的價值就只是主觀的。人類主觀的對事物採取擁有或評價的態度，雖然無可避免，然自然的客觀性問題仍然存在。故作者主張：吾人的倫理思考必須更深入地，將自然的「價值」從主觀的人類經驗，擴展至客觀的存在事物。

在環境倫理學中，最基本的概念是「價值」，作者從「價值」中推引出「義務」。此中的「價值」，是採取一種非人文觀點的「價值」；我們珍視自然之美的存在，即是一種善，當我們從「自然實然」進入「自然的善」時，我們與自然的關係便成爲一種道德關係。由道德產生義務，就這價值論上的意義而言，作者認爲，吾人應該順從自然，並將保存其價值列入我們實踐的目標。

當有能力擔負責任的人遇到大自然的自存價值時，便必須有適當的（即正確的）的行爲。維護這個價值是一種道德——對的行爲就是道德，錯的行爲就是不道德。

（二）高等動物——人類對有感覺生物的義務

隨著科技文明的進展，人類對環境造成許多破壞，以致於引生了諸如物種滅絕、海洋生態系破壞、酸雨以及臭氧層破洞等環境問題，這些是人類的祖先所不曾經歷的議題。然而另一方面，較諸現代人，人類祖先的生活與野生動物、豢養動物有更密切的關係，所以有關於動物倫理的議題，早從古代就已有之，而且一直延續至今。「傳統倫理學對動物的看法相當

簡單，即：你可以為了需要而使用動物，但是不要造成牠們不必要的痛苦。」（E. p.45）

由於受到近年來環境保護與動物保護議題的影響，倫理學界出現了重新評估「人類對有感覺生物的義務」的討論。

1、對非人類動物的道德考量

近幾十年來，人們賦予動物更多的道德考量，其原因除了動物科學知識的增加之外，主要是因為，在醫藥、工業領域中，動物實驗日益頻繁，也日益殘酷。於此 Rolston 提到，修正過後的宗教信仰認為：「動物沒有不朽的靈魂，但人類或許也一樣沒有；更也許，並非有靈魂的生物，才必須給予道德上的考慮。」

2、正確對待動物的行為

在這方面，Rolston 檢討了幾個有關動物倫理概念的觀點，並提出了自己的看法：即是以「正確（right）對待動物的行為」來取代動物「權利（right）」的觀念。

「動物權」的觀念常被保護動物人士引用，他們主張，非人類動物也有某些「自然權利」，而保護動物的某些福祉，則是人類必須行使的義務。然而作者指出：「權利」觀念源於近代西方，它與「國家公民」的概念最有關聯，如法律明令規定：公民有投票的法定權利等；而除此之外，人當然亦有諸如不應被殺害的「自然權利」。由此引伸，彼等強調賦予動物的應是類同人類的自然權利。但若說動物有自然權利，則並不意謂這些權利是原本存在於自然界的；且當此一觀念實際應用起來，並將之從高等動物推及較低等物種時，便顯得其間的界限愈益含糊而不適當。可知權利是與合法的要求及權益一起存在的，但在野生自然界裏，並無權益與法律地位的侵犯可言。

Rolston 的觀點是：自然本身是非關道德的，雖然它是有價值的；故利用權利的觀念來保護這個價值，似乎是牽強的。在這樣的認知下，Rolston 認爲，環境倫理主義者在面對文化以外的領域時，最好不要使用「權利」這個概念（因爲它並不存在於自然界），而是使用「正確的（right）」這個形容詞，以討論有道德的行爲者所應從事的「正確的」行爲方式。

3、萬物適得其所——環境倫理不是社會倫理，並不加予我人任何修改自然的義務

在不文明的荒野世界裏，並無權利可言，自然是嚴苛的，肉食性動物常受挨餓之苦，草食性動物常受獵殺之苦，「受苦」是有知覺的動物在生態系統中的必然遭遇。故 Rolston 認

爲，當人類與野生動物交會時，動物並無免於自然汰擇所加的痛苦之權利或福利的要求。環境倫理學接受野生自然世界裡弱肉強食的現象，並肯定自然生態。

這其中，Rolston 依動物與人類文化交涉程度的多寡，提出了一個強項的倫理規則：不要踰越動物原處的自然的規則，而造成過度的受苦；和一個弱項的倫理規則：如果痛苦屬於不必要，則儘量將之減少。

在此認知基礎上，作者進一步分類解析人類對待野生動物、豢養動物、工業性使用動物，以及狩獵行爲等等環境倫理學的觀點。

（三）生物體——人類對生物的義務

當我們將眼光從動物擴展到生物時，會發覺先前所說的，因有感動物而有的倫理考量——對方是否會痛苦？是否有感覺？——至此完全失效。故吾人不得不意會到，環境倫理學討論的是一個更寬廣的範圍。Rolston 指出：至此「我們已經進入一個關鍵性的分界，即進入從未被探索過的，最根本的環境倫理學的起源地。」所以現在的問題不是：牠們會受苦嗎？而是：它們是活生生的嗎？比「知覺」更進一步，我們要探討的是：生物是否有任何客觀價值？在人類心目中的好種與壞種，它們在倫理中的角色又是如何？

1、生物個體的客觀價值

(1) 生物體是自給自足的體系

它們會生長，並對刺激作出反應；生物體是一個有生機的整體結構。

(2) 生物體的自我調節與求生機制，皆可視爲一個規範體系

每個生物體內都有某些動因——縱然稱不上是「意識」——在操作，並由固定的訊息監督著動因；如果缺少了訊息，生物體會瓦解爲一堆散沙。生物體具有目標，雖然它並不總是看得到自己的目標。所有這些東西都由 DNA 承載……，它的順序結構，預先決定了生物體的未來。故 Rolston 指出，基因集合是一個命題的（propositional）集合。表現生命的 DNA 不但是個生物的集合，也是一個邏輯的集合，規範的集合。它區別了實然與應然。這並不是說，生物體是一個道德體系，因爲在自然裡除了人類以外，並沒有道德行爲主體。

接著，Rolston 提出他的見解：因此，生物是一個價值體系、評估體系。也就是說，它會生長、繁殖、修復它的創傷，並抵制死亡。吾人可以說，生物體所追求的體質狀況，是一種

被賦予價值的狀態。價值即存在於這種成就之中。

(3) 在價值意義上順從自然

從上來的論述，Rolston 認爲，一個道德行爲主體在決定其行爲時，應該考慮到其行爲對於其它價值體系的影響，此即「在價值意義上順從自然」。也就是說，生物體作爲一個自發的評價體系，理應博得吾人的道德注意力。

2、好種、壞種，它們那一種的好種

Rolston 從區分生物體好、壞種的角度，來肯定一切生物體的自存價值。

人類一般對於生物好壞的區別，多從其「是否利益人類」的角度出發，然而就生物體的本身而言，每一個「有對它同種的好處」的東西都是「好種」，因而是有價值的；若再將角度擴充到生態系，則很難說哪個物種在整體上是壞種。所謂的「壞種」，在控制數量、共生關係、提供機會給其它物種等等方面，一向扮演著重要的角色。甚至突變與怪物，也在演化生態系的試誤過程中，扮演了它的角色——藉以試探變化的環境，而完成新的生命形式。

在原著中，Rolston 總結上來所說，而從「客觀的生命相對於主觀的生命」的角度，談到環境倫理學對於生物體「價值」的判準，以批判兩種錯誤的「價值觀」：一、站在人類利益或主觀的立場而給予生物體「價值」；二、對生物體作價值性的心理投射。Rolston 主張，「價值」自存於生物體中，不是人類任何主觀心情與意欲的附帶品。（E. pp. 106—125）

（四）岌岌可危的生命——人類對瀕危物種的義務

前面的探索，已逐漸將我們帶入一個較不熟悉的倫理領域，現在作者更要將大家引到一個幾乎完全未被探查的地帶。在過去，人類很少有能力摧毀物種，然而現在的情況不同，根據《公元二〇〇〇年全球報告》（Globa 2000 Report）的估計，若目前的趨勢無法逆轉，在十年內地球的物種將大量喪失（多達百分之二十）。於今，人類對物種已有認識能力，並能提供必要的協助，或造成致命的毀滅。所以，或許我們沒有義務去維持或改變一個物種自然滅絕的情況，然而我們絕對有義務不爲惡——也就是去避免造成物種的人爲滅絕。

Rolston 指出，物種是生態的資源者與平衡者，然而現今生態系的危險，已呈現等比級數的增加，故吾人應以全球視野，來珍惜我們所棲息的地球，並肩負起維護物種的義務。

1、特定的生命種類

在思考人類對物種的職責之前，得先處理科學上對物種界定的困難，也就是說，在科學上想單一、精確地界定物種，是很困難的。故作者認爲，對物種的特性需要採取多元的全面觀。況且討論對物種的倫理問題，我們所需要知道的是：物種是客觀地存在於演化的生態系裏的生命型態，它是有動力的自然種類，表現在生物體上的，是像密碼一般存在基因流中，並且被環境之所模塑。

Rolston 著眼於整個物種生態的平衡和完整，故不認同以科學上對物種分類項目的高低標準，來做爲保護物種的門檻。「是在『種』的層次加以保護?還是在『科』的層次上加以保護?」的討論，是無意義的。吾人必須將生態系——一切新種形成的脈絡——連同物種一起保護；否則，被當做表徵的物種，將在縮減（不再具足生態系聯絡網的整體圖像）中瓦解。

故 Rolston 強調，人類應該保存的不是僅僅作爲形態的物種，而是造型（物種形成）的過程。

2、對物種的職責

尤其當考慮到瀕危物種時，Rolston 主張，有時應凌駕於人類對人或個別動物的職責，而對瀕危物種提供保護。他並提出一個明顯對比的例子，即：保護一百萬個現存的物種，可能比繁殖一百萬個人更重要——就目前熱帶森林的破壞速度來看，這樣的抉擇並不牽強。在一個演化的生態系中，並非只有個體是要緊的，物種也是重要的，因爲它是一個有動力的生命形式，藉由有秩序的基因流而長期維繫下來。雖然物種不是道德主體，但它卻是特定的生物形態——這是一種價值，我們也應該將道德關懷，更廣泛地推及其他物種（因爲物種發展的層次不同，從而關懷強度也不會全部相同）。

尤其是牽涉到因人爲而物種滅絕的問題，Rolston 指出，每一項人爲物種滅絕的行爲，都是對於整體生態生命的扼殺——都是超級殺生，它殺了形態（物種），已大大超出了殺死個體的層次。至此，從環境倫理的眼光來看，人類所應盡的義務，已經不僅只是與個人或少數人有關，而已逐漸拉高到對整體物種的層次。

3、個體與物種

Rolston 強調，對於物種的義務並不是針對一個類別或一個範疇，也不是針對聚集的或平均的有感生物之利益，而是針對一條生命的延續線。故有關於物種的倫理，立基於（整體）

物種大於個體利益的原則，從而產生一個信念：物種應該延續下去。

針對上來的信念，**Rolston** 所持的理由是：沒有一個個體的生命可以逃過死滅的結局，然而物種卻可以。物種藉著一個又一個的個體，一再重製自己，來延續它自己的種類；它藉著個體生死的替換，而維持其整體的長久存在。

物種不是個體，也沒有自我，但個別性、主體性，也不是「義務」對象的全部。吾人對於物種的考量，應該超越以任何個別生物體為焦點的倫理觀。所以 **Rolston** 主張：以生物學作為基礎知識的倫理觀，應將義務動態地附著在物種層次的生命形式上。若是如此，則保護整體的生命形式，是比保護個體的完整性，來得更為重要的。

更具體的例子是：對瀕危物種的照顧，高於對個體的關切，也凌駕過對人類某些利益的考量。例如：漁民應該忍受捕魚權利被削減，以保護瀕危的鱷魚。

4、物種與生態系

作者進一步指出，合適的棲息地對物種是必要的；物種的完整健全，必須與生態體系整合在一起。由物種而環境，形成生態複合體，其價值是提供物種生存的自然背景，故物種必須在其生存的原處加以保存。人類應該開放眼界，承擔起對其他物種以及構成物種的地球生態系之義務。

5、對瀕危物種的倫理

離開自然棲息地而被人類豢養的物種，因不再受制於自然汰擇，人類所擁有的只是「產品」，而非「過程」，在此意義上，牠們無法被（自然）保存，也無需被保存了。人類並不負有慈善的義務以保存稀有物種，使其不受自然的滅絕；然而人類確實有不爲惡的義務，避免造成物種的人爲滅絕。

（五）生態系——人類對生態系的義務

從前面層層的討論，我們終於導引出一個爲地球及其生命家庭——即生態系——而存在的邏輯與倫理，也就是探討人類對於生態系所應負擔的義務。

1、合作與鬥爭

上來所說的生物體，是一個合作以求生存的模型，然而現在所討論的生態系，在表象上則是一個適者生存的叢林。當道德主體的人類，遇到無關乎道德的動植物時，對稱的互惠、合作等概念，便派不上用場，而且如果進一步「譴責」自然生態間物種爲生存而鬥爭、掠食的行爲是「殘暴的」、「破壞的」，更是犯了在範疇上歸類的謬誤。**Rolston** 提議，應將所有生物視爲生態系的部份，它們令人讚嘆地結合爲一個整體；生態系在競爭者之間達成了一個平衡。

萬物均奮力使自己極大化，然而物種的自體擴張，在生態系中則受到遏制，並在其中產生多樣而又必然的穩定性。生態系即以其中物種間的競爭，而呈現動態平衡的價值，物種間因競爭產生的汰擇壓力，使掠奪與被掠奪的雙方皆有利益。

故 **Rolston** 指出：生態系是一個令人欽佩的批判機制，它的辯證性維持高度的汰擇壓力，它豐富了定點的合適度，發展出各居其所的和諧物種，並具有足夠的遏制力。雖然並非所有生物體的需求，都能於其中得到滿足，然而它卻能滿足夠多的需求，以使物種長久存活，是故對此平衡而和諧的群落，吾人負有義務。

2、群體（生態系）與個體（物種）

就集體而言，生態群落的利益是個體利益的總合，這其中有連結在一起的複雜生命。倘若說，生物體是一種生存單位，然則生態系又何嘗不是？生態系是一個周延的、關鍵性的生存單位，沒有它，生物體便無法生存。

個體的好處與權利（即它們的興旺，自由發展）也只有放在生態系中，才能得到提昇；個體的福祉會被這體系的集體創生力量所提昇，個體也是附屬在這個力量中的。在此前提下，作者認為，當人類進入這個現場時，他們應該在這方面遵循自然。

3、工具性的、內在的以及系統的價值

此中所謂「工具性價值」，是利用某種東西，作為達到目的的手段；「內在性價值」則是毋需涉及其他附帶考慮，其事物本身自然具備的價值。過去，「自然」一直被認為只具備對人類有利的工具性價值，而唯有人類才有內在價值，然而 Rolston 卻認為，此類觀點應該修正。每一個生物體的生存，其所賴以生存的一切，對他而言都有工具性價值；而任一生命體一方面內在地自我衛護，一方面外求工具以生存；其自體的內在價值，其與他體間有互動關係的互為工具價值，這早在人類出現以前，就已同時客觀地存在於生態系中了。

Rolston 說，生態系是一張網，在這裡面，內在性價值之所在，是被交織在工具性價值的網絡中的。就此而言，生態系是「價值的持有者」。討論至此，作者引出了第三個概念，即「系統的價值」。它不僅只是含攝於個體中，更是分散在整個生態系的。「系統的價值」不只是部份價值的總合而已，它的重要在於「生產過程」，它的產品是被組合到工具性關係裡

的內在性價值。

系統性價值，在第六章「自然價值的觀念——環境倫理的理論」中，Rolston 又稱之爲「推展投射的自然」（projective nature）。當人類意識到他們存在於這樣的一個生物圈，發現自己是這個過程的產物，他們對這個生物群落裡的美麗、健全與持續，理應有所感恩。倫理學必須等到擴充到土地時，才算完全。

4、對生態系的義務

前面已經討論到，人類對個別的動物與植物——它們是生態系中內在性價值的所在，理應承擔義務，對超越生物的物種，也要承擔義務；然而這樣是不完全的。唯有將義務擺到它們的環境裡——亦即在推出、保護、再生、改造生物群落中之所有成員的生態系統中——才是整全的倫理觀。

對於個體、物種以及生態系的義務，雖然層次不同；雖然在某些場合，對產物的義務，會凌駕於對（產生產物的）系統的義務之上，然而從深層以觀，它們是一體而不相衝突的。

（六）價值理論——環境倫理的理論核心：自然價值的觀念

在此，Rolston 敘述生態系下的人類，如何從價值理論的角度，對自然價值的觀念作一整體檢視。他所探討的問題是：有生命的自然與無生命的自然是否會有價值？如何地有價值？

1、對「大自然」系統性價值的評價

當我們單獨考量一團泥土時，很難證明它有內在性價值，然而一把泥土是一個生態系構成的部份；泥土是部份，大地是全部。我們是透過部份，方能對其所組成的全部加以觀察，而看到整體的；所以泥土是吾人所尊重的系統自然中之產物，也是過程。

當我們著眼於地球生命的演化過程，並將眼光拓及廣袤的宇宙時，我們將發現豐富而多產的自然，它擁有如此豐沛的能量和創造力，並在長久的演化過程中，創造出了生命和心智。但是，Rolston 希望我們避免將宇宙的形成過程，與人類中心論——特別是諸如「宇宙所有事物的安排，均是爲了產生人類，以及服務人類」的任何主張，扯上關聯。作者認爲，這演化的結果，或許還牽涉到某些意外，但不可能全部都是意外，它應有著必然如此的發展成果，故就某種意義而言，這是自然的屬性，是系統的潛能，它在創造著演化的歷史。

Rolston 指出，我們面對的是一個創生萬物的自然（productive nature），人們不可能對生命大加讚嘆，而對生命的創造母體卻不屑一顧；大自然是生命的源泉，這整個源泉——而非

只有生存於其中的生命——都是有價值的。大自然是萬物的創造者，故其創造性是所有價值的根基；大自然的所有創造物——無論是生物還是無生物，就它們是自然創造性的實現而言，都是有價值的。所以，現在的問題不是它們會不會受苦？或它們是不是活生生的？而是：什麼東西應該受到重視！

一個在發展中的環境倫理學堅信，人類在自然中應該有更好的行事方式，應該要承認自然的完整性，接受創生萬物的大自然所創造的（自然）作品，並且要有「不對大自然（的產物）做過當的行為」的認知。

2、生態系統中的價值判斷

於此，Rolston 討論在純自然狀態中，存在物的自然價值。

(1) 有關於自然的創造性

Rolston 認爲，自然是一個多元系統，有生命的創生力，也會有生存的反衝力——鬥爭、衰敗與死亡；然而，從系統的全貌而觀，它仍然維持著創生價值的機制。故價值判斷，可以是「對於自然」的價值判斷，然而它更是「在自然裡」的價值判斷；這是生態關係，包括主體及其所賦予價值的客體，都發生在自然環境中。也就是說，評價的代理人——「我本人」也置身於這自然場域中；評價主體與評價客體之間看似辯證的關係，其實是一種生態關係。所有的事件、主體及其評價對象，都發生在自然場景中。

評價的主體本身，也是從環境中進化出來的，傳達價值的各種器官和感覺——身體、感官、大腦、感情、意志等——都是大自然的產物。大自然不但創造出了做爲體驗對象的世界，而且也創造出了體驗這個世界的主體。

而且，任何事件都不是突然發生，也不是因其自身而產生的，萬物都處在進化之中，在進化過程中演變。雖然創生與進化的過程，有點隨機偶發與多樣呈現，然而偶發與多樣，即是進步的發生器，這就是價值的所在；所以，價值並不僅僅存在於我們的心靈中，而是掌握在大自然的手中。大自然在漫長的進化過程中，逐步地選擇了那些有價值的事件。這種選擇，有利於進化出（吾人現在參與其中的）生態評價行爲。Rolston 說，雖然他不想說這是必然要發生的，然而它確實是發生了。

(2) 有關於自然的破壞性

在進化過程中，少數物種的進化失敗，和大量物種的滅絕，雖然是某種退化，但也引起了重新確定進化方向的作用；真正的有序，源自表面上的無序。生態系統甚至把鬥爭和死亡當做手段，以便創造出更高級的內在價值。

生態系統是一個由多種成份組成的完整體系，在其中，物種的內在價值和工具價值彼此互換；故大自然表象上的衝突，可理解爲更深層次上的相互依賴。生態系統的所有事物，都被當做某種資源來使用，而環境則被生物當作營養源與垃圾場；故生態系統是一個有價值的系統，在其中，生物與其環境相互影響。Rolston 說：地球殺死自己的孩子，這似乎是一個極大的負面價值，但它這樣做，是爲了孕育出更多的生命。在所有的奇蹟中，這種多產的生殖衝動是最令人驚嘆，也最有價值的。（C.p.298）

(3) 生態系統中的倫理學

生態系統中，存在著某些價值：共同體的完整性、生生不息的創造性、生命的支援性等等。而大地倫理，就是建立在對此諸價值的發現之上，人類有保護這些價值的義務。Rolston 認爲，這已是在人際倫理之外，將倫理學擴展到了人與大自然的對應關係。

Rolston 提醒道，要將人際倫理與生態倫理分開，要將大自然理解爲一個共同體，而不是某種商品；生態倫理要求減少公路建設，以便盡量減少對野生生物的不利影響。做爲「有道德的捕食者」，人類應該站在整體的角度來看問題，意識到自己的行爲對生態系統負有義務，也就是，不應破壞自然——諸如那些明顯的荒野、野生動物保護區等。作者認爲，把倫理擴展到大地的做法，使人們獲得了一種更具包容力，更適應全球生態系統的能力。

當然，人類的文明發展，有時會與大地倫理發生衝突，這時作者提出的原則是，該具有一種以整體意識爲基礎的責任感，例如，儘量保護生物共同體的豐富性等。

3、對大自然審美屬性的評價

在此，作者引進一個觀點，即有關大自然的審美評價。

(1) 大自然的美感屬性

Rolston 認爲，雖然審美觀是某種由人帶入這個世界的體驗，然而此中仍需進一步區分「審美體驗」的兩種要素：一是審美能力，二是美感屬性。前者是存在於觀察者身上的體驗能力，這是個人主觀的判斷，然而後者卻是客觀地存在於自然物身上，大自然中即自存有「美的屬性」，並不依人的主觀心理投射而有。故在某種意義上，甚至自然生態系統也具有審美力，因爲它能夠創造出具有美感屬性的事物。

(2) 大自然中的醜亦有其系統上的價值

Rolston 認爲，當我們將觀察的視野擴及整個自然進化的過程時，對於自然界中的醜——諸如捕食鬥爭、死亡腐敗等——就會得到進一步的認識。它表面看來雖是局部的負面價值，瞬間的醜陋，但卻有整體的系統價值。因爲沒有腐爛現象，就沒有更新；沒有捕食現象，系統過程就進化不出高級生命。

Rolston 認爲，環境倫理將吾人從個體主義的、自我中心的狹隘視野中解救出來，使我們關心生態系統的大美。自然中存在著醜，更重要的是，在這永恆的毀滅裡，還存在著把醜轉化爲美的、恒常的轉化力量；存在著熵（entropy）爲代表的破壞性力量，也存在著與之抗衡的以負熵（negentropy）爲代表的積極建設性力量。衰老生命的毀滅，常常導致年輕生命的復興；無序和衰朽是創造的序曲，而永不停息的重新創造，將帶來更高級的美麗。

(3) 超越美麗，走向崇高（Beyond Beauty to the Sublime，E. pp. 243-245）

Rolston 提醒道：我們所嚮往的審美體驗，不是用鏡頭去捕捉的自然美景（若只是這樣，則大自然的「美」，只是觀察者的自我價值投射而已），而是一種當我們把自己遺忘於大自然的創造力之中，並與這種創造力融爲一體時，所獲得的體驗。故真正的美，是創生萬物的生態系統，其中有創造的偉大，而也包含創造過程中的短暫、過渡階段的醜陋——諸如腐爛的動物屍體、畸形的生物、燒焦的土地、被熔岩流破壞的生態系統——以上這些都可被宣稱是崇高的。

Rolston 認為，他肯定大自然的美，這並不是盲目的、浪漫主義的自然觀，因為他已將科學研究的成果與自然的全部狀態都涵蓋在內，亦即，將自然的醜陋也包含其中以一併考慮。所以他認為，他所採取的是一種視野廣闊的現實主義觀察視角，也試圖超越個體主義與人本主義的觀察視野，故而看到了進化的生態系統，在向生命奔進的過程中，所表現出來的崇高之美。

三、內容評議：由科學而入於神學

Rolston 所建立的環境倫理學，一環扣過一環，辯證是相當綿密的。他的偉大在於，極力對治「人類中心主義」的沉痾，苦心孤詣地說服人們必須尊重生態系、物種與有感動物的主體性。Rolston 明顯地反對「人類中心」的主張，可說是一種「生態中心主義」，這種主張的提出，對於人類以霸權心態剝削自然，有很深刻的對治功用。為此，他尋求大自然的內在價值，以免人類只著眼於它們的工具性價值，而依人類本位的立場，任情剝削它們。

對於「整體與個體」的看法，他顯然是認為，物種與生態系之整體利益，大於個體利益。

但這種意識形態上的整體主義，是否會在「顧全大局」的前提之下，對於個體生命的主體性，形成另一種剝削的局面呢？這是值得關注的問題。

他所受到的科學訓練，使他立足於進化論的基礎，以看待物種的演化。他雖然研究過神學，卻因其對大自然的熱愛，而「跟神學作鬥爭」。然而他的神學背景，似乎還是使他養成了某一種思維慣性，於是他終究還是將「生態系」或大自然，予以擬人化了。

他認定生態系是一個「令人欽佩的批判機制」，是一個「創生萬物的自然」，甚至強調大自然創生萬物的「計劃性」（projective）與「審美力」。這樣一來，就使得他從科學一躍而入於神學。經他擬人化後的「生態系」，雖不符合位格神的「上帝」屬性，卻已是不能被科學所檢證的理性神了。他進一步推論，即使是死亡、毀滅與種種醜陋的負面價值，都有著「爲了孕育出更多的生命」之進化意義；自然界的生生滅滅，都是來自生態系「多產的生殖衝動」。這好似「上帝如果對你關閉了一扇窗子，祂一定會爲你打開另一扇窗子」的神學論調。尤其是最後談審美經驗時，Rolston 要求吾人「超越美麗，走向崇高」，這已類同中國的「天人合一」，柳宗元的「與萬化冥合」，而入於宗教的冥契經驗了。

對大自然負面價值的肯定，這與「落紅不是無情物，化作春泥更護花」的禪境固然神似，但詩中的擬人情境，畢竟是文學的修辭手法，Rolston 卻意圖運用哲學語言與邏輯推理，來證成一項無法檢證的神學理論。吾人倘若對照老子的「天地不仁，以萬物爲芻狗」，就不難看出，Rolston 與老子面對著同樣生滅無已的自然生態，同樣加以擬人化，卻解讀出了不同的答案。也許 Rolston 重視的是生態系中的正面價値，老子卻已嗅出生態系中負面價値的訊息，所以才會面對同樣的大自然，卻賦予不同的意象吧！

但是，所有大自然中毀滅性的負面價値，如近年一次又一次全面摧毀城市與村莊的大地震，或其他宇宙中突發而全面性的巨大災變，難道都有「孕育生命」的效果嗎？這會不會是常識經驗所無法接受的「神學迷思」呢？

還有，作者是否也已在科學訓練過程中，對於「進化論」有了先入爲主的接納態度，所以才會對大自然的演化，依進化論觀點而予以詮釋呢？演化難道必然是呈現「進化」狀態嗎？不但個體生命的肉體與心智，在某些情境之下會出現「退化」現象，即使是瀕臨絕種危機的許多物種，也正在「退化」與「萎縮」的狀態之中。就算是 Rolston 所認定具有孕育生命能力的「生態系」，我們也不能預測，是否會有某些突如其來的巨大災變，導致某個區域乃至全球性的大破壞，而出現一切「歸零」的退化現象呢？

無論如何，由於創造論與進化論在西方社會一直持續著高度的緊張關係，Rolston 也許無意擔任這兩者間「調和鼎鼐」的角色，卻將這兩者透過其「生態系統」理論而加以彙整，或多或少能達到「緩和神學與科學之間緊張關係」的效果。只是其所提供之答案，未必能說服教外人士與其他哲學家，也未必能獲得傳統神學界與科學界的認同罷了。

——刊於《弘誓雙月刊》第五十五期，九十一年十月

《孩子！ㄋㄟˇ也可以解救ㄊㄚ》出版序

去（八十七）年二月間，在譯者孟東籬先生、校訂者黃怡女士共同合作，以及台北延平扶輪社贊助出版經費的因緣之下，關懷生命協會出版了《ㄋㄟˇ也做得到——愛護動物一〇一》，這是一本成人版的「愛護動物指南」。原作者英格麗・紐蔻克女士，係「人道對待動物協會」（PETA）的創辦人之一，她在百忙之中，又爲孩子們撰寫《孩子！ㄋㄟˇ也可以解救ㄊㄚ——兒童愛護動物手冊》。如今，同樣忙碌的國內「原班人馬」二度合作，將這兒童版的「愛護動物指南」也推出了中文版，在此謹代表發行單位的關懷生命協會，向他們致以誠摯的謝意！

兒童天真無邪，不工心計，可塑性很高，所以許多良善的本能，也容易被導引出來。在這個階段，如果就讓他們學習著對動物的苦樂感同身受，以仁憫之心善待動物，這對他們日後的心性成長，以及人際關係的和諧，必然有極大的助益；因爲，「感同身受」的同理心，可以帶給週遭的人溫馨喜樂的感受。相反的，西方心理學家也發現：大多數的殺人罪犯，在童年時代，就已有虐待動物的傾向。換句話說：兒童倘若不能善待動物，甚或養成肆虐動物的殘暴習性，這將會是人類社會的一顆「不定時炸彈」。

讓兒童學習如何愛護動物，原因不祇於此，因爲這樣著眼點未免還是鎖定在「人的利益」，而非「動物的利益」。事實上，作者撰寫本書，背後的原動力，是「動物權」的信念，所欲傳遞給兒童的訊息，也是「動物權」的理想。

儘管西方的傳統宗教與哲學，有著強烈的「人類中心主義」傾向，但是「動物權」的理論，卻像一道穿透人類偏見陰霾的陽光，讓人類不得不重行檢視人與動物的關係。動物之於人，再也不是「財產之一」，而有他們自己的主體性；人不再是動物的「主人」，而只是他們的「地球伙伴」。

只要細心觀察，我們不難發現一點：對其他眾生之苦樂「感同身受」的能力（也就是佛家所說的「自通之法」），是仁憫之心的來源，也是各種「動物權」理論發展的原動力。沒有這份強烈的情意感動，人是難以進一步在知性的層面，反省人與動物的關係，而爲動物重新加以定位的。

也因此，在兒童階段，縱使未有解讀「動物權哲學」的能力，卻具足豐富的情感，足以感受動物的苦樂。讓他們有機會得以接觸另一種生命跳躍的心肺、柔軟的皮毛（羽毛）、深邃的眼眸，感受這些生命在與自己相處的時刻，所傳遞的心情：痛苦或快樂、憂傷或歡愉，這是教科書所無法取代的生命經驗！讓他們「在做中學」，以行動培養「慈憫蒼生」的高尚情意，這正是維護「動物權」的最佳保證。因爲，假以時日，他們必定會成爲新一代的「動物代言人」。

愛護動物的起步越早，受惠動物的數量就越多。每一個動物的生命，在這世間都是獨一無二的；讓每一個與動物有緣相處的小朋友，寶愛每一顆身邊獨一無二的生命，這或許就是作者迫不及待地向兒童推出本書的原始動機吧！

因此，我們也在譯者、校訂者與贊助者的大力協助下，共同將本書的中文版推出，希望愛孩子的家長們，將它作爲公元兩千年送給孩子們的最佳「新春賀禮」！

——八十八年十二月七日　於佛教弘誓學院

是百科全書，也是教戰手冊

——《深層素食主義》中文版出版前言

關懷生命協會在一九九三年創會。創會之初，就將自己定義為「動物保護團體」，而非「提倡素食團體」，原因有三：

一、台灣的動物保護，早先還停留在私領域，強調的正是個人「素食放生」的慈悯心行，因此素食並不乏人提倡。特別是宗教人口佔大多數的佛教與一貫道，信徒因悲憫動物苦難而發心素食者眾，因此台灣擁有全世界最密集的素食餐館，迄今約估素食人口，已有兩百萬人。

二、創會當時，台灣的社會運動非常蓬勃，但是重在各種人權或環保議題，至於凝聚人民共識，以立法來保護動物的觀念，則猶待啓蒙。因此，關懷生命協會的近程工作重點，即是將保護動物的信念，提昇到「公共領域」的層次，試圖在個人道德訴求之外，促進更有利於動物處境的法案與公共政策。

三、基於「與人為善」的原理，也基於壯大動保行列的考量，我們不希望嚇退肉食族群。因為我們相信：即使未能素食的人，也可以用他能力所及的方式，增加動保運動的能量，俾執政者與立法者體察輿情，抗拒利益團體的關說壓力，而妥善制訂出對動物更為有利的法規。

然而作為一個保護動物的團體，當然不可能刻意迴避那致令動物承受最大苦難的飲食課題，因此從提倡「動物福利」，推出《動物解放》，到推出《深層素食主義》，此中自有其「護生」宗旨的一貫性。

傅可思（Michael Allen Fox）教授著、王瑞香女士中譯的《深層素食主義》，由關懷生命協會於二〇〇五年五月正式發行。本書中譯本與《動物解放》中譯本，可說是關懷生命協會出版品之「雙璧」，而且都來自中央研究院錢永祥教授極力推薦並促成其事的勝緣，錢教授的古道熱腸，我們甚為感激！

素食方面的相關書籍，在佛教界就非常豐富，動保界與素食業界也並不少見。但《深層素食主義》還是有其特色。作者傅可思，係加拿大與澳洲哲學教授，相較於一般素食主張的

「淺層」或片面論述，作者將素食主義作了歷史與哲學面向的「深層」分析，並從動物保護、環境生態、醫療保健、女性主義等各種角度，面面俱到地證成了「素食有理」，乃至達成「人們必須斷絕肉食，不得已亦應極盡努力以減少肉食」的結論，並一一駁斥「維護肉食正當性」或「抨擊素食正當性」的各種理論，其辯破犀利，立論嚴密完整，堪稱是向所未見的「素食主義百科全書」或「素食主義教戰手冊」。

爲了向國人鄭重推出本書中譯本，我們將於二〇〇五年五月十四日玄奘大學第一屆「應用倫理學術會議」（「宗教哲學與環境倫理」研討會）中，舉行本書中譯本之新書發表會，作者傅可思教授將自澳洲專程來台作專題演講，錢教授慨允擔任該場演講的中譯，因此該場演講，應是精彩可期！

佛家重視解行並進，儒家重視即知即行。本書作者傅可思教授與《動物解放》作者辛格教授一樣，不祇是研究室裡的哲學家，更是動物保護運動人士。本協會一向兼顧理論與行動，與作者的風格正好不謀而合，因此將於五月間發行本書的同時，推出「一日一素」運動，廣邀國人簽署承諾減少肉類之消費，至少維持「一日一頓素食餐飲」的記錄。這雖不等同於完全素食，但無論如何，「與人爲善」還是好的，只要人們的肉食減量，則動物爲人類的口腹之欲而犧牲生命的龐大數量，就會相對減少，而且必然相當可觀。

更且「一日一素」之自我叮嚀，在倫理意義上更屬重大，因爲「一日一素」者最起碼不會理所當然地認同肉食的正當性，而能謙遜地承認，無法斷絕肉食誘惑而導致動物受苦，這確實是生命中的一大憾事。華人的民間佛教流行「吃早齋」，即是同樣的原理。而本書作者正巧在面對「是否可能完全素食」的質疑時，作了精彩的辯證，因此在本書出版的同時，推出「一日一素」運動，也就顯得意義匪淺。

最後，至誠感謝作者、譯者與錢教授，以及全力推動本書中譯的本協會常務理事張章得居士、秘書長傳法法師、美編張齡文、校對義工李純香、簡志華等諸位居士。謹以出書功德，迴向天下蒼生，願一切有情離苦得樂、離繫解脫！

生命的存活，是何等艱難的事！

——《台灣動物之聲》季刊第二十一期社論

九二一大地震中，災民生離死別的悽慘景況，透過媒體的傳播，深深打動了每一個人的心坎。在斷瓦殘垣之中，救難隊員、熱心民眾與死神拔河，每救出一條生命，都讓人產生無比的振奮鼓舞之情，即便救出的是一隻大肥貓、兩條小胖狗，都可以成爲重大話題新聞。剎時間，我們發現到：生命的存活，竟然是如此艱難而得來不易的。回想太平日子裡，台灣每日屠殺的流浪狗數以百計，不禁令人太息：難道人類一定要在災劫之中，才能體會到生命存活的可貴嗎？

流浪動物的處理，確實是個艱難的課題。前月苗栗一隻大黑狗在哺乳階段，因恐懼生人靠近，威脅愛兒，而凶性大發，竟然撕咬路過的老太太不放，頓時血流如注。幸好旁人即時逐開，無辜老人才撿回一命，但也已被咬成重傷，送醫急救。苗栗市公所立刻將元凶尋獲，當街格斃，留下幾隻嗷嗷待哺的新生小犬。苗栗市長並馬上宣稱要殺盡轄區內所有的流浪犬，絕不理會動保團體的壓力。

作為動保團體的一員，看到這則消息，真是無比痛苦！老太太的遭遇，固然是無辜而令人同情的；但大黑狗的本能母愛，難道就是罪無可逭嗎？是罪大惡極到什麼程度，以至於要受到「當街格斃」的冷酷待遇？那個讓大黑狗流落街頭的狠心主人，才是整個悲劇的元凶，但他反而躲在暗處，毫髮無損，這又能為老太太換回甚麼公道？遺留下來的狗寶寶，是得一併處死，還是得度過無有依怙的淒慘童年？其他流浪狗何辜？憑甚麼要將它們一併處決？這場「族滅」性的屠戮，對於生命，究竟有何正面建樹的意義？所有這些不解之惑，無一不在訴說著生命的無限悲苦。非關震災，但生命的存活，竟仍是如此艱難的事！

由此思及動物的「安樂死」，也不由生起極大的迷情！當動物痛苦到「生不如死」時，讓它早早了結生命，這是何等艱難的決定！但在這份決定的背後，我們尚嗅得到深刻的仁憫之情。但如今，有些「提倡動物安樂死」的理論，卻來自於「合理環境空間運用」的意識形態。這些專家以精密的計算方式，讓吾人知曉某一收容所或犬籠中，每一犬隻的合理分配空間是多少?應容留多少數量的犬隻?其餘的，就以老、幼、病、弱、殘廢、凶猛的順位予以處決，還美其名爲「人道處理」。

我們不禁要問：是誰有這麼大的權力，欽定狗群中的哪幾隻，該爲其它犬隻的「合理生存空間」而斃命?再者，這一套「環境空間」論，有誰敢實施在「人」的身上，而爲其餘健康之人的合理環境空間，來處決掉一些老、幼、病、弱、殘廢、犯罪的人?倘若可以這麼做，那納粹之優生論與大屠殺，就不應也不必受到譴責了!又有誰願意爲了讓出他人的「合理生存空間」，而了結自己的生命?倘若對「人」不行，對狗可以，那不是骨子裡的「人類沙文主義」在作祟嗎?倘若對「自己」不行，對狗可以，那不是「慷他人之慨」的自私心念在作祟嗎?

不敢侈言「反對所有的安樂死」，但我們一定要堅決反對這種人類霸權思想作怪的安樂死。畢竟，生命的存活，是何等艱難的事!

——八十八年二月六日

「實驗動物」倫理爭議評述

——兼論東方儒佛二家之動物倫理與折衷的「新福利論」

一、引言

動物實驗的成果，雖然改善了人類的健康與增進了人類的利益，但是也引發了道德上的爭議。因為在動物實驗的過程中，不可避免地導致受試動物的疼痛、不適，甚至死亡。

西方對於動物倫理的討論，主要是從「動物道德地位」的認定，引生「動物是否有權利？」乃至「是否應該為了人類的利益而利用動物？」等爭議。對於「非人類動物」道德地位的主張，有「權利論」與「效益論」二者的不同；由此而引生的對待動物的態度，也有「動物權利」（animal rights）——「權利論」與「動物福利」（animal welfare）——「福利論」

等二種主張。

以「實驗動物」而言，「權利論」者如雷根（Tom Regan），主張動物有其天賦權利，故反對動物實驗；又如反對「動物權利」論者之科亨（Carl Cohen），則從「權利」是人類互惠契約的觀點，指出因為動物與人類之間並無此一關係，故動物沒有權利，所以實驗動物並不構成對動物的侵權行為。「效益論」者，如辛格（Peter Singer）從「應該平等考量動物感知痛苦能力」的角度，提倡「動物解放」，並反對動物實驗；而同是「效益論」者的弗雷（R.C. Frey），則從增加人類效益的觀點，贊成動物實驗。然而縱然是贊成動物實驗者，也都一致反對殘忍的對待動物，故在贊成與反對動物實驗的對立中，改善動物的悲慘待遇與提升動物的福祉——「動物福利」觀點，成為一個異中有同的對話空間。

本文評述西方哲學對於「實驗動物」論題的爭議，再以東方儒、佛二家的思想，回應西方動物倫理的觀點；其中更強調佛教的護生哲學，以此體現東方佛教哲學在此一議題上，最徹底的仁愛精神與最積極的護生態度。

文末，以動物實驗倫理的 3R（減量、精緻與替代）原則，做為動物倫理「新福利論」的行動基礎，以為漸進改善「實驗動物」苦難的行動原則。

二、「實驗動物」之定義

全世界使用於生物醫學的研究、測試或教育上的實驗動物，每年超過四千一百萬隻，有些人的估計甚至高達一億。[1]動物研究（實驗）的定義及所涵蓋的動物種類，隨時間與研究環境的變遷，而有差異。早期使用「experimental animals」一詞，泛稱所有應用於試驗、研究或教學的動物；現在則稱爲「laboratory animals」，係指經由人爲飼養，具特殊遺傳性，動物品系分類明確，提供作爲應用的動物。現在普遍以 laboratory animals 代替 experimental animals 一詞的使用。[2]

實驗動物的種類甚多，從無脊椎動物（如昆蟲）、囓齒類動物（如小鼠、大鼠、倉鼠、天竺鼠等）、非哺乳類之脊椎動物（如鳥類——雞、爬行類——蛇、兩棲類——蛙、魚類、兔、犬、貓），到猿猴、黑猩猩等大型哺乳類動物皆有。

實驗動物的用途，主要應用於醫學、生命、環境及其他相關領域學科的研究與發展上。其具體的範圍包括：醫學與農學之研究、生物學研究、疫苗及血清製備與開發、藥物安全與毒性測

1 Marc Bekoff等編著：《動物權與動物福利小百科》，臺北：桂冠圖書，二〇〇三年，頁二一八。

2 余玉林等著：《實驗動物管理與使用指南》，實驗動物資訊網：http://las.nhri.org.tw/index1.htm。

試、環境測試與監控、基因工程與相關生物科技研發，以及相關領域的教學與訓練等用途。

三、從「道德地位」的判定，談「動物權利」的有無

有關於動物「道德地位」的考量，有兩個主要的爭議點，一是「動物與道德主動性」（Animal and Moral Agency）的認定問題，二是動物的「道德地位」（Moral Standing of Animal）問題，而前者又爲後者的基礎。

所謂的「道德主動性」，是指能辨識道德上的是非與對錯，能夠自主地去做對的事，避免做不對的事的能力。一般認爲，只有人類才有這種能力。許多哲學家即以人與動物的此一項道德差異性，而主張「互惠」（reciprocity）是道德中的基本考量——尤其是在道德的權利與義務上。準此，唯有能尊重他人權利者，他人才有道德義務去尊重其權利；而因爲（人以外的）動物沒有能力去辨認和尊重他人的權利，所以他人不可能、也沒有義務去尊重動物的權利；所以動物是沒有權利的——即沒有所謂的「動物權（animal rights）」。

以下例舉反對與贊成「動物權」者的觀點：

1、康德的義務論道德觀，視動物爲工具[3]

康德（Immanuel Kant）的道德哲學強調道德行爲的自發性，亦即不從行爲的結果（效益），而是從行爲的動機來判定其對錯；因此，只有理性行爲者在自律要求下所做的行爲，才具有道德上的價值。而動物不是理性的存有，亦不能在自律自覺中實踐道德律令，故不是道德立法王國的一員，所以我們也不對牠們負有任何義務。

而對於「動物實驗」，康德認爲：「作活體解剖的人（vivisectionists）用動物來作實驗，當然要殘忍的工作，……他們儘可證成他們的殘忍是有理由的，因爲動物必須被視爲只是人的工具而已。」

2、雷根從「天賦權利」觀點，主張動物權[4]

---

3 康德(Kant)：《倫理學講詞》（*Lectures on Ethics*）中，〈對動物及人的責任〉（*Duties to Animals and Spirits*），Louis Infield英譯。（摘自Pojman, Louis P.編著，張忠宏等譯：《為動物說話——動物權利的爭議》，臺北：桂冠圖書，一九九七年，頁二五。）

4 Tom Regan：*“The Case for Animal Rights”*（[Tom L. Beauchamp & LeRoy Walters：*Contemporary Issues in*

同樣從動物的道德地位論動物倫理，雷根（Tom Regan）則批評康德從道德自主性（**autonomy**）的有無，來判定動物道德地位有無的觀點過於狹隘，而且顯然不能一致。因爲並不是所有人類都有道德的主動能力，如幼兒、各種年齡的心智病變或退化者、嚴重癡呆的老人等皆是；彼等與動物一樣是道德受動者（moral patients），而不是道德主動者（moral agents），但是我們仍將之視爲人類，甚而提供更多的關懷與照護。更何況有些哺乳類動物，彼等在意識感受、擁有認知與意志能力等方面的表現，並不亞於嬰兒或嚴重傷殘的人類。故雷根提出「生命主體判準」的概念，以爲動物具有「天賦價值」的論證（**Inherent Value and the Subject-of-a-Life Criterion**）

雷根指出，所謂的「生命主體」，不僅只是「活著」而已，而且具有信念與欲望，以及諸如理解力、記憶、未來感（包括自身的未來）、情緒生活、悲喜感受、偏好與幸福利益、能引發行動以追求自身欲望與目標、具有超越時間的身心個性、擁有自身的幸福感等等特徵。這些「生命主體」無關對其他個體的實用性與利益，符合「生命主體判準」的個體，即具有

Bioethics [fifth edition], (Kennedy Institute of Ethics and Department of Philosophy Georgetown university, 1999, p.489)。以下有關雷根之觀點，皆同一出處，頁四八四至四九五。

獨特的價值——天賦價值，吾人不得將其視為機器。所以，存在即是價值，所有生命主體的個體均為平等，對於道德的能動與受動二者，吾人均負有直接責任。

從道德能動與受動者皆同樣有「基本道德權利」的立場出發，雷根堅決反對傷害動物權利的動物實驗，因為這些行為將導致動物的傷害、疼痛、不適與死亡。主張動物權利的觀點者，反對為了「謀求人類的利益」，就蓄意對實驗室裡的動物做入侵式與傷害性的研究與實驗，例如燒灼、電擊、下毒、進行手術、讓動物挨餓、剝除感覺功能等。

3、柯亨主張權利互惠說，否認「動物權」[5]

而另一方面，柯亨（Carl Cohen）則認為雷根的主張（即從「天賦價值」的觀點，賦予道德能動與受動者——人與動物等同的權利，並因此得出禁止動物實驗的結論）是錯誤的，是一種模糊焦點與轉移重心的論證。因為「權利不同於利益，權利是道德能動者按照要求者與被要求者的管理原則，所做出的行為。」「身為道德能動者，必能理解……道德限制對我們

---

5 Carl Cohen：〈動物有權利嗎？〉（*Do Animals Have Rights?*）。出處同上，頁四九五至五〇一。以下引文皆同。

意願的限制。……我們爲自己擬定道德律法，並提出『道德自主』的主張，這是其他動物所無能爲力提出的。……權利起自人類的道德世界，處於道德的範圍，而且，包括嬰兒和老人的全體人類，都屬於道德社會的一份子。」

接著，柯亨以沙克（Salk）和沙賓（Sabin）博士二人從動物實驗中發現疫苗，使人類免於小兒痲痺症等惡疾摧殘的例子，指出人類從動物實驗中得到許多因爲醫學研究的進展而增進人類健康的好處，故應該贊成動物實驗。柯亨極力表明：因爲動物是沒有權利的，所以從事動物實驗者，在道德上並沒有過失；而且，爲了「捍衛動物權」而禁止動物實驗，已然減損了人類的利益，亦「實屬莫大的錯誤」。柯亨指出：「醫學上的多數進展，應繼續仰仗非人類的動物運用，否則將停滯不前。」

4、小結

從上面的敘述可知，康德與柯亨可說是動物倫理上的「契約論」者——道德權利存在於彼此的互惠中，也是「物種主義」者——爲了人類利益而使用動物，不是不道德的。

依康德，從道德律法的自主性到道德行爲的互惠性而言，只有人類才有道德的互動模式；

動物無此能力，故當然排除在道德的目的王國之外。但是康德仍然主張要愛護動物，理由是人類可以藉著對動物仁慈，培養對待其他人類仁慈的心行；在此，動物成為人類長養道德感的工具。

而柯亨的主張：一、人類乃因道德自主的能力而成為權利的擁有者；二、嬰兒和一些失去道德行為能力的人，因同屬人類道德社會的一份子，都涵蓋在人類的道德集合體中，所以也有同等的權利。以上，第一項觀點屬於「道德契約論」，但是從「權利互惠」的角度，只能論證動物沒有權利，但卻無法導引出人類可以利用動物的道德結論，故依此來贊成「動物實驗」的道德合法性，顯然理由不充份。而第二項「道德社會」說，只惠及於人類的「道德受動者」，無視於非人類動物也有少許感知、辨別與溝通等能力，而將彼等悉數排除在道德關懷的範圍之外，則明顯是物種歧視的論調。故辛格指出，從這種「物種歧視」的立場，必然得出「人類可以因為自身利益而利用動物、犧牲動物」的結論，也不會認為這樣的行為有道德上的過失可言。

依雷根，同樣以「權利」觀點討論動物倫理，但不以道德行為者的自覺（如康德），也不以權利互動與互惠（如柯亨），而論動物權利的有無，而是從「天賦權利」的角度，賦予動物與人類同等的權利——天賦動物權，故反對人類爲自己的利益而從事導致動物痛苦、死亡的動物實驗。

四、從「效益內容」的評估，論「動物福利」的質量

1、辛格的效益論，主張「人與動物平等」[6]

辛格在《動物解放》一書中，論證動物倫理的重點是「平等」而非「權利」——動物權，亦即：人和動物在道德上應該獲得的保障，故應著力於證明「動物也應該享受平等」，卻不必陷入有關權利之終極性質的哲學爭議中。不過他也認爲：以「權利」爲核心字彙的一套語言方式，是一種圖求方便、簡化的政治性的語言，雖然這在主張「我們需要徹底改變對待動物的態度」的論證裏完全多餘，然而它有快速吸引人們注意力的優點。

辛格從「人與動物皆平等」的立場而主張「動物解放」。他認爲，凡解放運動都意在結

6 Peter Singer："*Animal Liberation*"（New York：Avon Book, 1990）。（孟祥森、錢永祥譯：《動物解放》，臺北：關懷生命協會出版，一九九六年。）

束某種不平等與歧視，例如種族歧視或性別歧視；故提倡「動物解放」，旨在改變人類累積千百年來對於動物的歧視與偏見，而將人類的道德關懷推向一個更廣闊的族群：非人類的動物。

對於「平等」的內容，辛格引用邊沁（Jeremy Bentham）的說法：「問題不在於「牠們能推理嗎？」也不是「牠們能說話嗎？」，而是「牠們會感受到痛苦嗎？」」所以將「平等」這項根本而基礎的道德考量，納入其倫理學體系中；並強調：「Each to count for one and none for more than one.」（每個〔人〕都算一個，沒有〔人〕多於一個）。故主張動物與人類一樣，都有感受痛苦的能力；所以與人類平等，不可漠視動物的痛苦，而剝削彼等應有的利益。[7]此中辛格依於「平等」原則而論效益，將此原則施用於一切人類與非人類的對象，主張對每個個體——無論是人或動物的利益，都應作平等的考量。而考量的內容是感知能力（sentience），即依感知能力爲準，以產生痛苦與否爲衡量的標準，而非以膚色、性別、智力或理性等爲判準。易言之，以「感受痛苦的能力」做爲道德考量的內容，做爲一個生物是否有權利受到平

7 Jeremy Bentham, "Introduction to the Principles of Morals and Legislation", New York, 1988。

等考量的關鍵（充分必要條件）。[8]依此，辛格主張應該打破「物種歧視」——「人類生命神聖觀論」的迷思。

辛格認爲，高舉「人類生命神聖不可侵犯」而卻不反對殺害動物者，基本上都是物種歧視者；要避免歧視，唯有承認在生命機能大致均相似的生物，就都有相同的生命權利。要突破人類物種界線的歧視，就必須將動物列入道德關懷的範圍之內。然而拒絕物種歧視，並不涵蘊一切生命都具有同等的價值。

在這裡要進一步追問：「平等」原則是否可用於殺害生命的情境中？辛格在書中並不直接談殺生問題，因爲他最大的期望是「不讓動物受到痛苦」，而前述「對疼痛與快樂做平等考量」之單純原則，已足以指出並抗議人類對動物的一切主要虐待行爲。但他依然譴責兩種以殺生爲正當的理由，即：一、人類生命神聖觀，此一觀點認爲殺害無辜人命在一切情況下都是錯的，連智障、重殘、老衰老癡呆都不例外，但超出人類的界線而殺害動物，則不在此限。辛格認爲，這種唯獨人命神聖的觀念，顯係物種歧視的主張。二、人類擁有自覺能力、人際關係……等等與動物不同之判準。辛格認爲，無論判準爲何，均不足以與人類物種之界

[8] 同註六，中譯本，頁三五至七二。

線完全吻合；因爲若準此判準（如自覺能力），則也可據以證明某些動物較人類的生命更有價值。[9]

故面對殺生問題時，辛格提出的是「價值」論。他認爲：拒絕物種歧視，不等於一切生命都具有同等的價值。平等原則與感受疼痛能力之外的其他能力無關，殺死生命則與能力有關。對動物生命，應如同對在心智能力上居於同等層次的人之生命一樣尊重。而殺死一個已在展望、計畫、追求某個未來目標的生物，不啻剝奪了他努力實現一切的機會。

2、弗雷依效益觀點，主張「人類利益優先」[10]

依前所言，則縱使同意動物也有感知疼痛的能力，質疑者依然會辯稱：當二者利益衝突時，效益論的平等原則無法告訴我們該怎麼做。面對這個問題，辛格並未直接辯證「人與動

---

9 辛格進一步說明，在此既不把智障、衰老、癡呆者的生命貶到像目前豬、狗的生命一樣低廉，也不把豬、狗的生命視為神聖不可侵犯，連用安樂死讓他們解脫痛苦都不可以。

10 R.G. Frey," *Right*" '*Killing and Suffering*'（Oxford：Basil Blackwell, 1983）〔中譯：Pojman, Louis P.編著，張忠宏譯：〈關於動物權利的效益主義式批評〉《為動物說話——動物權利的爭議》，臺北：桂冠圖書，一九九七年，頁五一。〕

物之利益孰為優先」的難題，但依然認為：即使將人類利益置於優位，才同意防止對動物造成痛苦，吾人都應大幅改變對待動物的方式。

針對於此，弗雷（R.G. Frey）雖然接受辛格效益論的觀點，但卻認為辛格在效益論的基礎所做的論證結果是錯誤的，因為「平等（痛苦感知能力）的道德考量原則」，推不出「人應素食」或「人不應利用動物」的結論。真正符合效益論的觀點應該是：如果一種飼養方式所引生的苦難少於另一種，則痛苦較少的方式就是一個好的飼養方式——有效益的。所以弗雷同意動物有免於承受痛苦與悲慘的權利，然而同時也不認為人類依自身利益的需求而食用或使用動物有何錯誤。人與動物的道德平等考量是在於：如果人不願意過悲慘的生活，則也不應該讓動物過悲慘的生活。

若依辛格的看法，則弗雷也是一個「物種主義」者，因為弗雷重視的是動物生命在人的宰制下，其生存的方式為何，只要動物在被宰殺前過得舒服，則人就算是符合了道德。弗雷的兩點結論是：一、「減少與節制」：即使痛苦或苦難之論證成立，它只要求我們節制食用那些過著苦難日子的動物——而非不食用；二、「改善論證」：動物在被宰殺之前，若能過著減輕痛苦，增加快樂的生活，則工廠式的農場仍可繼續存在下去。

3、小結

對於衡量「動物生存的悲慘、死亡的痛苦」與「人類從動物身上得到的利益」之間，其效益的考量與平衡是難以評估的。辛格深知其中的困難，所以提出「等量痛苦」的概念，亦即：因物種不同與個體差異，各種動物感受痛苦的內容與程度亦有別，故應以「不同的痛苦承受者，雖因不同強度刺激，卻引致等量的痛苦感覺」為標準，這即是「等量痛苦」（**the same amount of pain**）的考量。[11] 所以，如果人們接受「平等（感知痛苦能力）的道德考量」，則縱然吾人難以量化痛苦的標準，但是卻仍可以明確地得出結論：為了人類的利益而利用動物——無論是實驗動物還是經濟動物，都是不道德的行為。

相較於辛格，弗雷指出：「不違人類利益的前提下，以減輕動物痛苦的方式來利用動物」的主張，也必須面對如何衡量痛苦程度的難題。然而筆者認為，如果純就動物而言，難道還有比生之痛——減輕痛苦也還是痛苦，死之悲——安樂死也是死亡，更悲慘的事嗎？若加入人類的利益考量，則實驗動物、經濟動物的死亡與痛苦，不都正是因為成全了人類的福祉，而達到了最大的效益嗎？而改善動物的處境需要耗費大量的金錢，也相對會損失業者（人類）

---

11 同註六，中譯本，頁九。

的利益，在人類至上的前提下，大多會基於利己的效益考量，繼續贊成讓動物痛苦的動物實驗。弗雷的效益論，在人類中心的立場中，對於動物利益的考量，都將在與人類利益的衝突中被犧牲。

五、儒、佛二家之動物倫理觀

1、儒家義務論的仁心思想[12]

「人禽之辨」是儒家所強調的基本義理，亦即人類因特有的仁憫、不忍人之心，而為人之所以為人的價值，這也是（人類）一切道德根源的所在。依此，因為人具有道德的自覺力，故以人為尊，人類的（道德）地位亦遠高於動物之上。此一論點近於康德的義務論，但是儒家並不認為動物純然只是人類的工具，人類也不能任由己意的對待動物。

李師瑞全舉程明道「仁者與天地萬物為一體」的說法，表示「人與動物及其他存有，在

---

12 本段文論徵引李師瑞全：〈儒家論動物權〉，《應用倫理研究通訊》第十三期，頁一九至二一，台灣中壢：中央大學哲研所應用倫理學研究室，二〇〇一年一月。

本體上都是同體的」觀點，故人類乃至於動物在內的萬物，「也都同具有天道所賦予的創造性」，故當然肯定動物生命存在的價値，「不容許人類隨物種私意而濫用或暴虐動物」。而且認爲康德「把動物排除在人類道德考量之外是有所偏差的」。但也爲康德辯解，認爲其道德哲學並「不是一種物種的歧視，而是對道德所具有的一種更嚴肅的意義理解不足，及由此對一切生命所具有的存有意義，和人與天地萬物一體的生命感應不能體會」所導致的錯誤結論。儒家重視仁心的發用，當不自限於人而更普及至動物，且更擴充於天地萬物之中。所以，動物是仁人君子關懷的對象之一，也是人類道德社群的一員，絕不是人類的工具。

但是儒家雖然倡發人類「不容已」之仁心，對一切生命也具有同情共感之肯認，但也覺察到一份「無法擺脫作爲生命鏈的一部份的無奈」。而從「體認人類自身的有限性」中，「知道人類不可能全盡道德的無限要求，……」，所以，「人在維持自己之生命以盡己性時」，「其他生物」已不免淪爲吾人的口腹之味，而「不能使物得以盡其性」。

2、佛家平等論之護生哲學[13]

---

[13] 本文段之說明，徵引昭慧法師：〈動物權與護生〉，《應用倫理研究通訊》第十三期，頁二六至二八，台

如果說儒家的道德哲學類於西方康德的義務論，則佛教緣起中道的道德思想，與辛格一樣是平等論者。但不同的是，辛格從效益主義的立場，著眼於動物與人同樣有痛苦的感知力，所以應做道德上的平等考量。而佛教的「眾生平等論」，是從體會萬事萬物皆是因緣條件聚合則生、散壞則滅，以其同一緣起性，故云「平等」。依此而有的「護生哲學」，其對動物的護念與仁憫，不是（雷根式的）「天賦動物權」的形上思維，也不是（康德、儒家的）義務論者純粹依於自我的道德自律與理性思辨，而是立本於緣起法則的道德根源，更透過「己所不欲，勿施於人」——自通之法的素樸經驗，在道德情感的直觀與理性自覺的思辨中油然而生的仁憫之心。

進以言之：依「緣起」法則而觀，則存有的任何一個現象（有情生命即包括在內），原都不是隔別孤立而可以單獨存在的，必須要「眾緣和合」方能成就。因此，緣所生法本身，就與其他的緣所生法，有著「相依相存」的複雜網絡。在這個前提之下，同樣是因緣相互支援成就的生命體與生命體之間，如何可能不存在著隱微而暢通的關聯呢？因此，對其他生命的尊重，就不祇是素樸的道德感情因素，而在感情自然流露的背後，有其「緣起法則」存焉。

灣中壢：中央大學哲研所應用倫理學研究室，二〇〇一年一月。

透視此一「緣起」的法則，才能體會「自通之法」的所以然。有了這番體悟，方能從「眾生緣慈」而昇華出「（緣起）法緣慈」的生命智慧。

其次，由於一切有情只是因緣條件組合下相對穩定的存有個體，所以，在因緣條件變化時，個體的尊卑優劣之處境，也就跟著發生變化。一切階級意識，都是執著於階級真實性的「常見」，也是一種我慢作怪的「自性見」；在差別現象的表象背後，「諸法緣生無自性」——無我的法則，是平等平等的，這就是佛家「眾生平等」說的理論依據。用擬人化的口吻說：「自通之法」所發散出的廣慈博愛之情懷，不是「神」對人類的誡命，也不是抽象「天」、「道」的理則，而是萬物、眾生皆因緣相關的平等法性，在無聲地召喚著我們。

第三，佛教「護生」的對象，是一切「有情」（眾生），但這是來自於尊重每一「有情」的需要，而不是來自於重視「人」的需要。[14]「有情」，是所有護生規範的受惠者。因爲，

---

14 佛教倫理規範的受保護者雖涵蓋「人」與「非人」之一切有情，但倫理規範的行為主體則是「人」，而非「人以外之其他動物」（以下簡稱「動物」）。職是之故，「護生」此一道德訴求的詞彙，純粹是對「人」的行為之有害於生命（包括動物）者，所提出的反制。動物與動物之間，倘有互傷相食之行為，牠們是不可能產生「對方也有生存權利」之反省的。人與動物之間，倘若某種凶猛動物（如虎、獅、蟒蛇）欲依本能而殺人時，人也無法訴諸「生存權利」之道德觀念而制止之。人對待動物的方式，構成「善業」或「惡

只有有情，才有情識與情愛，對於自體的生命，才有趨樂避苦、趨生畏死的本能。爲了尊重這種生存本能，所以避免傷殺惱害他們。相對於有情，非有情類的植物，雖亦有其蓬勃生機，但並未呈現「情識與情愛」之特性；對於植物，由於尊重它的蓬勃生機，所以僧尼的戒律中，也還是有「不得踐踏、砍伐草木」的規範，但其毀犯之嚴重性，是無法與「殺生」——殺害有情生命的戒律相提並比的。這種區分，也來自於吾人素樸經驗的道德感情。

3、小結

從以上的陳述中可見，儒家不是「人類神聖論」者，在心懷道德自覺的負擔時，雖不是一個絕對且徹底的素食主義者，但就如同孟子所說「見其生不忍見其死」，「聞其聲不忍食其肉」，這一份「戒懼從事之心」，在孔子，則發而爲「君子遠庖肆」的仁者之行，在當時的社會環境，也算是無可如何的對應方式。而今日全球環保、動保意識高揚，素食行爲也有更多的選擇與方便；故筆者認爲，儒家哲學從體認自身有限性的自覺中，應更能積極尋找取

業」，動物待人或動物相待，縱使從人的角度看來，可以稱之為「凶殘」，卻是純任本能的「有覆無記」（覆障真理，卻非關善惡，是道德上的「中性」）。

代肉食，乃至實踐素食行爲，則將能免除因一己口腹之欲而使得動物「不能盡其性」的道德實踐上的遺憾。

然而對於能夠增進人類福祉的「動物實驗」呢？筆者認爲，儒家在仁心理論與道德情感上，當然會反對「以動物作痛苦的實驗」的行爲，但是不會徹底地反對動物實驗，而應該是贊成一種減輕，甚至免除動物痛苦的研究或實驗方式。然而，所有入侵式的實驗方式都不能是沒有危險、不會痛苦的。而且有時爲了確保受試動物在每一次試驗中的可控制性，前一次的受試動物，無論是測試方還是對照方，都必將之銷毀殆盡。面對「動物實驗」行爲必然導致動物的痛苦、傷殘，以致於死亡，儒家在「天地之大，人猶有所憾」的情況下，若依於人類利益而贊成「動物實驗」，則多少仍有「人類中心主義」的傾向。

有關於動物倫理，如果說儒家是人道主義的「福利論」者，則佛家雖不從「動物權」立論，而其「眾生平等論」，則明確指出人類沒有傷害與利用動物的道德合理性。此中，聲聞佛教「平等論」之於動物，只偏重消極而非積極的「護生」義，也就是對於動物不傷殺、不利用動物以遂人私之「不害」義。而積極保護、關懷動物的「護生」義，就在大乘佛教「但願眾生得離苦，不爲自己求安樂」的行願中，闡揚大悲普覆的「護生」精神；故必然是苦難動物的救濟者，徹底地反對傷殺殘痛的「動物實驗」，也會是完全素食行動的實踐者。

六、3R原則與「新福利論」

1、「福利論」為動物倫理的共許主張

從上來各家動物倫理學說的討論中可知，反對動物實驗者多有主張「動物權利」者。所謂「動物權利」（animal rights），可以指任何肯定動物的生存，並賦與其（生存）權利的主張；但是在人類過度剝奪並傷害動物的現況中，提倡「動物權」，主要著重在廢除人類一切使用或壓榨動物的行為，以「回復」動物原本不應被剝奪的「權利」。但是考察其具體內容，則擁有權利的動物的種類，與權利的來源與內容等，則多有差異。

所謂的「動物福利」（animal welfare），是指「人道」使用動物，至少要求禁止「不必要的殘忍」；在利用動物的同時，亦應照顧到動物的福祉。「福利論」的贊成者，以不反對利用動物者居多；舉動物實驗為例，彼等以動物在道德自覺上的闕如，將動物排除在人類道德社群之外，故否認「動物權」，而贊成人類利用動物實驗的正當性。

而「權利論」與「福利論」的交集是，二者都主張應該改善對待動物的方式，以增進其福祉；故「動物福利」的說法，是「動物倫理」議題中較爲普遍而共許的主張。亦即，縱然贊成動物實驗的倫理觀，也都不允許人類以任性、娛樂的心態，過於兇殘暴虐的方法來對待動物；也都主張應該以合人道的，增進動物福祉的方法來利用動物。

如康德，雖然認爲動物對人而言只有工具價值，人類對動物所負的義務是「對人類所負的間接義務。」[15]所謂「間接義務」，是指人亦必須仁慈對待動物，康德認爲人可以藉著對動物仁慈，培養對待人類的仁慈態度。所以人從事動物實驗雖有正當理由而且是必需的，但是「如果這樣的殘忍行爲是爲休閒運動而爲，那就說不過去了」。

如柯亨，他雖主張「動物沒有權利」，但卻也認爲吾人「不足以證明某人能隨意而冷酷地漠視動物。動物並非石頭，牠們有感覺。老鼠會感到疼痛，我們當然不能無緣無故地折磨牠，即使權利觀念不能套用其上亦然。我們人類有義務以人道行事，換言之，察覺動物的感受，將決定我們以人道方式，運用攸關痛苦傷害的道德原則來對待動物。當然不是因爲將動

15 同註三

物視爲權利的持有者。」[16]

又如主張「以寡欲重生爲念」的儒家哲學，在體知人類「不可能全盡道德的無限要求」中，仍然重視「參贊天地化育」的積極道德行爲，自是不能贊成以動物作痛苦而無意義的實驗。

由此可知，「動物福利」比「動物權利」成爲較普遍而共許的觀點，雖然提供動物福利的具體內容，仍然有許多歧見。

2、實驗動物倫理的3R原則

一九五九年，英國大學動物福利聯盟（UFAW）贊助兩位英國科學家完成《人道實驗技術原則》（The Principles of Humane Experiment Techniques）一書的研究計劃，書中提出人道對待實驗動物的三個原則，即：減量、精緻化與替代方案（Reduction, Refinement, and Replacement : the Three Rs）。

其中，「減量」是指用較少的動物而得到等質的研究資料，或是以定量的動物而能取得

16 同註五。

更多資料的實驗方法。「精緻」是指選擇運用能夠減輕動物痛苦（pain）或挫折（distress）等傷害性的實驗方法，並視需要提供增進動物福祉的設施。「替代」是指不使用活體動物做實驗的方法，乃至進而改善動物的處理程序和飼養管理的方法。

動物實驗的 3R 原則是一個折衷的原則，對於贊成與反對動物實驗者的雙方——亦即在科學、醫學界與動物保護人士之間，不凸顯彼此的差異，而是提供一個對話的可能：在人類利益的不能放捨與動物權利的維護上獲得妥協。

七、結論

隨著科技文明的發展，人類在飲食、醫療與環境的諸多方面，對於動物的利用與侵擾越大，因此而引生的動物倫理爭議也越多。這些道德爭議，牽涉到人類對動物生命的價值認定與道德評估，而動物道德地位的根源與界定，也成爲討論動物倫理爭議的問題焦點。本文探討西方「權利論」與「福利論」二種動物倫理主張，並回顧東方儒家仁學與佛教護生思想，以展現中國哲學現代詮釋的一個面向。

道德理論建構的最終目的，是爲了對倫理爭議提出可供解釋與解決的理論基礎，環顧各種理論紛呈而針鋒相對的情況，需要的是一個可以對話的基點，與一種可資行動的方法。筆者以爲「動物福利」的概念與實行方法，是各種動物倫理觀可藉以溝通的媒介。

如果按照「權利需要爭取，而不會從天上掉下來」的說法，則那些有腳不能走上街頭，有手不能投票，有口不能控訴的動物而言，他們是不可能擁有權利的——沒有所謂的「權利論」；動物受制於人類的悲慘處境，只有靠人類的道德反省與仁憫護念的善行，方有改善的可能——增進「動物福利」，是必須要的道德行爲。

但是主張「動物權利」者，對於動物的護念與尊重卻是更徹底的，甚至認爲縱然不利用動物會減損人類的利益，也都應該取消動物實驗，堅持素食。所以「動物福利」方式的妥協，並不能徹底解除動物的苦難，因爲生命不能取代，幸福不能量化。然而一個動物解放或護生哲學的實踐者，不應忽視現實環境中的困難，更應採取所有可能的改善方案。動物解放、眾生平等論者的最終理想，是讓動物解除所有因人類行爲所帶來的苦難與悲慘。然而從生命倫理學者 Engelhardt 的學說中所得的引申，筆者認爲，面對眾多的「道德異鄉人」（moral strangers），其中一點共同的認知，或許是依於人道精神而有的動物福利主張；唯有不斷地落實動物福利措施，「動物解放」的長期目標，「眾生平等」的護生理想，終將有實現的一天。

在此，依於中期目標——動物福利，以臻於終極理想——動物權利的主張，被稱為「新福利論」（New Welfarism）。筆者認為，佛教「眾生平等論」的動物倫理觀，是徹底的護生論者，但是在從事實際動物保護的社會運動中，各種程度的「人道對待動物論」者，都是合作的對象。於此，「動物福利」是一個匯合各種動物倫理異說，以共同解救動物苦難的對話基礎，合作起點。

九十四年四月二十三日　於弘誓學院

——玄奘大學宗教學系暨應用倫理學研究中心舉辦

第一屆應用倫理學術會議

◎參考及徵引文獻

一、近、現代專著

中文著作

- 李瑞全：《儒家生命倫理學》，台北：鵝湖，一九九九年。
- 釋昭慧：《佛教倫理學》，台北：法界，一九九五年。
- 釋昭慧：《佛教規範倫理學》，台北：法界，二〇〇三年。

外文譯作

- Peter Singer 著，孟祥森、錢永祥譯：《動物解放》，臺北：關懷生命協會，一九九六年。
- Pojman, Louis P.編著，張忠宏等譯：《為動物說話——動物權利的爭議》，台北：桂冠圖書，一九九七年。
- Bekoff, Marc 等編著：《動物權與動物福利小百科》，台北：桂冠圖書，二〇〇三年。

英文著作

- Bentham, Jeremy: Introduction to the Principles of Morals and Legislation (New York : Prometheus Books, 1988)
- Dawkins, Marian Stamp:Animal Suffering: The Science of Animal Welfare (London : Chapman and Hall，1980)
- Ragen，Tom: The Case for Animal Rights（Berkeley : University of California Press, 1983）
- Rolston III, Holmes: Environmental Ethics : Values in and Duties to the Natural World (Temple University Press, 1988)
- Singer, Peter : Animal Liberation，second edition （Now York : Avon Book, 1990）
- Tom L. Beauchamp & LeRoy Walters: Contemporary Issues in Bioethics [fifth edition] , (Kennedy Institute of Ethics and Department of Philosophy Georgetown university, 1999)

二、期刊、論文、報紙

- 中華民國實驗動物學會：《實驗動物管理與使用指南》，臺北：藝軒，二〇〇〇年。
- 〈動物解放〉，《哲學雜誌》第二十二期，一九九九年。

● 李瑞全：〈儒家論動物權〉，《應用倫理研究通訊》第十三期，頁十九——二十一，台灣中壢：中央大學哲研所應用倫理學研究室，二〇〇一年一月。

● 陳德和：〈從道家思想談動物權的觀念〉，《應用倫理研究通訊》第十三期，頁二十二——二十五，台灣中壢：中央大學哲研所應用倫理學研究室，二〇〇一年一月。

● 蕭振邦：〈動物權——一個佛教向度的解讀與解釋〉，《應用倫理研究通訊》第十三期，頁二十九——三十二，台灣中壢：中央大學哲研所應用倫理學研究室，二〇〇一年一月。

● 葉力森：〈剝開道德的外衣——動物安樂死〉，《應用倫理研究通訊》第十三期，頁三十三——三十五，台灣中壢：中央大學哲研所應用倫理學研究室，二〇〇一年一月。

● 釋昭慧：〈動物權與護生〉，《應用倫理研究通訊》第十三期，桃園：中央大學哲學研究所，二〇〇〇年。

● 釋昭慧：〈環境權與動物權——「人權」觀念的延展與「護生」信念的回應〉，《玄奘學報》第四期，新竹：玄奘人文社會學院，二〇〇一年。

● 釋昭慧：〈「緣起」與「護生」——佛法對今日人類困境的啟發〉，台北：「憲政改革的新思維研討會」會議論文，美國亞洲協會與現代學術基金會合辦，一九九五年。

● 釋昭慧：〈「護生」精神的實踐舉隅——台灣動物現有的處境與佛教界當前未來的援助之道〉，台北：「台灣佛教學術研討會」會議論文，現代佛教學會主辦，一九九六年。

● 釋昭慧：〈動物關懷的宗教合作——以關懷生命協會的「護生」運動為例〉，台北：輔仁大學宗教系「宗教交談學術研討會」會議論文，二〇〇〇年。

● 各期《台灣動物之聲》季刊（已出版三十七期），臺北：關懷生命協會。

三、相關資訊網址

● 1. 關懷生命協會（Life Conservationist Association），http://www.lca.org.tw/tws/index.htm

● 2. AnimalRights.Net，http://www.animalrights.net

● 3. 台灣生態保育聯盟資訊網，http://ultra.iis.sinica.edu.tw/~ngo

● 4. 台灣地區之野生動物保護區，http://wagner.zo.ntu.edu.tw/protect/index.htm

● 5. 實驗動物資訊網，http://las.nhri.org.tw/index1.htm

動物保護的本土問題

一、台灣動物現況簡述

一切動物，依於人類之需求，而被概分為四種：一、野生動物——指自然情況下應生存於原棲息地的動物。二、經濟動物——指具備經濟價值而被飼養宰殺的動物。三、同伴動物——指為陪伴人類而被飼養或管領的動物。四、實驗動物——指為科學研究目的而被飼養或管領的動物。

其實，動物的感知能力與求生意欲，與人類大同，牠們豈甘被貼上各類標籤，而心甘情願地奉上自己的性命與皮毛血肉？所以顧名思義，已可略為窺見四種分類背後所透露的人類沙文氣息。

（一）經濟動物

受到資本主義經濟形態的影響，一切均著眼於「用最小成本換取最高利潤」。在此情況之下，飼主對待經濟動物，不再採取過往的野放飼養（那樣最起碼只是在忍受最後一刀時才出現嚴重的痛苦），而改採大規模的集約農場飼養法。這使得數以十億計的動物，終其一生都生活在狹窄、陰暗而不見天日的牢圈內，而不能與其它同類一樣，享受自由的野外生活。牠們忍受著擁擠環境與強烈臭味所帶來的極度不舒適感，並在無麻醉的情況下被剪耳、剪尾、剪喙、閹割，最後還得被電棒驅趕上車，在風吹、雨淋、日晒之下，擠成一團地被運載往屠宰場。

從來就沒有一種死亡方式是不痛苦的，電動屠宰法、CO_2昏迷宰殺法或是人工宰殺法都不例外。但最起碼電宰法的痛苦過程較爲縮短。然而由於電宰肉是冷凍肉，國人卻嗜食所謂的「溫體肉」。爲了配合這種飲食習慣，台灣的屠宰場多半採用傳統的屠殺法。於是成群豬隻（或雞隻）忍受著被電棒驅趕（或倒提入籃）之苦，前往屠宰場，並在毫無隔離的情況之下，眼睜睜看著同伴一個個慘死刀下，不禁在極端恐懼之下，發出悽厲的嚎啕聲。待到尖刀刺入心臟（如豬）或割斷喉嚨（如雞），方才在痛苦抽搐下，結束其苦難且短暫的一生。

而牠們於集約飼養、活體運輸、活體交易、人工屠宰、屠體運輸與買賣的過程中，還會潛伏藥物殘留、抗生素過量、微生物污染、人畜共通疾病等等問題，致令食用之者往往產生種種的病變。人人聞而色變的狂牛病、禽流感與非典型性肺炎，感染源都來自經濟動物。而一旦此諸疾病（或口蹄疫）爆發之後，又免不了對該種類之動物，展開一場全面性的大屠殺。有時產銷失調，大量販售不出去的經濟動物，也會被數以百計、千計地集體宰殺，以求省卻飼料成本。

爲了生產足夠的飼料，畜養經濟動物業已對農業造成了重大的壓力，使得大量山野失去了天然植被，而被闢爲耕地；大量森林被砍伐，大量草原因放牧過度，而讓沙漠化問題更形嚴重。爲了大量繁殖經濟動物，不但嚴重地消耗地球能源，而且還往大氣中排放了大量的甲烷和二氧化碳，從而引起溫室效應與環境汙染等種種問題。

（二）實驗動物

實驗動物在醫藥、軍事、商業的種種領域中，被大量地運用著。牠們在科學實驗室裡，往往被施以種種非人道的「酷刑」，求生不得、求死不能。詳如 Peter Singer《動物解放》一書之所述，茲不贅言。

由於動物實驗籠罩著「科學」的光環，所有的罪惡均被掩埋在設備高級的實驗室中，外界無法窺見其詳，其陰暗面較諸經濟動物屠宰場，就更不易被人們挖掘。所以至今有關實驗動物的問題，吾人依然無從著力以爭取其命運之改善。

在化妝品製造業者進行十年抗拒之後，歐洲議會終於在二〇〇三年一月十五日通過一項法案，歐洲聯盟全面禁止以動物來進行化妝品之試驗。這雖無法全面遏止動物實驗，但已爲實驗動物爭取到了一線曙光。我國不知何時才能追上歐盟的腳步，而讓實驗室的黑箱掀開一角？想到科技、醫藥、商業界的龐大勢力，令人實在不敢樂觀。

即使如此，動物實驗之劇苦，目前還只能說是「方興未艾」。原因是：近時由於器官移植術發達，而器官之供體嚴重不足，於是腦筋動到動物身上。早在二〇〇〇年八月二十八日，路透社新聞已發佈：美國「生物移植公司」培育出了一種不會把危險病毒傳染給人類細胞的新品種迷你豬，這種豬經過基因改造後，或許可以成爲人類移植組織或器官的安全來源。他們希望以此挽救更多器官罹病已到末期的嚴重患者生命，並減輕這類患者醫療開支的負擔。

同年十月五日，據路透社及德通社報導，綠色和平組織抗議：有美國生物移植（Bio

Transplant）及澳州的幹細胞科學（Stem Cell Sciences）兩家公司，申請「人豬混種胚胎」複製技術的專利。這兩家公司已經利用創造複製羊桃莉的「體細胞核轉植」技術，成功地把人類胚胎的細胞核植入豬的卵子，並在實驗室中培養了將近一個星期。這兩家公司發展這項技術的目的，是爲了培養適合移植到人類體內的器官及組織。台灣在這方面也不落人後，有關人豬基因混種實驗之新聞，時見於報端，顯然這類實驗，應還在持續進行之中。

而中學生物科所安排的「動物解剖」課程，也是極其殘忍而無意義的。往往幾人一組，將青蛙開膛剖肚，只爲了觀看牠們的五臟六腑，真不知看與不看的差別何在！現在已有動物內臟之電腦動態模擬畫面，對校園學子而言，即使真要觀看動物五臟六腑之情狀，也已不需從大量屠殺之中取得。更何況，即使實體解剖有電腦動態模擬所無法相及之臨場觸覺，但此諸中學生裡，未來會有在學理或職業上作動物解剖之需求者，千分不及其一，何苦提早做此毫無意義之殘忍訓練？四年前，吾人推「動物保護法」之立法運動時，本已提出草案，建議高中以下均不得做動物實驗，但因反對聲浪過大，最後只爭取到「國中以下不做動物實驗」的規制，殊爲可惜。

（三）同伴動物

同伴動物的貓狗，經常受到市場價格的影響，一旦「退流行」，或是老、病之後，就被飼養場與飼主無情拋棄，過著餐風宿露的悲苦生涯，且被各地方政府捕犬隊大量捕捉。目前流浪動物的處境稍有改善，例如：過去捕犬隊員使用鐵線圈捕捉時，往往致令犬隻頸項因受捆縛而皮開肉綻，後經動保團體要求改善，現在大多已採用較爲人道的捕犬繩套了。原先一捕到幾乎立刻處死，而且死法計有淹死、活埋、餓死、燒死等等方式，至爲殘酷。動物保護法（以下省稱動保法）通過之後，已改爲預留七天給舊飼主認領或新飼主認養，逾期方才予以針劑注射致死。

但是即使如此，至今仍有許多地方的公立收容所，犬隻還是受到種種非人道的囚禁待遇，有的公立收容所（如花蓮吉安鄉），還曾因員工懈怠，未有如期餵食，而發生饑餓中之大狗咬食小狗之慘劇，被動物保護（以下省稱動保）人士拍攝下來，製作成光碟而廣爲流傳，一時輿情譁然，迫令政府應允改善收容所狀況。

本（二〇〇三）年二月間，又有動保團體（世界關懷台灣流浪動物聯盟）揭發犬隻被大量割斷聲帶，以免發出噪音擾人的消息。此種重度殘障犬隻，因爲喪失了表達能力，連與其他犬隻都無法再作正常溝通，因此完全萎縮了生命力，蜷伏不動，狀甚萎靡。

本來狗口登記、晶片註記，是動保法的一大訴求，其目的是為了讓飼主不敢任意棄養犬隻，或是愛犬走失之後，得以尋獲領回。此一立意良善之法，在歐美行之有年而成效卓著，然而橘逾淮而北為枳，在台灣本土落實執行之時，卻發生了台灣社會所特有的重大困難。原來此套制度並無法杜絕飼養場之棄犬行為，因為犬隻在未被賣出之前，並未作晶片註記。而原來有許多愛心人士，飼養著大量的流浪貓犬，默默地將社會問題承挑在自己身上，如今卻面臨著無有經費註記晶片的問題。還有些店鋪、工廠，本來會對來到門口乞食的犬隻飼以食物，這些犬隻久之已成看門犬。如今這些人士唯恐因犬隻未註記晶片而被罰鍰，又恐一旦註記之後，犬隻一旦被捕，自己要掏腰包繳納大量罰款，於是不再餵養這些看門犬，讓牠們的生活更形悲苦。[1]

（四）野生動物

野生動物在台灣，有的也被當作經濟動物以大量豢養，業者意圖取其皮毛血肉，所以待

1 本段所言，是關懷生命協會理事張徽昱醫師依其長期救護流浪動物之實務經驗，所提出之觀點。

遇就與一般經濟動物無二。即使逃過了在非人道環境中豢養的劫數，牠們依然要面對著棲息地大量遭到人為開發的生存威脅。另一方面，原住民的狩獵能力與漢民族的「藥補、食補」飲食文化巧為結合，這使得大量野生動物被視作「山產」，進入了老饕的腹腸之內。

有的野生動物，即使不被當作食品，也會被當作藥品。例如：中、台、港三地中藥材喜以熊膽入藥，乃促使大陸發明了「囚熊抽膽汁」的把戲，至令黑熊遭致終身囚禁，並被固定在窄迫不得翻身的鐵籠之中，動彈不得，而以導管插入其膽囊之中，長期抽取膽汁。此種慘無人道的飼養行為，雖然受到舉世譴責，但是利之所趨，使得囚熊命運迄無改善跡象。

而台灣黑熊相形之下，也幸運不了多少。牠們是瀕臨絕種動物，原應受到野生動物保育法之保護，不得獵捕，然而近年因棲地環境改變以及盜獵之壓力，估計數量僅剩兩百多隻！根據玉山國家公園管理處調查發現，二年前預估全省約五百隻，但研究人員去年全年都未看到台灣黑熊蹤跡；兩年前捕獲並套上追蹤器的十五隻，去年也只有八隻仍可收到訊號，數量大量減少；令人遺憾的是，十五隻繫放的台灣黑熊，竟有八隻因誤入陷阱，遭到斷掌斷趾而「破相」。[2]

[2] 黃曼瑩報導：〈台灣黑熊浩劫！全台僅剩*200*餘隻　繫放逾半遭斷掌斷趾〉，台北：*ET-Today*，二〇〇三

而設陷阱、置捕獸夾、持獵槍以大量屠殺山豬、山羌、果子狸等等的盜獵行為，不但造成野生動物的浩劫，而且連登山人士都已向關懷生命協會反映：對於山林中隱蔽著的機關陷阱，深感恐懼，唯恐稍一不慎而落入負傷。這種種獵捕野生動物的行為，業已形成資本主義經濟體系下，產銷結構之一環，早非傳統原住民之舊慣，然而近時連國家公園——幾個台灣最後的「野生動物特赦區」，竟還被要求必須開放給原住民狩獵。長此以往，台灣山林的野生動物，肯定將會快速滅種。

凡此種種，不一而足，各類動物在台灣，都承受著深鉅的苦難，迄未見到可喜的轉機。

二、兩個信念與兩項立法

台灣的動物保護，早先還停留在私領域，強調的是個人「素食放生」的慈憫心行，但對於凝聚人民共識，以立法來保護動物的觀念，是則猶待啓蒙。至民國八十二年元月，台灣第一個以「動物保護」為主要訴求的草根性組織——中華民國關懷生命協會（以下簡稱「協會」）正式成立，自此以後，保護動物的信念，就提昇到了「公共領域」的層次。吾人試圖

年一月四日。

在個人道德訴求之外，促進更有利於動物的法案與公共政策。

也許有人會問道：既然旨在保護動物，何不直接命名為「關懷動物協會」？原來，初時協商命名，大家就有了兩項共識：一、仁慨之心的培養，不妨始自「愛護動物」，故以「關懷動物」為「關懷生命」的起點；二、基於「眾生平等」之信念，要讓人類沙文主義者注意「動物」也等於「生命」的事實。

先簡述後者。「眾生平等」論，牽涉到的是佛教的基本法義，昭慧法師著《佛教倫理學》以及新著《佛教規範倫理學》，自「緣起」的內在理路，而推演到「護生」的最高精神，達到「眾生平等」的結論；[3]她並贊同 Peter Singer 教授之主張，認為應以「感知能力」作為關懷與否的判準，而非「神性」或「理性」。此中之論理辯證甚為詳密，為節篇幅，茲不贅述。

至於相信「仁慨之心的培養，不妨始自愛護動物」的理由，在此略作說明。佛說眾生有兩種諍：「欲諍」與「見諍」。吾人認為：動物與人之間的關係單純，至多涉及「欲諍」，而不會有「見諍」。因此，人與動物之間，沒有複雜的意識型態，沒有曲折的恩怨情仇。比

---

[3] 詳見昭慧法師著《佛教倫理學》、《佛教規範倫理學》二書（台北：法界。前書初版：八十四年十月。後書初版：九十二年三月）。

起種族、性別、國家、宗教、政治各方面層出不窮的意識形態鬥爭，相形之下，對動物生起護念之心，反而容易得多。因此，「以關懷動物爲關懷生命的起點」，促使人類的道德感更普遍而深入，自「物種歧視」的偏見中解放出來；這樣培養成悲天憫人的良好道德習慣，一旦遇到人與人間、族群與族群間的種種見諍與欲諍，也方能節制瞋火，不容易漫無節制地擴大仇恨，動輒致人於死地。

協會成立迄今十年，致力於動物保護之立法工程。目前已完成了兩大項推動立法的工作——八十三年通過野生動物保育法修正案，八十七年通過動物保護法。除此之外，協會更推動動保教育與文化事業，發行各種有關動物保護的雜誌、電子報、書籍與錄影帶，並且設立網站，希望能在法律與教育方面雙軌並進，讓人們能改變觀念，從而改變其對待動物之道。唯有如此，方能真正落實法律之執行，甚至凝聚出更高道德水準的社會共識，來修訂出更能有效減低動物苦難的法律。

三、實務工作的瓶頸

如前所述，善待動物似乎要比善待敵人容易，但在展開保護動物的實務工作時，仍有其無法突破的瓶頸：

一、屬於人類的權益，有各種團體爭取，但是沒有選票、不會發聲的動物，卻完全無法展現政治上的實力，所以也就無法迫令政治人物關懷並改善牠們的處境。即使是弱勢族群的原住民，一旦強力爭取他們在山林裡的狩獵權，野生動物也只有被迫犧牲的份兒。連保育團體也大都噤不作聲，於是協會的反對聲，顯得刺耳而寂寥。動物因此而可說是「弱勢中的弱勢」。

二、動物被殺被虐的場景，一向都隱藏在飼養場、屠宰場與實驗室等等幽暗之處，一般人既看不到牠們抽搐掙扎的痛苦神情，也聽不到牠們恐懼嚎啕的淒厲聲音。既然如此，廣大民眾也就無從發揮仁憫的天性。此所以協會要大力透過教育與各種可能的傳播管道，讓事實真象暴露在陽光之下。

然而，以協會的財力，根本無法作有效的「大眾傳播」。即使製作了像「生命的吶喊」這樣一部極被肯定的錄影帶，意圖讓民眾知悉經濟動物悲慘的一生，但是這也只能行之於小眾傳播的管道；大眾所熟悉的，還是被人類沙文主義的意識形態所過濾或包裝的影像。

三、由於法律的形成，有賴於立法委員（或國會議員），於是，如何讓「動物保護」的理想，落實而為法律的條文？那就必須先說服立法委員。這就是一件極其艱鉅的工程。我們必須先爭取得輿論的同情，才有可能爭取得立法諸公的重視，因爲他們的權力來自民選。而如何說服人民改變其根深蒂固的人類沙文主義觀念？又如何讓他們看到（被刻意隱在暗處的）動物受難的現況，而打動他們的惻隱之心？這都是相當高難度的工作。

即使好不容易費了九牛二虎之力，擁有了多數民意的支持，也還不足以保證能夠順利完成立法，因爲這必然牴觸相關學術界、科技部門與業界的利益。所以，如何讓立法諸公能夠抗拒他們隱在檯面下的關說壓力與利益輸送的誘惑？那就更是難矣哉！

就算是法案業已通過，如何讓行政部門所制訂出來的相關政策或施行細則，能夠符合動物的利益？這也沒那麼簡單。因爲他們時常是著眼於經濟利益，周邊又包圍著一群御用學者，以似是而非的學術論證，來合理化學界與業界對動物的暴行。更麻煩的是：他們比立委更沒有「面對民意」的壓力，因此也就更不在意民間看法。[4]

四、意識形態的瓶頸

最糟糕的是，無論是哪一種教徒、信奉哪一種主義，似乎都有一套可以坐視動物受難（甚

---

[4] 以上第四項，動物立法與執法的困難，摘引自昭慧法師著〈《憤怒的獸籠》序〉。

至加害動物）而自圓其說的理由。西方社會中，有的以「人有神性而動物沒有神性」爲由，來合理化其利用動物的正當性。有的則以「人有理性而動物沒有理性」爲由，來合理化其利用動物的正當性。

在台灣，神性說比較不佔意識形態上的重要位置，這可能與基督宗教在台人口只佔百分之三點五，不構成普羅大眾之多數有關。然而號稱有百分之四十人口的佛教徒，既然承受較多佛教護生思想的影響，又爲何還坐視台灣社會爲數廣大的動物受苦受難呢？

原來，困難存在於俗世之中盛行的「人爲萬物之靈」之沙文意識，以及「食補、藥補」的漢民族飲食文化。這似乎不是佛教徒就能加以挽回的。所以台灣雖擁有全世界最爲密集的素食館，但是另一方面，「現宰現烹」的山產、海產店或羊肉爐到處林立，也似乎不足爲奇。

此外，似是而非的業障論，也讓佛教徒減低了護生的力量。面對動物的苦難，業障論者動輒以其「業障深重」爲理由，規避自己改善其處境的責任。其實若就佛家正確的業論來看，眾生苦難，有的來自宿因，也有的來自現緣。宿因，指的是過往的因緣條件；現緣，指的是當前的因緣條件。不祇是過往的業因會產生當前的業果，即由當前的因緣，也會促成或此或彼的結果。

再者，即使是過往所造作之惡業因緣，使令痛苦果報現前，我們依然要在當前加入有利條件，來改變因緣果報的網絡，緩解或縮短果報臨在的痛苦。否則世間所有慈善事業與醫療事業，豈不都應該「關門」，讓災民或病患赤裸裸地承受那些「業障」就好？所以「業障」論，表面上用的是佛教術語，卻因爲嚴重違背了佛法的「緣起」正見，而帶著很強烈的宿命論傾向。[5]

極富「台灣特色」的動物問題，還包括「放生」的觀念與做法。放生，是惻隱之心的展現，也是古來華人佛教徒難能可貴的美德之一，只可惜如今行來業已變質，消災祈福的庸俗心態，替代了慈憫眾生的純淨心情。原應是隨緣見機解救痛苦的方式，卻替代以大批預訂的商業行爲。

既然有利可圖，自然就會出現賺「放生」錢的生意人，於是，大量野生烏龜、魚、鳥，就被捕來賣給宗教團體，做爲放生之用，使得原本在大自然中的魚鳥，爲了成就人們的「放

---

5 以上有關業障論的問題，引自昭慧法師：〈動物關懷的宗教合作——以關懷生命協會的「護生」運動為例〉，發表於八十九年十一月十八日輔仁大學濟時樓九樓國際會議廳，輔仁大學「宗教交談」學術研討會。

生功德」，而慘遭繫捕折騰，甚至夭折籠中；放生地點不適當，亦造成放生動物的大量死亡，甚或破壞當地的物種平衡與生態環境。如今，放生已由「美德」一變而成爲社會普遍詬病的「愚行」！

台灣沿海近來不少慈善宗教團體從事放生，但儀式性放生的數量通常相當龐大，部分放生活動流於「爲放生而放生」，缺乏對於生態影響及放生動物本身之特性的了解，結果大量放生動物因環境適應不良，形同「放死」；有的則因繁衍過度，而帶來生態浩劫。例如：數年前曾有宗教團體在河流上游放流吳郭魚，卻極少魚苗能存活下來，因爲河川上游水流湍急，並不適合吳郭魚的生存。又如：在水庫放生鱸魚、珍珠石斑等肉食性魚類，其存活率雖高，卻大量吃掉了其他弱勢魚蝦，影響生態平衡。[6]

五、結語

總的來說，台灣本土的動物，面臨著普世性的重大問題。如經濟動物在集約農場受到非人道待遇的飼養、運送、宰殺；實驗動物在實驗室中，受到種種殘酷之凌虐，乃至器官移植

6 見《聯合報》「放生」專題報導，二〇〇三年三月九日，聯合新聞網。

術之生命威脅；野生動物由於棲息地之人為開發，受到破壞而不適居住，有的面臨大量盜獵之威脅，也已瀕臨絕種。

此外，牠們還必須面對本土文化中所特有的問題，如：經濟動物因消費者嗜食溫體肉，而使得屠宰過程漫長恐怖，加劇了動物的痛楚與悲切；野生動物則因漢民族「藥補、食補」之文化結合原住民之狩獵技能，而導致牠們被大量盜獵、大肆捕捉乃至大批被非人道豢養的悲慘命運；同伴動物不但被許多飼養場與飼主無情拋棄，而且許多流浪動物還因地方政府處置不當，而被施與非人道的捕捉、囚禁、宰殺。

而西方的神性論與理性論雖浸淫不深，但俗世的人類沙文觀念，則絲毫不減其功力。這些觀念雖未必禁得起嚴密的邏輯辯證，卻讓人們在剝削、虐待、棄養動物時，心安理得。佛教重視眾生平等，原來應該是最有力的動物守護者，但許多佛教徒將佛法的緣起論曲解為單線因果的宿命論，卒至坐視動物受難而以其「業障使然」來自我安慰，未能集結成一股民間力量，以幫助推動良好的動物保護法案。再加上一些不當「放生」對動物與生態所造成的影響，這使得本土動物在普世性的苦難之外，還加上了本土文化所賦予牠們的特殊苦難。

誠如昭慧法師所言：「面對浩渺宇宙，人還是要謙卑地提醒自己：我們只是地球競技場的『球員』，而不要以『裁判』自居！」台灣每年光是爲了食用，就宰殺了數以億計的雞、數以千萬計的豬，乃至無法計其詳細數目的其他動物。牠們不但在世無一日歡顏，死亡又是如此的悽慘。我們能力微薄，所做實在有限，只期待能拋磚引玉，讓更多民眾詳其內情，以仁憫之心形成社會共識，以懺悔之心還動物一點公道，讓牠們的苦難降到最低。

也許這是一種遙不可及的奢求吧！我們總希望有那麼一天，牠們與人們一樣，擁有一片亮麗的天空，啜食甘美的泉水與野果；徜徉在綠草地上，盡情打滾以享受暖暖的春陽；與親愛的家人胼手胝足建立一個雖然簡陋，卻無比溫馨的小窩……。縱使牠們最後的命運依然免不了一死，但我們也總是減少了些許的憾意。

九十二年三月二十七日

——刊於《應用倫理學通訊》二十六期，國立中央大學哲學研究所應用倫理學研究室，九十二年四月

國家圖書館出版品預行編目資料

禪觀修持與人間關懷
／釋性廣著　–初版–

【臺北市】：法界，民 95
514 面・21 公分×15 公分
--（法印文庫；17）--
ISBN　957-8550-31-6　（精裝）

1.禪宗–修持　2.環境倫理　3.環境保護

226.66　　95008720

禪觀修持與人間關懷　　定價：480 元

作　　者 / 釋性廣
發 行 人 / 釋性廣
美編排版 / 釋明一、林璧珠、潘鳴珮
校　　對 / 釋傳法、德風、釋道蔚
出 版 者 / 法界出版社有限公司
地　　址 / 110 台北市莊敬路 289 巷 5 弄 16 號
電　　話 / (02) 8789-6108
傳　　眞 / (02) 8789-6110
網　　址 / http://www.hongshi.org.tw
電子郵件 / hong.shi@msa.hinet.net
郵撥帳號 / 15391324　法界出版社
出版日期 / 中華民國 95 年 5 月初版
印 製 廠 / 龍岡彩色印刷股份有限公司
出版執照 / 行政院新聞局登記證局版北市業字第 272 號

ISBN　957-8550-31-6　